U0453081

智库丛书
Think Tank Series

| 世界经济与政治智库论丛（2018） |

全球治理与中国方略

GLOBAL GOVERNANCE AND CHINA'S STRATEGY

陈国平　赵远良 主　编
杨　林　张　淼 副主编

中国社会科学出版社

图书在版编目（CIP）数据

全球治理与中国方略／陈国平，赵远良主编．—北京：中国社会科学出版社，2018.6（2020.3重印）

（世界经济与政治智库论丛）

ISBN 978 – 7 – 5203 – 2740 – 4

Ⅰ.①全… Ⅱ.①陈…②赵… Ⅲ.①国际政治—文集②政治—中国—文集③中国经济—文集 Ⅳ.①D5 – 53②D6 – 53③F12 – 53

中国版本图书馆 CIP 数据核字（2018）第 143027 号

出 版 人	赵剑英
责任编辑	范晨星
责任校对	周　昊
责任印制	王　超

出　　版	中国社会科学出版社
社　　址	北京鼓楼西大街甲 158 号
邮　　编	100720
网　　址	http：//www.csspw.cn
发 行 部	010 – 84083685
门 市 部	010 – 84029450
经　　销	新华书店及其他书店
印刷装订	北京君升印刷有限公司
版　　次	2018 年 6 月第 1 版
印　　次	2020 年 3 月第 3 次印刷
开　　本	710×1000　1/16
印　　张	19.5
字　　数	254 千字
定　　价	79.00 元

凡购买中国社会科学出版社图书，如有质量问题请与本社营销中心联系调换
电话：010 – 84083683
版权所有　侵权必究

前　言

2017年值得我们特别关注。

在这一年，商人出身的唐纳德·特朗普当选美国第45任总统，其推行的"美国优先"政策深刻影响着国际关系的发展。在2017年，特朗普政府先后退出了TPP、气候变化《巴黎协定》、联合国教科文组织和《移民问题全球契约》制定进程等，曾经是全球化第一推动力的美国采取的这些逆全球化政策着实令世界哗然。特朗普政府代表的经济民族主义与全球主义的矛盾势必会加大国际政治与世界经济的不确定性。

在这一年，西方世界的裂变出现了明显加深与持续深化的趋势。英国正式启动"脱欧"进程并与欧盟进行了多轮拉锯式谈判。欧盟内部各国政党在选举中出现了左右翼的分野，极右翼政党的势力飞速发展。在荷兰、法国、奥地利、德国等欧洲多国举行的选举中，"反欧""疑欧"的民粹主义政党日益崛起。西班牙甚至还出现了加泰罗尼亚公投独立的问题。此外，难民危机、恐怖袭击、经济乏力等问题都制约着欧盟的一体化的合作进程。

在这一年，国际安全形势在维持总体稳定的背景下，局部动荡频繁发生，传统安全与非传统安全的两类风险错综交织。美俄两国继续在东欧、中东、北非等广泛地区持续开展地缘博弈。俄罗斯在改善与西方关系方面并无多大进展。美国将俄罗斯定义为战略竞争对手，进一步对俄进行制裁和施压。作为回应，俄罗斯在乌克兰和叙利亚等问题上对美也采取了局部性的反击措施。虽然特朗普曾表达过改善美俄关系的意愿，但两国并未能取得实质性进展。

在这一年，中东地区的内部矛盾日益尖锐，除了传统的巴以冲突问题外，还有沙特与伊朗的矛盾凸显问题、中东地区库尔德人独立公投引发土耳其武力介入叙利亚和伊拉克的冲突问题以及《伊核协议》是否面临被撕毁的问题等。另外，我们也看到，国际社会在打击恐怖主义问题上取得了进展，曾经猖獗一时的极端组织"伊斯兰国"在伊拉克和叙利亚宣告灭亡，这是国际反恐在2017年取得的重大胜利，但在后"伊斯兰国"时代，国际反恐斗争仍将面临新的不确定性挑战。

如果总结2017年国际局势的最大特点是"不确定"，那么，中国则是这种"不确定"中最具稳定性的"确定"部分。在经济上，2017年中国对世界经济增长贡献率在30%左右，继续成为世界经济稳定复苏的重要引擎。在政治上，中国秉持共商共建共享的全球治理观，倡导国际关系民主化，坚持国家不分大小、强弱、贫富一律平等，继续发挥着负责任大国的作用。在人类发展的新愿景上，中国提出了"人类命运共同体"的概念，超越西方思想以国别、种族、历史、宗教为划分的传统界限，中国正在成为全球新思想的发源地。

在这一年，中国经济继续快速发展。根据中国国家统计局公布的数据，2017年中国GDP总量超过82万亿元人民币，全年增速达6.9%，中国GDP已达到美国GDP的65%左右。在制造业方面，中国已经成为世界第一制造业大国，拥有了世界上最完备的工业体系，工业产值在2017年已超过美、日、德三国总和。此外，中国货物贸易在2017年再次超美成为世界最大贸易国，且社会消费品零售总额在这一年也超过美国。考虑中美两国在未来经济增速的差异（一般预测中国将高出美国约3—4个百分点），中国 GDP 总量在不远的将来会追上甚至超过美国，这也意味着中国在未来会有更多的机会与能力参与并推动全球治理的进程。

在这一年，"一带一路"国际合作高峰论坛在北京召开，会议达成了 5 大类、76 大项、270 多项具体成果，共建"一带一路"世纪蓝图正从理念转化为行动，从愿景变为现实。金砖国家领导人第九次会晤在福建厦门举行，其发表的《金砖国家领导人厦门宣言》涵盖了 71 项成果，"金砖+"机制正推动更多新兴市场国家和发展中国家加入对话、共商合作，进而开辟金砖国家合作的第二个"金色十年"。

在这一年，中国在国家治理现代化方面持续推进，在世界复杂和不确定的"乱象"中保持了中国之治的方略。针对全球治理"赤字"、世界经济长期低迷等问题，中国在共商合作大计、共建合作平台、共享合作成果等方面发挥着越来越重要的作用。从达沃斯到日内瓦，从汉堡到岘港，中国积极利用国际组织与全球治理机制向世界提出推进经济全球化再平衡、共建人类命运共同体的中国理念，阐述构建开放型世界经济、推动亚太经济一体化的中国倡议，积极打造治理新理念、合作新平台、发展新动力，努力为国际社会注入强劲信心和正能量。

作为一份重要的智库类参考期刊，《世界经济调研》杂志在 2017 年紧扣国际政治演变趋势、经济发展动态、相关热点议题和难点问题，积极策划并刊发了 40 多篇理论分析与形势对策的文章，分别对上述问题进行了梳理和分析，旨在点出问题的本质，提出参考建议，服务智库决策。这些研究成果有的在咨政建言方面发挥了积极作用，有的在读者中获得了强烈反响。本次结集公开出版，意在进一步扩大这些智库成果的影响力，进一步发挥其舆论引导、决策参考、服务社会等方面的作用。

在编辑和出版"世界经济与政治智库论丛"的工作中，我们 2017 年与中国社会科学出版社携手合作，将 2016 年在《世界经济调研》上发表的部分文章结集出版，冠名为《国际体系变迁与中国战略选择》。该书在2017年9月出版后，在学术界、智库研究界和广大读者中产生了较好的反响。2018年，我们再接再厉，采取精挑细选与议题归类的方式，从2017年发表于《世界经济调研》的文章中甄选出30多篇进行修订，辑成《全球治理与中国方略》一书，着重就全球治理与中国方略这一主题进行论述。

本书的内容主要涉及四个方面的议题：全球治理与中国方略、"一带一路"研究、国际安全研究和热点问题研究。各篇报告的撰写者分别来自国家发改委、国务院发展研究中心、中联部、中央党校、中国社会科学院、中国宏观经济研究院、国家行政学院、北京大学、清华大学、中国人民大学、复旦大学、北京师范大学、对外经贸大学、外交学院、西南政法大学、华东师范大学、兰州大学、浙江工商大学、北京国际关系学院、中国电子科学研究院等中央有关单位和部分高校、智库研究机构。

在"全球治理与中国方略"专题中，本书讨论了在全球治理赤字以及国际政治与经济体系存在巨大不确定性的大背景下，中国所做的战略选择和采取的发展方略，具体内容包括如何看清西方"普世价值"的悖论及欧美政治的困扰、如何解决中国实现强国战略必须面对的难题、如何面对全球经济治理的挑战、如何应对特朗普的贸易保护主义、如何为我国开放市场设置安全防线、如何优化利用国际创新资源、如何在新时代建设海洋强国、如何加强金砖国家机制化建设并构建一体化大市场等议题。在贯彻新发展理念，建设现代化经济体系议题上，探讨了如何培养壮大中国的中等收入群体、区域发展战略的实践尤其是雄安新区的建设、中国新旧增长动力怎样转换、如何加强中国核电安全监管等问题。

"一带一路"研究专题从分析"一带一路"的经济本质、关注"一带一路"沿线基础设施投资的政治风险，到加大"一带一路"国际宣传,促成"一带一路"倡议与欧亚经济联盟对接,再到探讨日本参加"一带一路"国际合作高峰论坛的转变,从多元的视角对"一带一路"建设中遇到的实际问题进行分析,提出了应对措施和办法。

国际安全问题是国际政治研究和实践的永恒主题。"国际安全研究"专题重点分析了当前世界主要安全形势与中国对策:首先,对当前国际反恐形势、国际恐怖主义的一些新特征和带来的影响做了相关评估,分析了"后美国时代"中东的格局构建,提出了中国的应对思考;其次,对美国特朗普政府上台后的美欧关系"再平衡"议题进行了分析与研判,讨论中美关系的变化、走向、趋势;再次,探讨了一些个例,如拉美政局演变、日本灾害管理等;最后,分析了中国"走出去"战略与中国的海外利益维护问题。在国际安全这个传统的高级政治的领域,本专题既从世界范围、区域范围内关注国家安全与国际和平的问题,也从国内的视角关注了经济发展、国家海外利益维护等具体问题,其视野可谓宏微并举,内外兼具。

在"热点问题研究"专题,主要探讨了以下热点议题:资本主义当前困境与国际秩序未来走向、当前西方国家"集体性"乱象探源、特朗普政府如何重振美国能源产业、中国对印度能源投资的状况分析、美国"印太战略"雏形与中国对策、人工智能在军事领域应用的思考与建议、新科技革命形势下的大国博弈及对策等。如何评估这些热点问题给世界带来的影响,我们该采取何种应对措施?读者朋友们可以从专家们的真知灼见中寻找到具有启发意义的答案。

总体而言,本书所辑选文章的共同点在于立足中国,放眼世界,旨在对我国在新时代的发展过程中所要克服的难题进行分析梳理,建言献策,体现研究的对策性、战略性和前瞻性,希望能为关注世界经济与政治议题以及中国发展议题的读者提供一扇了解智库研究成果的窗口。同时，我们也希望广大读者朋友提出宝贵意见，促使我们进一步提高编辑和策划水平，做好"世界经济与政治智库论丛"系列的出版工作。

目　录

全球治理与中国方略

如何培育中等收入群体	蔡 昉	3
我国区域发展战略的实践与思考	范恒山	13
中国实现强国战略必须面对的难题	刘建飞	19
多中心空间发展战略对通州和雄安新区的启示	孙斌栋	26
中国经济新旧增长动力的转换	马晓河	33
西方"普世价值"的悖论及欧美政治的困扰	杨光斌	45
认清西方发达国家的双重标准　设置我国市场第二道安全防线	董小君	51
优化利用国际创新资源的路径与政策	张永伟	58
全球经济治理的挑战与中国担当	屠新泉　娄承蓉	66
国际海洋政治发展趋势对我国建设海洋强国的启示	胡 波	75
须高度重视中国核电安全监管中的重大安全隐患	王亦楠	85
金砖国家一体化大市场构建研究	刘文革　吴 姝	91
金砖国家机制化建设的路径及方案	王 磊	100

"一带一路"研究

从"一带一路"的经济本质认识其动力来源	陈甬军	113

"一带一路"峰会后中日关系评估及对策建议 ……… 周永生　121
"一带一路"沿线基础设施投资需关注政治风险 …… 黄　河　128
中东地区宣传"一带一路"的困难及对策 ………… 孙力舟　136
"一带一路"背景下中日关系的困局与应对 ………… 陈积敏　144
日本对"一带一路"倡议的认知与建议 ……………… 尤　苗　151
"一带一路"倡议如何与欧亚经济联盟对接 ………… 雷建锋　157

国际安全研究

国际恐怖主义的新特征及影响 ……………………… 杨　恕　165
当前国际反恐形势及中国的应对思考 ……………… 傅小强　173
日本灾害管理体制改革新动向 ……………………… 王德迅　179
中美关系的变化、走向与对策思考 ………………… 邵　峰　190
"后美国时代"的中东格局 …………………………… 唐志超　198
拉美政局演变趋势及中拉关系调整 ………………… 曾祥伟　205
构建"五位一体"中国海外利益保护体系 …………… 刘阳子　211
中国海外利益维护与对策 …………………………… 刘　玮　218
美欧关系"再平衡"与中国对策 ……………………… 赵　柯　224

热点问题研究

当前西方国家"集体性"乱象探源 …………………… 林利民　235
人工智能在军事领域应用的思考与建议 …………… 王　莉　244
特朗普政府退出《巴黎协定》能否重振美国能源
　　产业 ………………………………………………… 魏　蔚　252
中国对印度能源投资的状况、风险与对策 ………… 王永中　262
美国"印太战略"雏形与中国对策 …………………… 林民旺　269
理性应对特朗普的贸易保护主义 …………………… 寿慧生　276
资本主义当前困境与国际秩序未来走向 …………… 林永亮　284
新科技革命形势下的大国博弈及对策 ……………… 冯昭奎　291

全球治理与中国方略

如何培育中等收入群体

本文要点：中国的中等收入群体迅速成长且规模日益庞大，其消费力对中国和世界都具有不容低估的影响。中国人口中实际上存在着不同类型的中间群体，一个值得关注且与人口变化趋势相关的中间群体是农民工。与城镇户籍居民相比，外出农民工的就业稳定性不够，他们作为全部人口的中间群体，其消费潜力尚未充分释放出来。提高居民生活质量、扩大中等收入群体，需要加大再分配政策力度，把人口意义上的中间群体转化为经济社会意义上的中等收入群体。再分配政策包括保护财产权和调动每个群体参与经济活动的积极性，推进有利于改善收入分配的体制改革，实施基本公共服务均等化的政策，加快构建中国特色的劳动力市场制度，以及形成针对各个特殊人群的扶助政策体系。

党的十八大报告提出"中等收入群体持续扩大"的要求，并将其作为人民生活水平全面提高的一个重要方面。伴随着高速经济增长和居民收入的提高，以及政府实施的基本公共服务均等化政策，中国的中等收入群体规模不断扩大，标志着越来越多的民众得以同步、均等地分享改革开放发展的成果。与此同时，目前的中等收入群体仍然存在着异质性，对公共服务有着不尽相同的需求。为了加快培育中等收入群体，形成橄榄型社会结构，在继续依靠经济增长做大蛋糕、劳动力市场发育改善收入分配作用的同时，广义再分配政策应该发挥更多分好蛋糕的作用。

一 "双城记"：不同人群的追求

美国自由撰稿人谢泼德（Wade Sheppard）在他2015年出版的《中国的鬼城》一书中，描述了中国一些城市大量兴建的中高档住宅区，并称之为"鬼城"。在外国记者的眼中，"鬼城"的规模如此之大，原以为这些新楼盘会长期空置如初。但是，无法回避的现实是，在中国高速增长中迅速成长且规模日益庞大的中等收入群体，有能力将这些中高档住宅区逐一填满。随后的调查发现让谢泼德惊异不已，的确，这些住宅区无一不是很快因大量中等收入家庭的购买和入住而被填满。参加在达沃斯举行的2017年世界经济论坛时，笔者与中外与会者一起讨论了**中国中等收入者及其强大的消费力对中国和世界所具有的不容低估的影响**。对中高档住宅的这种强大需求，只是印证中等收入家庭消费力的诸多事例之一。

不过，还有一类被称作小城市或镇的中国城市，虽然事实上其户籍政策早在2001年即已经放开，落户门槛早已大大降低，由于在经济和社会意义上都缺乏吸引力，即使政府一再鼓励农村劳动力向这里转移，却依然呈现出人去城空的凋敝景象，表现为产业空心化、人口老龄化，缺乏人气和经济活力。中国目前大约有650多座城市，其中超过一半被定义为小城市。此外，还有2万多个镇。如果不能将这类城镇纳入新型城镇化的过程中，必然会减小城镇化推进的动力，降低城乡居民在城镇化进程中的获得感。

由于大多数城镇居民被其出生户籍登记限定，选择机会乃至流动性都很小，所以无法从静态的角度观察城市类型的吸引力，但是，我们以流动性最强，因而最能反映人们选择偏好的人口群体——外出农民工为例，则可以看出人们对不同类型或层级城市的迁移偏好。2015年与2014年相比，**外出农民工进入地级市、省会城市和直辖市的人数都增加了，而进入县级以下小城镇的人数则减少。**

本文的目的不在于讨论城镇化中人们的选择偏好问题，而是从不同类型的人口群体的经济选择特征，观察中国特色的中等收入群体。上述"双城记"的鲜明对比显示，**中国人口中实际上存在着不同类型的中间群体**，分别面临着不尽相同的需求，既有追求更舒适、更高质量生活的群体，也有追求更多的就业机会，以便超越基本生活需求收入的群体。

换句话说，把中间群体这个概念应用于不同人口群体时，其具有的内涵与外延并非一致，对应的人群也有不尽相同的生活感受和政策诉求。如果不能精准、统一地观察中间群体作为劳动者的功能与作为消费者的功能，甚至将两者分割开，中等收入群体为主的橄榄型社会功能就不能充分得以发挥。因此，这里的"双城记"既是一个关于中等群体的故事，也是与之相关的人口学、社会学和经济学故事，只有把这些方面完整地结合起来，才能把关于中国特色中等收入群体的故事讲完整。

二 定义中等收入者

关于中间群体，或中等收入者，或者国际上所称中产阶级的人数和比例的估计，其实从来都只是一个定义的问题，使用不同定义进行估计，通常导致大相径庭的数量结果。从学术界来看，有人尝试依据人口的主观感受而定义中等收入者，而更多学者则按照客观收入或消费水平定义中等收入者，后者之中又有以相对水平定义的中等收入者概念，以及以绝对收入水平定义的中等收入者概念。应该说，不同的定义分别来自不同的研究框架，有不尽相同的学术意图和政策指向，当然也就对应着不同的数字估计。

无论以何种定义或估算，作为人均收入长期高速增长以及收入差距自 2009 年以来持续缩小的符合逻辑的结果，**中国的中间群体在迅速扩大**，对应中国庞大的人口总规模，中等群体的绝对数额必然也是引人瞩目的，**对世界和中国都具有显著意义**。2009—2015 年，居民收入的基尼系数从 0.49 下降到 0.46，城乡居民收入比率从 2.67 下降到 2.38。这些收入差距指标的改善，无疑都会相应扩大中等收入者规模和比重。

有的学者估算出很高的基尼系数，认为中国的收入差距比统计数据显示得更大。讨论估算基尼系数的技术问题不是本文的主旨，笔者认为，此类研究大多着眼于挖掘出人群分组中处于两个尾部的极端值，即特别富裕和特别贫困的情况。这种研究固然对于分析问题不无裨益，但是并不适宜进行国际比较，因为各国的收入统计中均存在遗漏两端信息的问题。特别是，极端值的存在并不能否定中间人群收入迅速提高，中等收入群体迅速扩大的事实。由此，也可以得出一个结论：**用中等收入群体规模和比重来描述收入分配状况或发展的包容程度，可能比基尼系数更恰当**。

下面，概要列举一些相关的估计数字。值得指出的是，对目前中国来说，以主观感受定义取得中等收入者的估计数不具有适用性，因为高速增长导致收入增长预期很高，而结构性经济增长减速和生活成本上升又会产生心理落差，所以，人们的主观感觉比实际状况要悲观很多。

作为一项具有影响、以相对收入水平作为依据的研究，中国社会科学院社会学研究所采用居民收入中位数为基准，以占该基准水平在75%—200%之间的群体作为中等收入群体，得出这部分人群占全部人口的37.4%，共约5.14亿人。其中，75%—125%以及125%—200%分别作为中等偏下收入群体和中等偏上收入群体，占人口比重分别为18.9%和18.5%。

官方数据也可以作为这种相对收入水平估计的佐证。国家统计局城乡住户抽样调查，把城乡居民分为5个收入组。根据每个收入组的平均收入水平，如果以购买力平价美元计算的话，人均每天收入水平从低到高排列，分别为4美元、9美元、15美元、23美元和43美元。从数据可见，包括最低的20%贫困组在内，各收入组的每日平均收入都显著超过购买力平价2美元这个国际公认的贫困线。至少，其中两个较高的收入组，占全国人口的40%，是当之无愧的中等收入群体。或者，如果我们分别撇除最低的20%贫困组和最高的20%高收入组，中间的三个收入组共占全国人口的60%，也都可以算作中等收入群体，包括了高达8.25亿的人口。

如果以绝对收入水平估算，按照比较通行的世界银行贫困线标准，也有一些学者认为，可以把收入水平超出贫困线的人口都看作是中等收入及以上群体。如果按照这个定义，中国的这个群体则极为庞大。按照美元与人民币购买力平价关系1∶3.5估算，每天超过2美元即为脱贫人口，或者广义的中等收入及以上群体。也就是说，中国充其量仅有大约5000万城乡居民属于贫困人口，贫困人口只是人口总数的零头，即13亿中国人都在中等收入以上的分组中。

三 有缺陷的中间群体

宏观层面的数字像是森林，每个个人或家庭则像是树木。研究收入问题，关注的应该是人本身及其在改革开放发展中的获得感，所以不能只见森林、不见树木。严格来说，前述按照不同定义所做的各种估计下的人群，主要还是人口学意义上的中间群体。从我们意图培育的、能够帮助形成橄榄型社会结构的中等收入群体来看，就业的安全性、收入水平与经济发展的同步性、享受基本公共服务的均等化程度、生育意愿与生育政策的一致性、对消费升级换代的支撑能力等维度，需要得到特别的关注。换句话说，人口学意义上的中间群体，如果不能真正转化为经济社会意义上的中等收入群体，一方面尚不能发挥橄榄型社会功能，另一方面随着人口老龄化，其中的一些群体还会重新成为新的贫困人口。

例如，**一个值得关注且与人口变化趋势相关的中间群体是农民工**。以其为典型，可以分析具有中国特色的中间群体，揭示什么样的改革和政策调整有助于把他们培养成中等收入群体。自从中国跨越了刘易斯转折点后，普通劳动者工资加速提高，农民工是主要的受益者。2015年，外出农民工的平均月工资已经达到3072元，按照购买力平价美元估算，平摊到每月30天中，每天工资收入已达29美元，即使按照一定的家庭赡养比来修正，折合成家庭人均收入，平均而言农民工家庭也成为中间群体。然而，以上述经济社会标准看，他们还是一个有缺陷的中等收入群体。

根据国家统计局进行的农民工监测调查，**与城镇户籍居民相比，外出农民工的就业稳定性不够**，与雇主单位签订劳动合同的比例仅为39.7%；农民工未能充分、均等地享受基本公共服务，如观察其参加基本社会保险的比例，工伤保险为26%，医疗保险为17.6%，养老保险为16.7%，失业保险仅为10.5%。因此，他们作为全部人口的中间群体，其消费潜力尚未充分释放出来。例如，与城镇居民把收入的74.3%用于消费相比，他们仅仅消费其收入的32.9%。此外，外出农民工在城市自购房的比例只有1.3%，独自租住的占18.9%，其他则分别是住在集体宿舍、工棚、生产经营场所等。

四 成长的烦恼

中国在改革开放时期，高速的经济增长和急剧的结构变化带动了就业的扩大和劳动者的非农产业参与率。与国外学者观察到的欧美劳动力市场两极化趋势，即高技能型岗位和低端部门非熟练岗位增长较快，中间层次岗位相对减少，以及美国的新增就业增长缓慢且几乎无一来自制造业等可贸易部门不一样，中国的非农就业扩大，在可贸易部门与非贸易部门间比较平衡，2004—2013年分别实现6.9%和4.7%的年平均增长率。如果考虑到这个增长速度是按照被低估了20%左右的2013年非农就业数字计算的，实际就业增长表现则会更加突出。

正是由于就业的扩大和参与率的提高，虽然经历了收入差距的扩大，所有收入组都从收入的快速提高中获益。例如，2002—2012年，在国家统计局的分组中，无论是最低5%或10%收入组、中间的几个收入组，还是最高10%或者20%收入组，名义人均收入水平都以13%的年平均增长率提高，而且，较低收入组的收入提高速度还略快一些。这些都是形成一个以中等收入群体为主的社会结构的必要条件。

然而，收入增长过程仍然有烦恼，不同类型的中等收入群体，有不尽相同的烦恼甚至焦虑。即使处于较高收入组中的人群，仍然为日益高企的房价、年幼子女的入托入园、学龄孩子的高质量教育忧心忡忡。处于较低收入组的人群，则为看病难看病贵、就业技能跟不上岗位调整的步伐、赡养老人以及自己未来的养老烦恼不已。更具体来说，各类群体各有各的烦心事，农民工为在城市的户籍身份困扰，年轻夫妇抱怨生育二孩的负担，大学毕业生面对着就业的不确定性。固然，这些烦恼大多属于成长中的烦恼，改善中的烦恼。无论是劳动力市场还是公共政策，皆在积极地促进着事情的变化。然而，从2020年全面建成小康社会紧迫的时间表着眼，仍然需要实施更大力度、更广泛意义上的再分配政策，才能在各类人口群体收入提高的同时，增进全体人民的幸福感和获得感。

迄今为止形成的庞大中等收入群体，是高速经济增长、劳动力供求关系变化，以及基本公共服务均等化政策的结果，已经塑造了橄榄型社会结构的雏形。然而，从使每个人都在改革、开放、发展中有参与感和获得感来看，培育这个橄榄型社会结构的中间人群，不仅要保持他们在当下收入意义上的中等水平地位，还应该真正在就业、消费、生育、社会保障意义上，解除其后顾之忧，才能提高全体人民的社会总体福利水平，释放消费潜力，发挥橄榄型社会结构的功能。

五　再分配政策

总体而言，随着中国经济发展进入新常态，疾风骤雨式的劳动参与率扩大和收入增长阶段已经过去，提高居民生活质量、**扩大中等收入群体，更多地需要靠再分配政策，把人口意义上的中间群体转化为经济社会意义上的中等收入群体**，以增强经济发展的共享性，提高基本公共服务的均等化供给，改善收入分配状况。国际上在这方面有很多教训。在那些忽视再分配政策，任由劳动力市场制度退化的国家，收入分配恶化，经济社会意义上的中等收入群体反而减少。这也正是欧美一些国家给民粹主义政府上台机会的原因。

无论是经济增长还是全球化，本身无疑都是有益的社会进步过程，但是，这些过程同样都不会自动产生涓流效应，不能自然而然保证每个人群自动均等获益。因此，再分配政策首先应该是一个独立的政策取向。另外，随着人均收入水平的提高，收入再分配的力度应与时俱进，力度不断相应加大，社会保护体系更加完善，政府政策在收入分配格局形成中的作用增强，是一个具有规律性的政策演变趋势，是形成和巩固中等收入群体的关键。

这里所说的再分配政策，同时包括狭义和广义的社会政策概念。首先是指对收入进行再分配的诸如具有累进性质的税收政策等狭义再分配政策。例如，从28个收入差距较小的经济合作与发展组织国家情况来看，通过再分配政策，基尼系数平均从再分配之前的0.47，缩小到再分配之后的0.30，也就是说，再分配把这些国家的基尼系数平均下降了17个百分点。从税收制度改革入手进一步有效调节过高收入，既符合国际惯例，也有巨大的调整空间，预期可以取得更显著的缩小收入差距效果。

更重要的是，广义再分配政策包括保护财产权和调动每个群体参与经济活动的积极性，推进有利于改善收入分配的体制改革，实施基本公共服务均等化的政策，加快构建中国特色的劳动力市场制度，以及形成针对各个特殊人群的扶助政策体系。这类政策的共同特点是具有较强的外部性，看似不能从市场上得到直接的回报，然而，如果不是从单个的参与者或局部着眼，而是从中国经济和社会整体来看，政策红利则是十分显著的。

第一，**实施这些政策产生的结果，直接服务于发展的目的，是以人民为中心发展思想的体现**。正如一个国家的发展水平不能仅仅用国内生产总值度量一样，一个家庭的幸福感也不单纯表现在收入水平上。以政府为主提供的公共产品，特别是基本公共产品，可以同时在社会整体和个体两个层面，增进公平公正及经济和社会安全感，拓展惠及每个家庭和个人的发展空间，是实现全面建成小康社会伟大目标中体现"全面"的关键。

第二，无论从理论上还是实践上，如果从社会回报而非私人回报角度着眼，**这类政策的实施，最终都能分别从供给侧和需求侧获得实实在在的改革红利**。我们用一个旨在提高幼儿认知能力的政策游说例子，说明这个道理。多年后获得诺贝尔经济学奖的美国教授海克曼，在20世纪90年代曾经登门造访同为经济学家的财政部高官萨默斯，请求政府为贫困家庭3—4岁儿童的早期教育"埋单"。萨默斯开玩笑地问：你什么时候成了社会民主党人，意思是说这种诉求具有民粹主义色彩。海克曼严肃地回应道：我所期待的这项公共政策，政府支出的每一分钱都会以加倍的幅度得到回报。海克曼之所以可以如此理直气壮，因为他所依据的是得到充分检验的教育经济学规律：相比其他教育阶段，学前教育具有最高的社会回报率。

（中国社会科学院副院长、学部委员　蔡昉）

我国区域发展战略的实践与思考

本文要点：我国的区域发展战略和政策的演进过程大体走过了四个阶段，而实施"四大板块"战略和"三大战略"是其中的重大实践内容。党的十八大以来，区域战略与政策实现了新的发展与突破。促进区域协调发展，需要协调和处理好体现国家整体意志与照顾地方实际需要、维护市场公平竞争与强化特殊地区支持、实施跨区域发展战略与缩小区域政策单元、承担国家重大任务与实现自身跨越式发展等重大关系，并进一步完善许多关键方面的思路与举措。

一 我国区域发展战略的实践与进展

(一) 我国区域发展战略的实践进程

梳理我国的区域发展战略和政策的演进过程,大体走过了如下四个阶段:**第一阶段**旨在缩小地区差距。从"九五"时期开始,着手实施有利于缓解差距扩大趋势的政策,并逐步加大工作力度,积极朝着缩小差距的方向努力。**第二阶段**是区域发展总体战略的形成阶段。在鼓励东部地区率先发展的基础上,1999年提出实施西部大开发战略,2003年提出振兴东北地区等老工业基地战略,2006年提出促进中部地区崛起的战略。**第三阶段**是"四大板块"战略的深化、细化和实化阶段。"十一五"以来,立足于发挥各个地方的比较优势,依照适宜的空间尺度研究制定了一系列重大规划和区域性政策文件,推进"四大板块"战略实施的深化、细化和实化,也推动宏观调控和经济调节从"一刀切"转向分类分区指导。**第四阶段**是党的十八大以来形成的区域发展新阶段。我国从战略和全局高度出发,强调着力促进区域协调发展,推动形成沿海沿江沿线经济带为主的纵向横向经济轴带。在深入实施区域发展总体战略同时,提出并推动实施"一带一路"建设、京津冀协同发展、长江经济带发展"三大战略",取得积极成效。

(二) 党的十八大以来区域战略和政策的发展与突破

党的十八大以来,我国区域战略和政策实践最重要的特征就是以区域发展总体战略为基础、以"三大战略"为引领,促进区域协调发展。主要发展与突破体现在:

第一,**着力推动"三大战略"实施**。"一带一路"建设扎实推进,形成了顶层设计和专项操作方案,陆续开工建设了一批重大工程,合作互动深入开展。京津冀协同发展战略以交通、环保和产业三个领域为突破口,全面推动各项工作,取得了一系列进展。长江经济带发展战略以生态环境保护为主线着力实施，有效开展了一系列重大行动。

第二，**继续深入实施区域发展总体战略**。研究制定并深入实施了相关规划，针对各区域发展的重点任务和存在的重点问题，积极采取措施，推动协调发展。

第三，**大力实施脱贫攻坚**。我国把扶贫开发摆到了前所未有的高度，研究制定一系列专项规划和支持政策。同时，更加重视支持特殊地区的发展，促进资源枯竭、产业衰退、生态严重退化等困难地区转型发展。

第四，**大力推进新型城镇化发展**。根据新型城镇化发展的总体要求，确定年度工作任务和完成时限，并建立"一本账"跟踪督导机制；推进相关改革，出台户籍制度改革、非户籍人口城市落户、支持农业转移人口市民化财政政策等一系列改革举措；制定重大规划，长三角城市群规划、长江中游城市群规划、成渝城市群规划、哈长城市群规划等陆续出台。开展重要试点，新型城镇化综合试点、特色小城镇建设试点稳步推进，农村"三权"分置改革试点全面启动，特大镇设市试点着手进行。

第五，**进一步拓展重大平台建设**。推动建立自由贸易试验区，继续有序推进新区建设，推进临空经济区发展，推动设立国家生态文明试验区，开展产城融合示范区、城市综合改革试验区等功能平台的建设。

二　区域协调发展需要处理好的几个重要关系

第一，**处理好体现国家整体意志与照顾地方实际需要的关系**。国家调控政策的着眼点首先在于服务地方，充分发挥地方作为国家经济主体的作用。要高度重视各地的实际差异和客观需要，实施分类指导。国家调控应当充分考虑地方意愿，兼顾地方需要。

第二，**处理好维护市场公平竞争与强化特殊地区支持的关系**。推进区域协调发展，必须恪守公平公正原则。同时，也应强化对特殊地区的支持：一要强化对欠发达地区特别是"老少边穷"地区的支持；二要强化对发展改革试验区和示范区的支持。

第三，**处理好重点制定实施跨区域发展战略与着力缩小区域政策单元的关系**。基于过去工作的基础和事权的划分，国家主导制定区域发展战略规划的重点，应放到跨省区、跨大区域层面。与此同时，要着力缩小区域政策单元。可根据区域板块的细分状态，依事权由不同层级的政府主体组织编制。当然，一些关乎改革发展大局的重要功能区和试验区的规划、方案，尽管在省级区域内，但仍需国家组织和指导制定，这是属于国家的事权和职责。

第四，**处理好区域承担国家重大任务与实现自身跨越发展的关系**。一方面，各相关地区应在不影响国家统一空间布局的前提下，充分挖掘自身潜力和有效利用外部条件，努力提升产业发展水平和提升经济效益；另一方面，国家要推动建立区际利益平衡机制，包括建立稀缺资源、重要农产品的价格形成和补偿机制以及市场化的生态补偿机制等。对那些因承担全局职责而付出代价的地方，要给予合理的补偿和必要的支持。

三 进一步促进区域协调发展的若干举措

针对区域发展中出现的新情况、新问题和区域政策制定实施中存在的薄弱环节，新形势下还需进一步完善相关思路和举措。

第一，**优化区域政策的地区指向**。一方面，对20年来区域政策实施的空间状况进行全面梳理，深入了解地区覆盖情况、支持强度、实施效果等相关情况，总结经验、摸清问题；另一方面，根据资源禀赋、区域特点、功能定位、发展现状、增长潜力等，把握下一步区域政策指导的地区构架、重点领域和基本内容。

第二，**积极创新区域政策**。突出重点，在"抓两头、带中间"总体思路下进一步把握重点地区的特点与需求，精细化实施对策。科学施策，全面发挥战略规划、政策安排、重大平台、技术手段、开放合作等作用，依不同地区、不同时期、不同问题灵活进行策略调整和工具组合。协调联动，充分发挥政府、企业、社会等的积极性，全面运用法律、行政、经济、社会援助等手段，推动区域间开展产业承接转移、重点领域统筹协调、重大项目合作建设等一体化、互动性工作。优化方式，着眼于发挥地区积极性和创造性，创新财政、税收、金融投资政策，从优惠性给予转换成促进性奖励。

第三，**提高区域政策精准性**。精准是区域政策的生命力。要进一步厘清政策的特性，把集中统一的政策指导严格限制在最必要的范围内，各项政策的制定尽可能体现区域特点，在最大限度内防止"一刀切"。细化区域要素分析，努力做到一区一策，把"不一样"作为制定不同区域政策的基本出发点。充分发挥地方的能动性，最大限度赋予地方因地制宜制定政策的权力，从事权划分上促进地方决策从实际出发，不跟风、不搞齐步走。

第四，**聚力解决地区分化问题**。不同区域增长快慢是正常状况，但不能出现过大的发展差距，形成地区分化。对当前出现的地区分化问题要高度重视。对此，要坚持外部支持和内部着力联动、结构调整和改革创新共进，市场拓展和品质提升并举，推动经济滑坡地区止跌回升。通过创新集聚移植等手段，最大限度把握共享经济发展和公共资源普惠的机遇，促使欠发达地区超越传统产业基础建立新型经济体系。强化政策激励，促进相关地区进一步发挥比较优势，增强内在跨越发展潜力和区域竞争能力。

第五，**优化提升支撑平台**。严格准入条件，着力解决依靠平台装门面、通过平台避矛盾、借助平台促形象等问题，坚持把先行先试、示范带动作为设立和建设各类平台的基本功能。按照区域发展总体布局，依据区位支撑能力、现实发展基础、未来增长潜力等，优化支撑平台的类型与布局。把体现国际通则、考虑周边环境、解决突出矛盾，作为确立功能平台先行先试内容的基本条件。加强各类平台和各区域同类平台的差异性评估，避免同质化或趋同化。科学总结各类功能平台的试验成效，及时推广可复制、有效力的成功做法。

第六，**完善对口帮扶方式**。加强人才输送、技术转让、产业转移、资本投入等手段，促进"输血型帮扶"转向"造血型帮扶"，着力培育被帮扶地区可持续发展的能力和条件。着眼于实行可持续帮扶，逐步改变一味无偿给予的形式，把对口帮扶建立在资源统筹配置、利益共创共享的基础之上。

第七，**探索建立科学的评估体系**。以人均GDP、人均可支配收入、人均拥有财富水平及公共服务提供水平、可持续发展潜力等为主体，综合评估区域现实发展状况，形成较为科学的地区发展指标评估体系，依此确立国家支持的底线标准。坚持综合考量、与时俱进，不断完善区域协调发展的内涵，相应建立科学的指标体系，适时依此对国家重点扶持地区进行评估，以准确把握区域政策的效果、建立支持政策的规范化退出机制。

（国家发展和改革委员会副秘书长　范恒山）

中国实现强国战略必须面对的难题

本文要点：中国实现强国战略必然要面对大国崛起的天然难题，即周边国家及世界其他大国对崛起大国怀有难以消除的战略疑虑。这种战略疑虑主要源于崛起大国对国际秩序影响的不确定性。英国和美国在崛起过程中能够破解这个难题，除了客观原因外，主要在于两国对外战略的成功。中国破解这个难题具有一定的客观条件，直至目前，中国的对外战略也是成功的。中国继续实施强国战略面临的主要挑战是处理好对美关系，防范"修昔底德陷阱"和"冷战陷阱"。在处理好中美关系的同时，中国还要不断化解对外战略中的"痛点"。目前的"痛点"主要是中日关系、中印关系、朝核问题和南海问题。

中国实施强国战略必然带来综合国力的快速提升并使自己客观上成为一个崛起大国。作为崛起大国，必须要面对所有崛起大国都遭遇过的天然难题：崛起大国的周边国家及世界其他大国对该国怀有难以消除的战略疑虑。破解这个难题，首先要处理好同美国的关系，防范"两个陷阱"；与此同时，要尽量化解我国对外战略中的"痛点"，减少美国同我国战略博弈中可借重的战略资源。

一　大国崛起无法回避的天然难题

国际社会对崛起大国的战略疑虑有天然的成分。打个比方，当人们看到远处有一个庞然大物向自己走来时，起初肯定会很好奇，但是也会有担心，因为不知其为何物，会否给自己带来威胁；随着这庞然大物的临近，如果看清是一头大象，那么担心自然就消除了；如果是头狮子，虽然会有点害怕，但关系也不大，因为人类早就能够驯服狮子了；如果是从来都未见过的东西，可想而知，你一定会非常害怕，因为你不知道此物是否伤人，更不知道如何对付它。近代以来的大国崛起，基本上都是西方主导的国际体系内部的事情，其实有许多经验教训可供借鉴。中国是与西方大国乃至"脱亚入欧"后的日本大不相同的国家，在西方大国眼中，就是一个体系外的国家。这样的国家崛起后会怎样对待现有的国际体系和国际秩序，完全是未知的。这恐怕是跟中国有密切经济关系的东南亚国家和中亚国家要寻求域外大国安保合作的重要动机，也是许多国家在中印摩擦中偏袒印度的一个缘由。当然，不排除个别西方大国刻意建构的"中国威胁"话语体系在发挥作用。

无论是天然的战略疑虑，还是刻意建构，这对崛起中的大国来说是回避不了的难题和挑战。在能够算得上世界级大国的崛起进程中，**只有英国和美国成功破解了这个难题**，其他诸如法国、德国、日本、苏联都失败了。英国和美国能够成功破解难题，首先要归因于客观条件。英国遇到了拿破仑战争这个历史际遇，美国正赶上德国这个更具进攻性的国家在崛起。不过，两国在崛起的关键阶段都采取了正确的对外战略，这是它们成功的重要原因，甚至是更为根本的原因。美国从英国独立出去，应该说是英国崛起进程中的重大挫折；然而，英国并没有跟反叛的美国一直"死掐"下去，而是优先发展自己，开启工业革命，同时向世界其他地区扩张。美国在经济总量超过英国而居世界第一后，仍然避免同英国对抗，甚至在重要关头都站在英国一方。

对中国来说，崛起进程中既没有拿破仑战争那样的历史际遇，也没有德国那样的第三方因素，因此崛起之路必定会异常曲折、艰难。当然，**中国崛起也有不少有利的客观因素**，比如和平与发展时代主题、世界格局变化过程中非西方国家群体性崛起、国际体系面临转型等因素。对中国来说，把握好崛起进程中面临的机遇与挑战，运筹好大国关系，处理好同周边国家的关系，对最终完成崛起进程是最为关键的。实际上，从坚持韬光养晦到提出和平崛起、和平发展，再到倡导建设和谐世界、构建人类命运共同体和新型国际关系，就是中国在为破解大国崛起天然难题而做出的不懈努力。

二 防范中美关系的"两个陷阱"

中美关系一直是影响中国实现强国战略最具根本性、全局性的环节。随着中美关系由普通大国与超级大国之间的关系转变为崛起大国与守成大国之间的关系，中美两国间的竞争性在上升，虽然合作依然是主要方面。美国智库炒作"修昔底德陷阱"，一方面是出于历史经验，另一方面是出于中美之间确实存在的结构性矛盾。与其说是炒作，不如说是战略预警。

就结构性矛盾来看，中美之间存在着地缘战略竞争和意识形态竞争，有时两者交织在一起。奥巴马政府推出"亚太再平衡"战略，就是中美地缘战略竞争的具体化。美国将亚太地区视为其全球战略重心，而在这一地区，中国是主要博弈对手，有合作，但是竞争也十分明显。特朗普政府上台后，虽然奉行"逢奥必反"策略，甚至宣布退出跨太平洋伙伴关系协定（TPP），但是在基本面上，仍然坚持"亚太再平衡"战略的实质内容，比如加强在西太平洋地区的军事存在。特朗普宣称让美国盟友多承担地区安全责任，并不是要从亚太退出，只是调整力量分配，以便将更多的财力用于国内发展。从美国推动售台武器来看，美国仍然将中国作为最主要战略竞争对手之一。当然，在朝核、经贸等问题上，美国也谋求同中国的合作。合作与竞争交织或竞争中合作仍然是中美关系的基本表现形态。**如何避免两国关系由个别领域的竞争转向全面竞争，进而导致总体关系转为冲突对抗，最终陷入"修昔底德陷阱"，仍然是摆在中美两国间的一项重大课题。**

对中美关系来说，更为现实的是防范"冷战陷阱"。随着中国崛起和"四个自信"的增强，中国在全球治理上表现得越来越活跃，中美两国在意识形态上的分歧也越来越突出。过去，美国对中国坚持走社会主义道路虽然耿耿于怀，但是美国自由派认为，随着中国的改革开放，中国会逐渐改变政治经济体制并融入美国所主导的国际秩序和全球治理体系。而现在，美国一些战略家认识到，中国经过改革开放变得强大了，但是并没有变成美国所认可的"自由民主"国家，而且这种可能性越来越小；随着中国参与全球治理并推进全球治理体系变革，中国极有可能将国内的治理理念和方式运用到国际事务中，如此将对美国主导的国际秩序构成颠覆性的挑战。在这种国际战略背景下，美国会愈加重视向中国推广"普世价值"，将中国作为推进"民主"战略的重要对象。美国的这种对华战略倾向必然导致中国做出相应的反应，将之视为重要政治安全威胁。这正是著名国际问题专家王缉思教授所说的"**两个秩序**"之争，即美国主导的国际秩序与当下中国的国内秩序之间的斗争。美国认为中国参与全球治理会挑战其主导的国际秩序，而中国认为美国所推行的全球战略和对华战略会挑战中国的国内秩序。如果中美双方都强化对外政策中的意识形态因素，并且将意识形态层面的竞争提升到双边关系的主导方面，那么中美关系就很有可能陷入冷战时期的美苏关系那种局面，冲突对抗就成了双边关系的主轴。这就是"冷战陷阱"，其危害与"修昔底德陷阱"无异。

特朗普在竞选时很少提及人权、民主等意识形态话题，据此一些观察家认为他在对外政策上会更重视经济、安全方面的实际利益，弱化价值观外交。然而，在同印度总理莫迪会晤时，特朗普也大谈美印两国的共同价值观。在古巴领导人卡斯特罗去世时，特朗普也是从意识形态角度来评价、诋毁卡斯特罗。俄罗斯学者认为，特朗普有可能同新保守主义结盟。若如此，中美意识形态斗争会更为激烈。

防范中美关系陷入"两个陷阱"，需要加强中美之间的沟通、合作，稳定双边关系。**新型大国关系仍然是中美双边关系的发展方向，也是唯一符合两国根本利益的出路**。双方需要以合作共赢的精神推动两国关系确保不冲突、不对抗。对中美这样的大国来说，不冲突、不对抗本身就是巨大的共同利益。要维护这项对两国都具有根本性的利益，需要两国树立合作主义战略思维，不断培育合作理念。两国都应充分认识到，当今时代，没有任何理由使中美走向冲突对抗；合作是实现不冲突、不对抗的唯一途径；两国间的分歧、矛盾，也只有通过合作才能有效解决。

对中国来说，处在实现"两个百年"目标的关键阶段，尤其需要有一个良好的外部环境，需要一个稳定的中美关系。据此，中国应当坚持韬光养晦的精神实质。坚持韬光养晦，一方面要在战略竞争中保持克制。中美在某些领域的战略竞争难以避免，但是应当守住底线，不能让这种战略冲突导致中美全面冲突对抗。我们需要清醒地认识到，中国的综合国力同美国相比还有相当大的差距，**同美国全面冲突对抗不符合中国既定的总体战略目标**。另一方面，也是更为重要的，要尽量避免同美国进行意识形态对抗。如果中美走向意识形态对抗，整个西方世界，甚至包括许多实行西方政体模式的发展中国家都会站到中国的对立面。这对我们营造良好外部环境极为不利。此外，从中国倡导的人类命运共同体和新型国际关系的理念来看，同美国全面冲突对抗也与这个宗旨不符。

在积极推进双边关系发展的同时，还需要从两个方面下功夫：一是**进一步推进同其他国家特别是大国的关系**，比如中俄关系、中欧关系。中国在国际舞台上朋友多了，外援力量也就强了，美国要想遏制中国，实施同中国全面对抗的战略就愈加困难。二是**适时改善那些同中国有战略利益冲突的国家的关系**，主要是日本和印度，减少美国可借重的战略力量。美国在国际舞台上可借重的战略力量少了，就会减弱同中国对抗的动力和信心。

三 化解我国对外战略中的"痛点"

在我国对外战略中，一直存在几个难以解决的重要问题，即中日关系、中印关系、朝核问题和南海问题。它们都涉及我国重大利益，而且已经成为或很容易成为美国牵制中国的战略筹码，是我国对外战略中的"痛点"。从战略思维上讲，化解这些"痛点"意义重大。

日本和印度是我国周边非常重要的两个大国，处理好同它们的关系，不仅有利于推进我周边战略，而且也有利于我同美国的战略博弈。这两国在某种程度上已经成为美国对华战略竞争的助力。美国要全力同中国对抗，必须得到盟友的支持和其他世界级战略力量的呼应。如果日本和印度甘愿充当美国对抗中国的急先锋，那么就会刺激美国实施对华全面对抗战略。即使不考虑美国因素，我们也应当重视这两个国家特别是日本的战略地位。日本作为世界第三大经济体，科技实力雄厚，具备成为军事大国的潜力。目前日本在发展军力上主要是受制于国内民意。从能力上说，日本很容易将其经济和技术实力转化为军事实力。这样的日本如果执意与中国为敌，肯定不符合中国的战略利益。

朝核问题与南海问题近年来是我国周边的热点，而且涉及我重大战略利益。如果这两个问题得不到有效管控，有可能使我国在大国博弈中陷于被动局面，破坏我国发展与安全的外部环境。

总之，破解中国实现强国战略所面对的天然难题需要**抓住中美关系这个关键环节**，同时还要不断**化解对外战略中的"痛点"**，为我争取在中美战略博弈中的主动权减少阻力。

（中共中央党校国际战略研究院教授、执行院长　刘建飞）

多中心空间发展战略对通州和雄安新区的启示

本文要点：通州城市副中心和雄安新区发展决策，并不是孤立的。它们分别是在北京市域和京津冀城市群内发展新的副中心城市，构造反磁力中心，旨在分担和疏解北京过度集聚的部分功能。同时，作为新的增长动力空间，建设通州和雄安新区可带动京津冀城市群的发展。因此，对通州和雄安的建设在本质上体现的是一种不同空间尺度上的多中心空间战略。本文从理论渊源、实践总结和实证研究三个角度来审视多中心空间战略的特征和得失，以便为正确认识通州和雄安战略提供相对客观的依据，也希冀对通州和雄安的建设以及京津冀的协同发展提供启示。

一 多中心空间战略的理论基础

多中心空间战略是城市规划工作者的理想，在现代城市规划理论发展史中具有重要地位。多中心的思想渊源最初可以追溯到英国历史上的田园城市、卫星城及新城理论，其初衷是缓解伦敦工业革命后人口集聚带来的环境污染、交通拥堵、房价高企等城市病。以彼得·霍尔（Peter Hall）爵士为代表的多中心巨型城市区域论则是欧洲多中心空间战略的现代版。美国城市发展传统上是以大都市的郊区化蔓延为主要特征，但近些年对于环境、能源问题的反思，一些规划有识之士开始提出具有多中心思想的精明增长、新城市主义、边缘城市以及洛杉矶多中心大都市模式。可以说欧美发达国家在空间结构理论趋势上殊途同归。

理论上，多中心空间结构存在以下几方面好处：首先，**多中心空间结构有助于缓解大城市过度集聚带来的城市问题**。尽管集聚有利于经济收益递增，但集聚并不是无限的。过度集聚会带来交通拥堵、环境压力、地价成本上升过快等问题。而多中心结构因其相对均衡的城市规模分布，能够缓解这些城市病。这些问题都是外部性负效应，单纯依靠市场力量解决不了，市场自身无法实现单中心向多中心的空间转型。因而，政府克服市场不足，采取多中心空间战略有其必要性和合理性。

其次，**多中心结构的城市或城市群可以获取规模互借效应，从而不会完全损失规模集聚效益**。反对多中心战略的意见，主要是基于集聚经济损失的理由。但多中心不是简单的低密度分散，而是分散的集中。尽管每个空间单元的集聚效益可能不及一个更大规模空间实体，但多中心结构下的空间单元由于地理临近，可以做到设施共用、优势互补。大城市周边小城市可以因临近大城市的设施而受益，比如江苏昆山市因受益于临近上海的虹桥机场而不需自身拥有独立的机场设施。

再次,**多中心空间战略有助于均衡生产力布局,缩小地区间收入差距**。欧盟的多中心战略目的之一即是促进地区经济增长均衡。最后,**多中心空间结构还有助于促进专业化分工协作**,因为不同的空间单元,具有不同区位特征,可以满足不同产业和功能选址需求。

二 多中心空间战略需政府主导

多中心战略作为一种规划思想,很早就得到应用,但实践效果参差不齐。卫星城、新城等最早在欧洲被应用于实践,但在英国只部分地起到对外来人口的"截流"作用,对中心城人口的疏散却未能产生预期的效果,而且新城吸引力无法与中心城区抗衡,实际上沦为居住为主的卧城。欧洲近些年持续推出具有多中心色彩的空间战略,从"欧洲空间发展远景(ESDP)""欧洲多中心巨型城市区域可持续发展管理项目(POLYNET)"到"欧洲空间规划观察网络(ESPON)",目的是促进区域的一体化建设、缩小区域差距,但其效果仍有待观察。

在亚洲,东京、首尔等城市虽然形态上具备了一定程度的多中心结构,但新城同样在功能上依附于中心城而造成了长距离通勤。中国香港和新加坡的多中心格局可以认为较为典型和成功,但新城规模都偏小,政府的规划和严格、长期的执行是成功的主要经验。

美国并没有政府主导的空间战略,但人口空间演化显示出明显规律,越来越多的人口向大都市区集中;但在都市区内部,人口却是从中心城向外围副中心城市、边缘城市分散。换句话说,这也是一个多中心化过程,以洛杉矶最为典型。这其实反映了市场经济发展成熟国家的城市发展规律。

中国自20世纪90年代以来，为了缓解中心城区的拥挤，同时考虑到发展的需要，国内主要大城市在总体规划中均提出建设多中心空间结构的目标。同时，全国范围内新城新区建设之风盛行。但成效并不如预期乐观，个别新城新区甚至有沦为"空城""鬼城"的嫌疑，而中心城区"摊大饼"现象有增无减。

纵观世界各国实践历程，多中心理念作为城市规划工作者的理想，尽管理论上具有诸多优点，但**在实践中的表现不一**。这一方面增加了问题的复杂性，另一方面也迫切需要实证研究检验。但中国香港和新加坡等地的成功经验再一次表明，**政府在多中心空间战略执行中的作用不可或缺**。

三　多中心空间战略有改善特大城市经济绩效的潜力

多中心战略的实践表现令我们发问，多中心会不会仅仅是理想的乌托邦？适度分散的发展理念能否在效率上满足城市的发展需求？如果多中心战略本身是科学的，又该怎样推进？回答这些问题，结束对多中心空间战略争议的可靠办法是展开严谨的实证研究，对城市或城市群的整体绩效进行检验，而不是只看单一的新城或中心城市的发展表现。但相关实证研究凤毛麟角，结论也不统一。空间结构的经济绩效具有很强的地理空间尺度敏感性，需要在不同尺度下展开分析。

首先是**市区尺度**。以美国大都市区作为样本进行的两项研究得出了不同结论：一个发现多中心结构与城市人口和就业的增长无显著因果关系，但另一个却发现多中心结构有助于提高劳动生产率。我们以中国200多个地级及以上城市的市区为样本进行研究发现：**多中心结构城市具有更高的劳动生产率**；而且，多中心结构确实可以降低平均通勤时耗，也与城市平均地价呈现显著负相关。

其次是**市域尺度**。这是我国独特的政策执行地理空间单元，我们对全国地级及以上城市市域的计量分析结果表明：**单中心结构具有更高的劳动生产率**。可见，在较大市域范围内，集中在市区发展更有助于经济增长。

最后是**城市群尺度**。我们按照相对严格的标准界定了城市群概念，选择了我国相对比较成熟的13个城市群为研究样本，研究发现：从形态角度来看，大多数城市群空间结构在20世纪80年代以来呈现多中心化的趋势，而且**多中心的空间结构也有助于提高经济发展水平**。

四　对通州和雄安新区发展的启示与建议

第一，**通州城市副中心和雄安新区发展，是我国政府多中心空间战略的实践**，是检验城市规划传统理念的伟大试验。多中心空间战略是城市规划的一个传统思想，更是城市规划者创造美好城市发展格局的理想。尽管多中心战略的实践表现不一，但理论上具有提高整体经济绩效的潜力，我们对全国地级市市区和城市群两个尺度的实证研究也支持这一判断。如果能够综合分析并结合城市规模、发展阶段、地理空间尺度、功能联系、行业构成等因素，在政策上精心设计，对通州城市副中心和雄安新区的多中心空间战略实践取得成功将大有裨益。通州城市副中心建设和雄安新区发展所积累的经验，无疑将对世界城市规划理论发展做出里程碑式贡献。

第二，**既要坚持政府积极引导，又要尊重城市发展规律**。一方面，个人行为主导的市场力量只会使城市规模过大，带来严重城市病，只有政府引领才能扭转集体非理性结果。多中心战略成功的实践经验同样表明政府作用不可或缺。在我国当前国情下，行政力量也是导致优质资源过度集中的一个方面，因此尤其需要政府出面疏解、发挥作用。另一方面，城市发展的最终成功取决于市场力量，取决于企业和市民的意愿。要尊重城市发展客观规律，只有模拟市场，经过周密的政策设计和持之以恒的贯彻实施，才有希望成功。而且，政府在前期完成历史使命后要适时退出，让市场发挥后续主导力量。

第三，**通州城市副中心和雄安新区要做到职住均衡和多功能融合**。二者如果要发展成为成功的反磁力中心，功能定位不能低于北京中心城区。北京中心城区近千万人口，而且高质量基础教育、医疗设施以及其他公共服务设施集聚，形成一个巨大的人口磁极。如果疏解功能和人口，通州和雄安新区必须在宜居宜业方面对居民和企业更加具有吸引力才行。

首先，**在就业方面，通州和雄安新区的劳动生产率不应低于甚至要高于北京中心城区**，保证为人才提供具有吸引力的薪酬待遇，这是基本底线。就业实质涉及功能定位，通州和雄安功能定位必须高端，不是服务于北京中心城区的地方中心城市，而是具有与北京中心城区并列的功能。如果说原来中心城区与新城是母子关系，通州和雄安与北京中心城区在功能上则类似兄弟关系，是专项服务功能和综合服务功能的关系，两者只是分工不同。北京功能超负载的主要原因在于，其承担了国家行政部门集聚及全国科创教育和医疗中心的功能。因而，从疏解北京功能角度出发，应该考虑将国家行政部门和全国科创教育医疗中心的功能向雄安疏解，否则雄安很难具有足够的吸引力，也很难起到有效的疏解效果。其中，全国科教医疗设施不能只是在雄安发展分部，只有总部主体搬迁才能有效撑起雄安的发展。

其次，**在居住方面，要做到生活生态空间优化高质**。公共设施方面，高质量的基础教育设施和医疗设施不可或缺。总之，只有生产生活生态空间完善全面，才能摆脱对北京的依赖，成为一个独立的中心城市，才能真正疏解北京过度集聚的功能和人口。

第四，**通过雄安新区建设带动京津冀地区经济发展，消除"环京津贫困带"现象**。京津周边存在为数不少的国家级贫困县，亚洲开发银行称之为"环京津贫困带"。要更好地落实京津冀协同发展战略就必须解决大城市对小城市产生的虹吸效应，换言之，必须发挥区域核心城市的溢出、辐射、带动功能以突破"灯下黑"的发展趋势。从这个角度出发，雄安新区战略出台正逢其时，承担了核心功能溢出的角色。周边城市，则必须抓住这次机会主动对接，积极争取正向溢出。借鉴长三角尤其是浙江特色城镇、珠三角专业化城镇以及西欧巨型城市区域中的专业化分工经验，京津冀的中小城市和城镇应该深入挖掘自身比较优势和竞争优势，走块状产业集群、特色产业发展的专业化分工之路，以增强自身竞争力。定位上可以服务新区、专业化配套，成为宜居的创新创业小镇。招商政策上可以考虑向长三角、珠三角乃至全国的民营企业倾斜，引导发展成京津冀跨越发展中的引擎企业。

（华东师范大学城市与区域科学学院教授　孙斌栋）

中国经济新旧增长动力的转换

本文要点：我国已经跨入中上等收入国家行列，还处于跨越"中等收入陷阱"的中间区域。我国要跨越"中等收入陷阱"、顺利迈向发达的高收入阶段，必须寻找经济发展的新动力，而经济增长动力来源是可转换的，具有规律性、动态性和渐进性。顺利迈向发达的高收入阶段需要实施供给侧结构性改革，实现新旧增长动力有序转换，培育发展新动能。当前，供给侧结构性改革应着眼消费引领和供给创新，引领产业向中高端化提升，着力加快体制机制改革，打造制度供给新引擎。

目前，我国已由中低等收入国家跨入中上等收入国家行列，但从绝对水平来看，仍处于跨越"中等收入陷阱"的中间区域。2015年，按照调整后的国内生产总值，我国人均GDP达到8026美元，距离世界银行2014年确定的12736美元的高收入标准门槛还有一定差距。我国要跨越"中等收入陷阱"、顺利迈向发达的高收入阶段，新动力在哪里？如何发掘和培育成长、并使新旧动力有序转换？这是本文要回答的主要问题。

一 经济增长动力的供求视角

一个时期里，为一国或地区经济起带动作用的因素是经济增长的动力来源，这种动力受经济发展阶段、发展方式、体制安排等方面影响，会发生变化。因此，经济增长动力来源是可转换的，具有规律性、动态性和渐进性。一般而言，分析经济增长动力有供求两种视角，从需求侧观察，经济增长是由投资、消费和净出口带动的。在经济发展的不同阶段，需求结构变动对国内生产总值的影响是有差别的。一国经济发展从低收入阶段到中等收入（包括中上等收入）阶段迈进过程中，投资对经济增长的贡献作用是上升的，消费贡献作用是下降的，与投资的贡献相联系，进出口贸易也对经济增长变得越来越重要。一国经济一旦从中等收入阶段向高收入阶段迈进，消费对经济增长的贡献作用就会不断上升，相反投资贡献作用持续下降，进出口结构也出现了相应变化。以日本为例，1950年日本人均国民收入为113美元，1960年431美元，1970年上升到1940美元，到1980年达到10440美元，1988年日本人均国民生产总值高达23570美元，超过美国人均21620美元的水平。与收入转型相对应，日本投资对经济增长的贡献经历了先升后降、消费贡献先降后升的过程。1952年日本的投资贡献率为21.3%，1966年上升到32.6%，1970年进一步上升到39%，此时日本人均国民收入1940美元折合2010年美元价格恰好超过1万美元，为10760美元。日本人均收入越过1万美元门槛后，投资贡献率不断下降，1973年下降到38.2%，1980年32.2%，1993年29.9%，2006年进一步降到23%。伴随着投资贡献率下降，消费贡献率也发生着变化，1950年日本的消费贡献率为77%，1966年下降到65.9%，1970年进一步降到59.7%。此后开始上升，1973年61.8%，1980年68%，2006年达到75%。由此可以看出，日本投资贡献率上升、消费贡献率下降至少经历了18年，投资贡献率从升到降、消费贡献率由降到升的拐点发生在20世纪70年代初期，此时人均国内生产总值恰好1万美元（2010年美元价格）。

同日本十分相似的是，韩国在从低收入阶段向高收入阶段迈进过程中，同样经历了投资贡献率先升后降、消费贡献率先降后升的过程，拐点也发生在人均国内生产总值1万美元左右。从1961年到2008年，韩国人均国民收入由100美元上升到21530美元。1960年，韩国的投资贡献率只有11.5%，此后连续上升，到20世纪90年代初期达到最高，之后连续下降。消费率与此相对应，先是连续下降，后是持续上升。比如，韩国的投资率1970年为24.97%、1980年31.61%、1991年38.9%、1997年34.97%、2002年26.7%，消费率1965年92%、1980年76%、1990年63%、2000年66%、2006年69%。从统计资料看，韩国投资贡献率上升、消费贡献率下降至少经历了30年，投资贡献率从升到降、消费贡献率由降到升的拐点发生在20世纪90年代初期，此时人均国内生产总值按照2010年美元计算是10501美元。

在不同的经济体之间，即使经济发展处于同一阶段，由于文化背景和制度偏好不同，三大需求对经济增长的贡献也有所不同。同欧美国家相比，力行节俭的东亚文化地区消费对经济增长的贡献较低，而前者则较高。比如2015年，美国和英国人均GDP分别是55837美元、43724美元，当年居民最终消费占GDP比重分别是68.4%、65.1%，而日本、韩国人均GDP分别为32477美元、27222美元，当年居民最终消费占GDP比重分别是58.6%、49.3%。再看，体制不同对需求结构也带来了影响，2015年人均GDP大约在8000美元到10000美元以内的国家里，马来西亚、墨西哥、巴西、俄罗斯人均GDP分别是9766美元、9009美元、8539美元、9057美元，当年四国居民最终消费占GDP比重分别为54.1%、67.2%、63.4%、51.9%，中国当年人均GDP为8026美元，居民最终消费占GDP比重为38%。

从供给侧观察，经济增长来自于由劳动、资本、资源、技术等要素配置形成的产业产出。在一个时期里，能为一国或地区经济增长起主导作用的产业，就是经济增长的动力来源。在工业化的中前期阶段，经济增长主要是依靠工业的规模化扩张对农业的替代，而工业的扩张主要是依靠劳动密集型产业的迅速发展。在工业化中后期，经济增长主要是依靠服务业发展对工业的替代，此时工业内部结构转换是在劳动密集型制造业与资本技术密集型制造业之间进行，资本技术密集型制造业的快速发展，推动了工业结构的调整，使得产业发展出现了中高端化趋向。

以韩国为例，在20世纪60年代经济刚起飞时，韩国抓住美国、日本等发达国家将劳动密集型产业转移到发展中国家的机会，利用本国劳动力资源优势，实行出口导向型发展战略，重点发展以轻纺工业为主的劳动密集型产业。进入70年代，随着劳动力短缺和工资上涨，以及西方发达国家经济衰退，还有后起的发展中国家在劳动密集型产业发展方面的竞争，韩国利用发达国家重化工业向新兴发展中国家转移的机遇，大力发展钢铁、非铁金属、机械、造船、汽车、电子等具有资本密集性质的重化工业。在1980年，韩国重化工业在制造业中的比重上升到50%以上。进入80年代，面对新兴工业化国家的崛起，国际市场竞争日趋激烈，韩国提出了"产业结构高级化"的政策目标，对传统重化产业进行技术升级改造，同时大力发展精细化工、精密仪器、计算机、电子机械等。进入90年代以后，韩国受到亚洲金融危机的严重打击，经济衰退，失业人数大幅度增加，社会收入分配结构出现恶化，此时韩国正处于由中上等收入国家向高收入国家迈进的关键时期。面对危机，韩国在推进金融体系、劳动力市场、公共部门改革以及企业结构调整的同时，大力发展知识密集型产业和服务业。比如集中发展计算机、半导体、生物技术、新材料、精细化工、航空航天产业。2003年以后，数字电视、液晶显示器、智能机器人、新能源汽车、新一代半导体、新一代互联网、智能型家庭网络系统、数字内容软件、新一代电池、生物新药以及人工脏器又成为韩国的"十大引擎产业"。

同韩国相比，巴西经济发展更早一些。第二次世界大战后，巴西开始实行进口替代工业化战略，1949—1981年，巴西经济年平均增长7%，其中1968—1974年经济增长年均超过10%。1970年巴西人均国民生产总值达到450美元，是韩国的1.7倍。但是，由于产业结构失衡、收入分配结构失调、城市化超前、通货膨胀严重等因素，导致巴西20世纪80年代以后经济增长放缓，使其一直徘徊在中等收入国家之列。1980—1990年巴西经济增长年均2.2%，90年代以来巴西虽然进行了经济结构调整和经济体制改革，也仅实现了经济温和增长。巴西由于过早地推进资本密集的重化工业发展，使得经济社会资源过分向钢铁、建材、化工、汽车、造船等倾斜，这不但造成工业与农业、重工业与轻工业、基础产业与加工工业结构失调，而且还造成较为严重的社会失业。

二 我国经济增长进入新旧动力转换期

改革开放以来，我国利用体制优势，在需求侧以高投资、高出口为依托，在供给侧以发展劳动密集型产业为导向，全面推进经济快速发展。在高投资、高出口和劳动密集型产业高增长作用下，经济实现了连续37年的高速增长：从1978年到2015年国内生产总值年均增长9.6%，人均国内生产总值从385元提高到49992元，增长了近130倍。经济新常态阶段，我国经济进一步增长面临三个主要问题。

第一个问题是**供需两侧结构性失衡，新旧增长动力难以有效接续**。当前，我国需求侧和供给侧均面临着严峻的结构性失衡矛盾。从需求侧来看，投资和出口对经济增长的带动作用在不断下降，而消费对经济增长的积极作用受到体制的严重约束。

一是投资空间在收窄，投资边际效益下降，依靠投资拉动经济增长的作用在明显减弱。经过多年持续大规模公共基础设施建设，机场、铁路、公路、水电气网等一大批公共基础设施供给能力已经形成，而且供给水平大都达到世界一流水平。此时，公共投资空间在变小，单位投资带来的GDP贡献作用在下降。

二是外需萎缩对出口导向型经济带来了严重打击。这几年，国际环境发生了深刻变化，使得这种发展模式开始失灵，中国遇到了发展难题，中低端产业外需疲软，供给替代形成"挤出效应"，中高端产业技术制约形成天花板"高压效应"。

三是有效消费需求不足，成为当前需求结构性矛盾的关键所在。从不同收入阶层分析，中低收入人群对中低端产品有很大的消费潜能，但由于收入支撑乏力和社会保障不足，无法顺畅转化为有效需求；中高收入群体对于高附加值、高端产品有明显消费能力，但国内产业结构和产品供给结构升级缓慢，无法满足他们的新需要，造成中高收入群体消费潜力受到抑制，迫使部分收入转化为储蓄。

需求侧产生的结构性矛盾，实质上是由体制机制改革滞后造成的。比如，政府、企业在国民收入初次分配中占比高，比例上升快，在再次收入分配中资源相对集中用于公共投资和产业投资方面。同时，在阶层之间收入分配政策不到位，引起社会储蓄快于消费增长。从2000年到2016年我国社会消费品零售总额增长了7.5倍，而人民币储蓄总额增长了11.4倍。

从供给侧来看，传统、低端产业在衰退，新兴产业成长缓慢，新旧产业增长动力不能有效接续。当前，我国经济增长遇到的关键难题是，传统、低端产业快速衰退留下的产业空间，新兴产业不能及时填补，形成了经济增长的"空心区"。产品供给结构不能适应市场需求结构变化，中低端产品和低技术含量、低附加值产品供大于求，高技术、高附加值产品及服务供给面临明显供给短缺。

第二个问题是**制度性交易成本居高不下，制约产业转型升级**。在新旧增长动力转换中，制度性交易成本高低是影响动力转换速度的关键因素。我国基础性制度供给中一些深层次结构性矛盾仍然突出，影响新旧增长动力转换。这使得企业参与市场竞争的制度性成本居高不下、显性隐性费用多等问题突出。因体制机制改革滞后而造成的制度交易成本，成为企业经营的系统性梗阻，对产业结构转型和创新驱动形成了瓶颈制约，一定程度上弱化了产业供给能力的转换和企业微观创新活力的提升。

第三个问题是**社会民间科技创新不足，影响新增长动力的形成进程**。新增长动力的形成，关键要鼓励企业创新。如果社会特别是企业缺乏创新力，新增长动力将无从谈起。共性技术、关键基础性技术需要集中式创新，但产业结构整体转型和新兴产业系统性成长，更需要依靠民间大众创新，依靠市场竞争能力的提升。而社会民间科技创新与集中创新所需要的条件是有区别的。民间科技创新是分散式决策和分头行动，创新主体是企业，需要调动人的积极性、创造性。社会民间科技创新需要三个基本条件：第一，市场主体创新需要充分的市场自由，市场自由需要减少审批和行政管制；第二，市场主体需要公平的竞争空间，公平的竞争空间需要减少买方和卖方垄断；第三，创新者需要人的机会均等，因此需要建立有均等机会进行创新的激励机制。

由前述可见，在经济进入新常态后，需求侧的结构性矛盾焦点是有效消费需求不足、优质和高端产品无法满足市场需要，供给侧结构性矛盾的焦点是传统产业改造滞后、新兴产业成长缓慢，而需求与供给两侧的结构性矛盾破解的关键又在于体制机制改革。

三 动力转换：消费引领+供给创新

当前，可供选择的动力源泉，**一是在需求侧实施消费引领战略**，调整需求结构，降低对外需的过度依赖，扩大内需特别是消费需求，将消费特别是居民消费作为引领经济增长的主要动力源。**二是在供给侧实施供给创新战略**，调整产业结构，改变我国在国际市场上的分工地位，加快改造传统产业，大力发展新兴产业，不断提高中高端产业和高附加值、高技术含量产品在产业结构中的地位。**三是加快体制机制的全面改革**，为经济增长新旧动力转换提供引擎支撑。

从需求侧看，实施消费引领经济增长，是一国经济实现从中等收入迈向高收入阶段的必然选择。如前所述，消费对经济增长贡献作用是先下降后上升，进入高收入阶段消费对经济增长的贡献率维持在70%以上，比如，2015年世界中等收入国家最终消费占GDP比重为69%，上中等收入国家66.7%，高收入国家77.9%。进入高收入阶段后，居民最终消费对经济增长起着引领作用。比如2015年美国居民最终消费率68.4%、英国65.1%、法国55.1%、德国54%、日本58.6%、加拿大57.5%、澳大利亚56.9%。

今后，相比投资空间，我国消费增长空间将越来越大，这给经济可持续增长提供了巨大的动力源泉。主要体现在三个方面：

一是消费补偿性增长。如果能将最终消费调整到同类收入国家的平均水平，那将会带来数以万亿计的消费增长。例如，以2015年为基期到2020年，若每年物价增长2%，人口14.3亿，按照年均经济增长率6.5%计算，到2020年GDP总量达到104.35万亿元人民币。届时如果我国最终消费率能达到70%，GDP中将会有73万亿元是由消费带动的，比2015年多出37万亿元人民币。

二是城市化带来的消费增长。2015年城镇居民人均年消费为21392.4元，农村居民人均年消费为9222.6元，前者是后者的2.32倍。这意味着，积极推进人口城镇化可以带来消费的较大增长。目前我国还有6亿多农民居住在农村，另外城镇还有2亿多农业转移人口（无户籍的常住人口）。假定从2016年到2020年城乡居民人均可支配收入年均增长6.5%，届时城镇居民年人均可支配收入将达到43555元，农村居民人均可支配收入14758元。按照2015年城镇居民平均67%的消费倾向计算，到2020年如果按计划完全实现了1亿农业转移人口市民化，当年由这部分新市民带来的消费额会净增加1.6638亿元。

三是中产阶层的扩大带来消费增长。根据统计资料测算，在按收入等级划分的城乡居民家庭调查中，中低收入阶层收入水平低，但平均消费倾向高，中等及中等偏上收入阶层消费能力强。从现有数据看，2011年城镇居民中低收入户和中低收入户家庭平均消费倾向分别为85.1%、75%，农村则为165.6%、93.1%，这些家庭人口占城乡总人口的40%，而当年城镇居民中等收入户人均消费额分别是最低收入户和较低收入户的2.2倍、1.6倍，中等偏上收入户家庭人均消费额分别是最低收入户和较低收入户的2.8倍、2.1倍。农村中等收入户和中等偏上收入人均消费额分别是低收入户的1.5倍、1.8倍。显然，如果我们能将全国40%的中低收入阶层的一半转变为中等及以上收入阶层，将拥有世界上人口最多的中产群体，届时必然是全球最大规模的消费市场。

全社会消费的增长既来自消费总量的扩张，也来自消费结构的升级。收入水平越高，越是向高收入阶段迈进，消费结构越会出现细分化、中高端化倾向。这种变化就要求供给侧必须全面创新，为市场提供有效、安全、优质、高效的商品或服务。要满足需求侧的市场变化需要，核心是新动力的形成与成长。在这方面，今后的主要任务是**淘汰落后产业，改造传统产业，培育发展新兴产业**。传统产业改造的主要思路是，在淘汰落后低端产能的同时，避免产业转型中的空心化倾向。应紧紧抓住世界新一轮产业技术革命提供的新机遇，充分利用新技术、新工艺、新管理模式改造传统产业，走智能化、绿色化、高端化之路。

对于新兴产业的发展，从三个层次进行重点支持：第一层次是支持六大支柱产业做大做强做优，即培育发展新一代信息技术、新能源汽车、生物技术、绿色低碳、高端装备与新材料、数字创意等产业；第二层次是培育发展四大战略性产业，包括空天海洋、信息网络、生命科学、核技术等产业；第三层次是打造一批新优势产品，包括新型飞行器和航行器、新一代作业平台和空天一体化观测系统、量子通信技术和泛在安全物联网、合成生物和再生医学技术、新一代核电装备等。同时，改造传统产业和培育发展新兴产业，用区域联动发展理念，引导发展资源向经济增长优势区集聚，培育一批经济增长极和增长带。

四 加快体制机制改革

制度供给是经济增长新动力的引擎。**实施消费引领、供给创新，离不开体制机制改革。**

放松对市场的直接干预，让市场在资源配置中充分发挥决定性作用。首先是要进一步减少和取消行政审批事项，降低企业的制度性交易成本。其次是减少买方卖方垄断，为不同所有制企业创造公平竞争环境。减少垄断要从国企改革做起，竞争性领域和竞争性环节必须退足退够，纯公共性领域要进足进够，同时纯公共性领域也要按市场原则引入社会资本，进行有限竞争。最后是进一步减税降费。降税减费是对企业福利和居民福利的一种返还，有利于近期社会需求扩张和未来潜在生产率的增长。

实现消费引领经济增长，**关键在改革**。一方面，政府要调整财政支出结构，压缩公共投资规模，更要禁止投资一些不切实际的项目。同时，提高对居民社会福利支出的比重，加大对中低收入人群财政转移支付力度，提高贫困救助标准，调高基本医疗保险、基本养老保险补助标准，支持低收入者开展劳动技能培训和子女教育等。另一方面，对中产阶层实行免税减负政策，比如提高个人所得税起征点，实行综合与分类相结合的个人所得税。国民收入结构调整，必然会带来财政减收增资问题，可以通过压缩公共投资带来的结余、提高国有企业上缴财政的利润比例、提高资源环境税税率等来化解。

供给创新在很大程度上**靠科技创新去实现**。针对我国创新体制存在的突出问题，应充分调动各种资源和各方积极性，加大创新投入，努力补齐创新短板。强化企业创新主体地位，鼓励企业开展基础性、关键性、前沿性创新研究，提高企业对国家实施创新驱动战略的行动能力和参与度。

鼓励科教融合发展，支持一批大学和科研院所组建跨学科、综合交叉的科研团队；优化民营经济创新发展环境，给予他们充分的市场自由、公平的竞争空间，激发创新活力，提升创新能力；培育和保护企业家创新精神和精益求精的工匠精神，尊重知识、尊重人才，完善市场化的人才资源配置机制，完善科技创新激励机制，放宽对科研经费支出权限的管制，全面下放创新成果处置权、使用权和收益分配权，支持科研人员有序流动。持续增加各级各类教育培训和人力资本投入,加快培育实用性、创新型人才。

城镇化是增加供求两侧新动能的黄金结合点,积极推进可为经济增长带来诸多好处。当前城镇化进程中的障碍主要有两个:一个是全国中等以上的城市绝大多数都设置了外来人口落户的门槛标准。国家新型城镇化规划提出了实施差别化的五条标准落户政策,有些城市并没有放松农业转移人口市民化限制,反而加强了。另一个是进城农民落户城镇所需要的公共成本缺乏相应的承担主体。农业转移人口市民化产生的公共成本,包括基础设施建设、医疗养老保障、义务教育、就业服务、住房保障、公共文化供给等。要想积极推进新型城镇化即人的城镇化,改革还需再进一步。首先,建立有利于推进农业转移人口市民化的公共成本分担机制。在农业转移人口市民化产生的公共成本中,科学、合理划分中央政府、地方政府和企业各方的支出责任。其次,降低外来人口落户城镇的门槛。最后,还要进一步健全基础性制度,重点完善产权保护制度、社会诚信体系、资源环境保护管理体制,以及深化对外开放,为新旧动能转换提供基础性制度支撑。

(中国宏观经济研究院原副院长　马晓河)

西方"普世价值"的悖论及欧美政治的困扰

本文要点：鼓吹西方"普世价值"的"历史终结论"一度甚嚣尘上。近来西方政治家们又开始奉行有违"普世价值"的价值观，形成了明显的价值观悖论现象。即自由市场与贸易保护主义的悖论；言论自由与"政治正确"原则的悖论；自由平等博爱与白人至上原则的悖论。英国脱欧公投成功以及主张贸易保护主义的特朗普当选美国总统，无疑都是对自由市场原则的重创。言论自由原则导致了文化多元主义，文化多元主义又变成了不可触碰的"政治正确"原则，由此而导致的"文明的冲突"将是未来西方国家的一种长期性政治现象。欧美从鼓吹所谓"普世价值"突然转而奉行起反"普世价值"的政策，世界还不能适应这种价值转向。

伴随着柏林墙倒塌、苏联解体,鼓吹西方"普世价值"的"历史终结论"一度让西方人相信西方的代议制民主就是人类最好的也是最终的政府形式,很多非西方国家的精英阶层也在心理上彻底臣服。然而,在还不到一代人的时间内,以输出"普世价值"为宗旨的民主推广活动不但给很多非西方国家制造了灾难,"普世价值"最终也祸害了西方国家自身。在此情形下,务实的西方政治家们又开始奉行有违"普世价值"的价值观,从而形成了明显的价值观悖论现象,全世界为此转向而愕然。

一 自由市场与贸易保护主义的悖论

自由市场在"普世价值"中占有基础性地位,无论是古典自由主义还是新自由主义,都奉自由市场为圭臬。在西方,自由市场事实上由自由市场的经济思想、保护自由市场的制度框架、全球化的政治思潮"三驾马车"构成。

当19世纪开始实行自由市场制度时,德国流行的则是李斯特的国民政治经济学,鼓吹国家主义而抵挡来势汹汹的英国商品,而李斯特的贸易保护主义思想起源于他在美国流亡时的所见所闻,整个19世纪的美国是贸易保护主义盛行的时期。第二次世界大战结束前,当时最有影响力的经济学家凯恩斯认为,西方国家之间之所以总是发生战争,是因为没有贸易一体化和自由化而导致利益冲突,于是设计出保护西方自由市场的布雷顿森林体系,其中包括国际货币基金组织(IMF)和被改成今天的世界贸易组织(WTO)的关贸总协定等制度安排。冷战之后,胜利的西方自然会把自己的制度推向全世界,于是才有了以自由市场和自由民主为动力的全球化。

这一轮全球化体现了制度变迁的非预期性。以自由市场为动力的全球化至少有以下结果:一是加剧了全球的不平等,二是加剧了西方国家的国内不平等和不公正，三是实行市场经济的中国的崛起。一句话，全球化让世界政治的力量对比发生了根本性变化。

在特朗普总统就职之前，美国等西方国家已经开始搞贸易保护主义。跨太平洋伙伴关系协定（TPP）就是对 WTO 的一种反叛性收缩，企图把中国排除在经济圈之外。中国加入 WTO 时规定，15 年后中国自动成为市场经济国家，但是 2016 年西方国家都不承认中国的市场经济地位。同时，西欧、美国还不停地对中国产品进行反倾销，以"替代国"的做法来衡量中国产品的生产成本和价格标准。2016 年是西方国家实行贸易保护主义的标志性年份。首先是英国脱欧公投成功，这已经是对全球化、地区一体化的重大打击；接着是主张贸易保护主义的特朗普当选美国总统，他明确提出了退出 TPP，还要对北美自由贸易协定重新谈判，主张传统的双边谈判。

这些无疑都是**对自由市场原则的重创，也是西方国家因实力下降而改变其价值观的象征**。

二 言论自由与"政治正确"原则的悖论

和自由市场原则一样，作为自由主义民主基础的言论自由原则同样产生于英国，其中最有代表性的就是约翰·密尔在 19 世纪 50 年代的作品《论自由》，其中大谈作为自由基石的言论自由。在冷战时期，西方出现的"冷战政治学"，比如美国著名政治学家罗伯特·达尔和乔万尼·萨托利的民主理论，都是以言论自由为核心的自由主义民主思想体系，以此来抗衡当时作为世界性价值观的社会主义公正原则。

在言论自由的旗帜下，西方国家国内也产生了文化多元主义思潮。20 世纪 60 年代美国黑人民权运动有力地推动了美国少数族裔的文化权力，到了20世纪80年代最终形成了作为"政治正确"的文化多元主义：价值观多元化、道德标准多元化、生活方式多元化、授课语言多元化、婚姻形式多元化、家庭模式多元化，等等。从政府机构和公共舆论，到社区和家庭学校，言必称"多元"，而且成为一种不能触碰的"政治正确"。

文化多元主义的流行使得整个西方社会出现了浮夸之风，虚假泛滥成灾。不仅如此，政治正确的文化多元主义是对以基督教文明为核心的"美国信条"的大颠覆，而特朗普之所以能当选，在很大程度上就是代表了美国文化右翼的声音，以捍卫基督教文明而反击那些代表多元宗教的文化多元主义。因此，特朗普当选必然导致美国国内的"文明的冲突"，即基督教文明与文化多元主义之间的冲突。

在西方，言论自由原则导致了文化多元主义，文化多元主义又变成了不可触碰的"政治正确"原则，而政治正确原则事实上又在限制着言论自由，由此而导致的**"文明的冲突"将是未来西方国家的一种长期性政治现象。**

三 "自由平等博爱"与"白人至上"原则的悖论

受美国独立战争影响而发生的法国大革命，将自由平等博爱写进其共和国宪法。殊不知，这些基本价值是属于历史书写者的，当其他族类分享这些价值而引发利益纠纷的时候，自由平等博爱中的族类性质就暴露无遗，那就是根深蒂固的白人优越论基础上的白人至上论。

自由是古典自由主义的核心价值，但是当自由主义的鼻祖洛克主张财产权的自由时，他自己正在从事贩奴的生意，奴隶就是他的自由权即财产权。当19世纪30年代托克维尔在美国发现了基于平等化趋势的民主化浪潮时，他心目中的平等只能是在新大陆上的白人的平等权，而对当时正在对印第安人实行的种族清洗政策视而不见。作为托克维尔的信徒，密尔虽然以《论自由》而赢得自由主义大师的称号，但其在著名的《代议制政府》中毫不掩饰其种族主义观点，认为代议制政府只能是欧洲人的好政体，其他民族因能力不行而不合适。1857 年，印度发生了反抗英国殖民者的大暴动，密尔宣布放弃其《论自由》思想，认为自由权利不是所有族类都配享有的。所有这些，都构成了 19 世纪的赤裸裸的白人优越论。

面对种族主义的帝国主义，非西方国家的读书人尚能同仇敌忾地搞民族主义革命；而当社会主义革命和民族解放运动肢解了白人支配的殖民主义体系后，**白人优越论在冷战时期被改造为"普世价值论"**，把基于本民族的、基督教文明的价值诠释成全人类价值，结果导致的是很多非西方国家的知识精英在心理上被俘了。依照"普世价值"所宣扬的自由与平等，中东动荡地区的难民自然会寻求进入欧洲避难，墨西哥人也自然有权利移民曾是自己故土的加利福尼亚州和新墨西哥州，其文化多元主义也自然是一种政治正确而批评不得。

但是，移民潮打乱了欧美固有的安全秩序和生活方式，文化多元主义事实上是平等的宗教主义和平等的种族主义，这就从根本上冲击了白人优越论，因此才有势力强大的文化保守主义右翼。要知道，克林顿总统信奉的文化多元主义已经让文化右翼忍无可忍，因此才有长达几年的对克林顿羞辱性的莱温斯基丑闻案的独立调查；更让美国白人焦虑的是，文化多元主义又催生了一个有色人种的黑人总统奥巴马。特朗普当选代表了美国白人的恐惧心理，有评论说是美国白人的最后一搏。特朗普刚刚就任，就宣布在美国—墨西哥边境修墙，阻挡墨西哥移民并遣返非法移民，还颁布了引起司法官司的"禁穆令"——90 天内不给七个伊斯兰国家的居民美国签证。与其孤立主义的经济政策一致，特朗普总统的人口政策是典型的 19 世纪美国的政治传统，一种白人至上主义的基督教文明。

价值观具有文化历史性和政治实践性，这是其一般规律。在第一个国际政治理论大师汉斯·摩根索看来，把自己的文明体系和自己民族的思想鼓吹为"普世主义的"，是帝国主义才会有的行径。亨廷顿在其著名的《文明的冲突》中也直言，不存在所谓的普世价值，流行的价值观是强势民族国家物质文明的一种外溢，弱势民族国家的价值观不可能成为主导性价值。果然，短短的二十几年内，欧美从鼓吹所谓"普世价值"突然转而奉行起反"普世价值"的政策，对于那些跟随并模仿这种"普世价值"的国家来说，它们似乎还没有适应欧美国家的这种价值转向。

（中国人民大学国际关系学院教授　杨光斌）

认清西方发达国家的双重标准
设置我国市场第二道安全防线

本文要点：西方发达国家对国际市场开放实施双重标准——对本国市场开放，采用"大门开放，小门不开"策略，实施一系列限制措施；对新兴经济体市场开放，采用"负面清单"策略，迫使他国开放更多领域。具体而言，西方国家的限制措施包括：对外资进入某些行业进行了全面的限制；设置有利于本国国家利益最大化的"负面清单"；在管理和股东层面上采取限制措施；对外资准入设置"对等权原则"作为前置条件。我们要深刻认识西方发达国家名义开放与实际开放的差别，在市场开放的同时，要提高国家控制力，为市场开放设置"第二道安全防线"：对外国投资实行"国家安全列表"；"负面清单"要给自己留有较大的自由裁量权；对高度敏感的行业和重点领域应慎重开放；采用"交叉持股"方式，与发达国家形成"对等开放"的格局；采用"广泛持有"制度减少外资对我国开放行业的实际控制。

金融市场开放的成本与收益并不对称。有的国家利用开放，吸引了巨额国际资本，并乘机大大扩张本国经济的全球金融版图；而另一些国家市场开放却带来了严重的经济危机和金融危机，使本国经济安全面临国际资本的挑战。为什么同样是开放，结局却相差悬殊？探求本质，发现发达国家存在着名义开放与实际开放的差别，即在提高名义开放度的大背景之下，设置了种种限制，形成了"大门开放，小门不开放"的事实格局。找寻其规律，把握其脉络，对于我国实现"效率与安全并重"的开放，具有重要的借鉴意义。

一　发达国家市场开放的特点

一些名义上很开放的国家之所以能够有效阻碍外资机构的进入，一个重要原因是它们在开放的同时往往利用法律传统、市场力量，通过技术性的要求、程序化的规定等，实行一系列可解释性的限制措施，从而形成了"形式上总体开放，实际上有所限制"的格局。具体表现在以下几个方面：

第一，**对外资进入某些行业进行了全面的限制**。金融危机爆发以来，发达国家对外资实行安全审查制度，建立国家安全壁垒。韩国以"维护公共秩序"为由，保留了对投资新建或兼并行为采取不符合国民待遇和业绩要求措施的权力；把国有企业或政府部门的股权和资产转让、投资用地、政府服务等内容排除在外。法国《统一的法兰西货币和金融法典》授权国务委员会定义法国的敏感部门，一旦被列入敏感部门，外资要收购其股权就要事先得到批准。美国出台了更加严格的《外国投资和国家安全法》（FINSA）和《外国人合并、收购和接管规制：最终规则》（作为FINSA的实施细则）。这些**国家安全壁垒有两大重要特点：一是安全审查过程复杂而耗时**。通过审查将不符合安全规定的外国投资拒于国门之外,并通过复杂的审查程序迫使不堪重负的外国投资者主动撤出并购。**二是涵盖领域宽泛**。美国"国家安全"可涵盖一切"对国家安全构成威胁的系统与资产",在中美谈判中,美方在"负面清单"中列举了关键基础设施、重要技术、国家安全三项,但对此均不做明确定义;并且在中方在美投资、经营的任何阶段,美国行政当局都有权中止项目,产生的成本由投资人负责。这样的要求增加了中国在美投资的不确定性。如2009年华为并购美国通信设备商公司(3COM),西北有色收购美国金矿公司优金;2012年三一集团关联公司及其美方合作者罗尔斯公司在俄勒冈州的风场发电项目,均被美国认为对其国防安全构成威胁,最终使这些并购走向失败。

第二,**设置有利于本国国家利益最大化的"负面清单"**。发达国家在"负面清单"的设计过程中,在产业开放方面兼顾本国和缔约国产业特征,设置有利于本国国家利益最大化的"负面清单"。**一是对高度敏感的行业、重点领域设置限制**。多数发达国家对外国投资者投资金融、电信、国防等重点领域、关键行业都存在一定限制,规定必须由本国公民、企业或组织控制。韩国在同新加坡、美国等国家和地区签署的多个自由贸易协定(FTA)中,用"例外条款、保留措施和不符措施",对一些敏感、重要或者竞争力较弱的领域进行保护。**二是针对投资国绝对优势产业设置壁垒**。在韩美FTA当中,韩国针对美国在金融领域的绝对竞争优势,专门列出一章对这一领域的开放进行了详尽的规范,其中明确规定"除非特别指明,否则第11章(投资)和第12章(跨境服务贸易)当中的条款不适用于金融领域"。**三是"负面清单"所涉原则与领域宽泛**。发达国家"负面清单"措辞灵活,保留最大自主处置权,如在韩美FTA的附件二中,大量使用了"有权采取或维持任何措施"这样的措辞,多处使用"在相同或类似的情况下",以及"有权采取,但不局限于以下措施"这样的表述方式,力争将尽可能多的不符措施涵盖其中。美国在第二类"负面清单"中大多以"保留采取或维持任何措施的权力"来表述，最大限度地扩展了缔约国不符措施的范围。

第三，**在管理和股东层面上采取限制措施**。这在美国、加拿大和韩国表现得最为明显。**一是在管理层面上，控制外企高管比例**。例如，韩国对外企的高管构成，要求主要负责人必须为韩国国籍。美国要求国家银行的所有董事必须为美国居民，虽然货币监理署的国籍要求可以放宽，但是比例不超过50%（银行及其他金融服务业）。这样，美国全国性的银行业务只能由美国自己的国民银行从事。在直接保险方面也有类似的规定，如路易斯安那州要求100%，华盛顿州为75%，俄克拉荷马州和宾夕法尼亚州为2/3。**二是在股东层面上，对外企股权实行"广泛持有制度"**。《加拿大银行法》规定，外国银行母行必须在10年内在本地股票市场上出让其子公司的大部分股权，使原来由外国母公司全部或大部分控股的外国银行子公司最终成为"没有任何个人或团体持有子公司任何类型股票数额10%以上的广泛持有银行"。广泛持有制度大大削弱了外国银行在加拿大建立子公司的兴趣。更重要的是，由于股权易手，10年后的外国银行子公司将成为挂外国银行招牌，但实际是本地人持有的"本地外国银行"，而非"外国"银行了。

第四，**对外资准入设置"对等权原则"作为前置条件**。对等权是指甲国企业要想进入乙国，那么甲国也必须保证乙国企业在甲国拥有同等的市场准入和业务经营条件。美国通过设置外资准入前置条件加以限制，如依据美国《公共土地法》与《采矿许可法》，外国投资者可以在美国的公共土地上面铺设煤气和石油管道、开采矿藏并修筑铁路，但以投资者本国政府向美国投资者提供对等权利为前提。法国、意大利、德国的开放都有对等权的规定。法国规定，如果非欧盟成员国金融服务商要求在法国设立金融服务机构,其母国必须给法国金融服务商同样待遇。法国在判断外企的国籍时,不是根据该服务商的营业地和最初设立地,而是根据它的最终所有者。例如,某公司的注册地是越南,但其最终所有者是美国人,则它就是美国公司而不是越南公司,在这种情况下,法国考虑对等开放的对象就是美国而不是越南。

二 中国在开放的同时要设置"第二道安全锁"

我们要深刻认识西方发达国家名义开放与实际开放的差别,**在市场开放的同时,要提高国家控制力**。基于西方对外开放的安全机制的设置,中国对外开放的理念与原则应为:"最大限度对外资开放,最大限度减少外资进入对国家安全的威胁。"能放则放,不能放坚决不放,可以用国际惯例,建立内部安全审查制度,既不损害开放公平的投资环境,又有效维护国家安全,为经济安全设置"第二道安全锁"。

第一,**对外国投资实行"国家安全列表"**。美国对外国投资实行"开放式列表"方法,即列举与国家安全相关的因素,作为对外资并购安全审查的依据。"国家安全列表"是开放式的,可根据形势需要随时增加。安全审查考虑的因素包括两大类:一是行业因素,若被并购企业与国防或关键基础设施相关,则可能被认为对国家安全存在潜在威胁;二是主体因素,若并购主体代表外国政府利益,则可能被认为对国家安全存在潜在威胁。安全审查不是为了否决多少并购交易,而是要有效帮助并购交易消除对国家安全的威胁。在"国家安全列表"基础上,我国可以通过立法确定建立"外国投资委员会",作为外资安全审查的执行机构,拥有对外资并购的调查权和否决权。"外国投资委员会"是一个跨部门的机构,常规成员可来自国防部、财政部、国家发展和改革委员会、科学技术部、工业和信息化部、国家安全部、国土资源部、商务部等。建议总理担任该机构首长并拥有"一票否决权"。

第二,**"负面清单"要给自己留有较大的自由裁量权**。我国"负面清单"要多使用"保留采取或维持任何措施的权利",对金融领域的开放也应多使用"保留自行决定权""在个案基础上""在符合正常条款与条件的前提下"等较为灵活的措辞,给予我国政府更大的自由裁量权。**一是不要依据行业分类标准罗列"负面清单"**。美国"负面清单"不涉及任何一个制造业。而上海自贸区"负面清单"由于依据国内行业标准分类罗列限制行业,不符措施内容繁杂,制造业所占的比重很大,产业保护意图一目了然。这使涉及所有行业的水平型限制措施无法体现在"负面清单"中。**二是多设置"例外条款",减少"特别管理措施条款"**。减少"特别管理措施条款",将对国计民生影响不大的行业从"负面清单"上清除。如租赁和商务服务业等相关行业,直接可以通过行业法律法规对国内外企业统一进行监管。通过设置"例外条款",如国家核心安全例外条款、政府采购例外条款、金融服务例外条款、税收例外条款等来保障国家安全。

第三,**对高度敏感的行业和重点领域应慎重开放**。目前,与美欧等发达国家相比,我国有些产业发展滞后,企业竞争力弱,网络和信息安全管理水平不高,这些行业应慎重开放。建议将以下五个敏感和重要产业采取保护措施:一是自然资源及土地的使用;二是能源;三是海洋及航空运输;四是广播及通信;五是金融、保险及房地产。如对"金融服务"可制定一套综合性的原则和方法,对管理金融服务的政府措施进行约束。

第四,**采用"交叉持股"方式,与发达国家形成"对等开放"的格局**。可借鉴德国的做法,外国保险公司如要求在德国境内设立公司,联邦保监局会提出对等原则,即要求对方国家也同意德国的保险公司在其境内设立公司。坚持对等原则不仅能够为这些金融机构未来跨国经营预先开辟道路,而且能够起到限制外资金融机构不付代价地大规模涌入的作用,扶持中资企业"走出去"。实行股权互换或交叉持股。比如,我国国有银行在上市时,高盛集团持有中国工商银行4.9%H股,苏格兰皇家银行持有中国银行8.25%股权,美国银行公司持有中国建设银行19.13% H股,可参考并按照"交叉持股"做法,外资银行持有中国多少股份,中国金融机构也应该持有对方同等的股权。这样双方就形成了"你中有我,我中有你"的利益共同体,这也是中国金融机构"走出去"的捷径。

第五,**采用"广泛持有"制度减少外资对我国开放行业的实际控制**。对金融及通信等重要行业,要求外资在中国注册子公司,并实行"广泛持有制"。由于子公司在境内是独立法人,有完整的公司制度,撤资较为困难。在"广泛持有制"的约束下,外国银行子公司的90%股权应由中国人持有,就算外国银行撤去那10%的资本,也难以对本地金融造成很大的冲击。

(国家行政学院教授　董小君)

优化利用国际创新资源的路径与政策

本文要点：当前，中国已成为国际创新链的关键节点，全球创新资源有加速向中国集聚的趋势。大量国外源头创新资源希望与中国市场对接，很多海外制造业中小企业也希望与中国产业对接。与此同时，为摆脱产能过剩、低价竞争、产业低端化的发展困境，中国企业对国外创新资源也存在着迫切需求。在利用国际创新资源方面，除传统的海外并购、引进技术与人才等方式外，近年来也出现了在海外建立"孵化器"、引进国际创新平台、到海外建立研发中心、建立新兴研究机构、利用新兴平台机构直接推动国外有专长的中小公司与国内产业链对接等新方式，并取得了较好的效果。

一 全球创新资源对中国有密切需求

第一,**全球创新资源有加速向中国集聚的趋势**。利用好这一点对解决我国产业升级中的诸多短板大有帮助。中国已成为国际创新链的关键节点,全球创新资源有加速向中国集聚趋势。基于国内很多公司、机构与欧美一些大学、研究机构、大公司、中小公司等接触与合作反馈的信息,可以得出一个初步判断:国外上述机构中掌握着很多我们需要的技术创新资源,且对"中国概念"比较认可,有与中国市场和产业合作对接的强烈愿望。这为我们深度利用国际创新资源提供了难得的机遇。

第二,**很多源头创新资源希望对接中国市场**。在美国波士顿、英国剑桥、以色列特拉维夫等高校、科研机构、科技公司比较集中的地区,有很多基础性科学成果和前沿性技术突破,具有重要的科研和市场价值。但这些地区要么市场规模小,要么缺乏产业化配套条件,大量源头性创新资源找不到转化的出口或产业化支撑,很是"浪费"。哈佛大学、麻省理工学院等美国知名高校负责人提出,他们愿意将一些前沿和新兴领域如材料科学、基因科学、人工智能、精准医疗等方面的创新成果移植到中国产业化土壤中。过去的国内外实践证明,这些源头性技术一旦找到产业化领域,往往会裂变出很多个大小不一的新产业,并产生持续创新的潜力,这与我们过去以制造端为主的新兴产业发展模式有较大不同。

第三,**制造业中很多有一技之长的中小企业希望对接中国产业**。以德国为例,德国在工业自动化、通信、医疗、装备制造方面约有6万多家企业,95%是中小型企业或家族性企业,其中不乏在细分市场中处于全球独占地位的企业。德国作为制造大国,有其特殊的工业结构,行业内分工非常细,彼此黏合度很高,往往在一个产业内形成了"材料—装备—部件—软件—整机"这样稳定的供应链体系，少数大公司处于供应链上游，相当于龙头，但龙身很长，专业化的中小企业处于龙身的某个环节，只跟着这些龙头走，中小企业很难离开大企业独自实现全球化。近年来这种情况发生了变化，一些家族企业新一代接班人不同于早期创始人相对保守和固化的经营理念，更倾向于全球化发展。目前已有一些德国中小企业获得了来自中国的投资，并很快实现了与中国产业对接，产生了很好的效果和示范作用。现在，引入中国资本，拓展中国市场，对接中国产业，已成为很多德国中小企业的新战略目标。如德国一家很小的电动汽车设计公司，掌握了电动汽车模块化生产的核心技术，目前已获得来自中国的风险投资，并与中国汽车企业开展了合作。

二 中国对国外创新资源存在紧迫需求

第一，**中国企业对国外创新资源需求迫切，需要以全球化视角解决需求端创新问题**。为摆脱产能过剩、低价竞争、产业低端化的发展困境，中国企业转向创新驱动的压力和动力不断增强，迫切希望利用新技术、新设备、新工艺实现升级。这其中包括很多上市公司，不乏资本和各类资源，但缺乏创新项目和技术来源，尤其是缺乏前沿技术。但这种升级需求在国内一时难以得到充分满足。一方面，国内很多高校科研机构虽然有很多科研成果，但缺乏像美国麻省理工学院等高校那样拥有大量源头性、原创性的创新供给，难达企业预期；另一方面，由于缺乏科研诚信、法律保护不足等问题，国内一些企业不愿与国内院校合作，而更愿转向与国外机构合作。特别是国内有一大批成立初期就具备国际化基因的公司，在迈过资本门槛或经过早期发展之后，尤其希望到国外寻求创新资源。

第二，**对接国际资源的传统方式仍发挥主流作用，但存在**

局限性。我国一直比较重视利用国内国际两个市场、两种资源，在海外并购、引进技术与人才、吸引跨国公司在华设立研发中心等方面积累了很多经验。但需要注意的是，由于中国经济体量大，中国企业又喜欢"扎堆式"进入一个国家进行并购，或"粗放式"在当地挖人才，在一定程度上引起东道国的警惕和反感。

首先，**中国企业在美欧等国大量并购高技术公司的行为恐难持续**。我们必须充分考虑西方看待中国崛起和中国资本进入的矛盾心理，尤其是我们并购的对象转为当地的一些大公司或高技术企业，一旦触动该国核心利益，加上解决不好所在东道国的社会关切以及并购后的企业融合问题，类似的大规模并购很可能会被叫停。

其次，**引进技术和人才的战略仍需改进**。中国企业从国外购买技术，做得好可以实现引进消化吸收再创新，做不好则容易陷入引进再引进的循环，不断地买技术，却难以形成自主的技术能力。国内企业近年来比较重视从海外引进人才，政府也鼓励人才引进。对一个企业来讲，关键人才的引入往往能帮助国内企业解决很大问题。目前的弊端是，一些由政府支持或以各种人才计划引进的人才与国内企业对接不理想，引进的人才中存在以次充好的情况，需进一步处理好引进人才与本土人才在待遇和管理上的关系。

最后，**跨国公司在华设立研发中心的技术溢出效应难达预期**。总体上看，跨国公司在国内设立研发中心，有利于技术外溢和培养本土化人才。但由于很多跨国公司的研发中心在中国并不具备核心研发能力，多是做些应用性、市场适应性开发，在这些机构很难出现重大技术创新，高附加值的技术溢出并不明显。当然，随着中国本土企业竞争力的提升，很多跨国公司也主动或被迫逐渐加大在华研发投入。

三 利用国际创新资源的新路径

传统方式仍是我国利用国际创新资源的主流方式。同时中国企业在国际化实践中也探索出了一些新方式、新路径,效果逐步显现,值得高度关注。

第一,**在海外创新资源集聚区建立"孵化器",再将"孵化"成果引到国内进行转化和产业化**。国内如招商局集团、海信集团、光启研究院等在美国、以色列等地建立了很多高科技"孵化器",并以基金方式对其中有前景的项目进行投资。这种海外"孵化"+中国资本投资+国内产业化的一体化方式缩短了成果转化时间,而且实现了将重大原创性技术快速与中国国内产业对接,取得了多赢效果。现在的问题是,这种模式近年来备受热捧,国内很多资本和企业一下子在国外建立了很多类似的"孵化器"、创新中心、成果转化平台、投资公司等,其中有些缺乏管理,运营不善,发展参差不齐,这在一定程度上引起了当地技术人员、投资机构的担忧。

第二,**在海外直接建立研发中心**。相对于作为开放机构的高科技孵化器,大公司到海外建立的研发中心一般都是为自己公司服务,主要是利用当地研发人才。现在有越来越多的国内企业选择到世界不同地方建立研发中心。如华为在欧洲、美国、以色列、印度、俄罗斯等地建立了很多研发中心,有的是利用当地的高水平设计人才,有的则瞄准当地的数学人才、软件人才等。现在华为在海外的研发支出已与国内基本持平。近年来一些想进入电动汽车领域的国内互联网企业,如蔚来公司等,一开始就立足国际化,在德国、美国硅谷等地建立面向中国国内市场的整车、智能化等研发中心,大大缩短了汽车开发周期,站在了产业前沿。

第三,**利用平台机构推动国外有专长的中小公司与国内产业**

链对接。过去几年由于文化、法律等方面的差异，中外企业间点对点的对接多不理想，很多国外小公司对中国缺乏了解，有的甚至从未到过中国，对如何与中国公司合作、如何在中国保护知识产权等都没有经验，顾虑较多。而国内企业特别是实体企业更倾向于股权控制，缺乏国际化经验，很多本来非常有意义的对接，往往会因为管理和经营上的问题而中途夭折。针对这些问题，国内一些平台化的对接服务机构应运而生，并且取得了很好的效果。这些平台化机构名称各不相同，但运作模式相似，有的以研究院形式存在，有的则以新兴社团、创新联盟等方式存在。平台机构的核心作用是为合作双方建立公信力，为双方企业提供包括早期培育、资本投资、战略沟通、技术交流、第三方担保等系统性服务，国外企业通过这个平台能很放心地与国内企业讨论合作，有的是技术合作，有的则成立合资公司。如瑞士一家从事自动化技术的公司利用类似平台对接了国内一家相关企业，二者先进行技术合作，双方各取所需，瑞士公司借此进入了中国市场，国内公司也借此实现了技术升级。现在这两家公司正在筹建合资公司，筹划立足中国再向国际市场进军。

第四，**在国内建立以海外研发人员为主要对象、市场化运作、以产业化为主要方向的民办科研机构**。这种方式近年来在深圳、北京等地发展较快。如在新能源、新材料、医疗技术、信息通信等领域，很多海外人才（主要以留学人员为主）非常希望到中国创业，而且他们中很多人在国外有过成功创业的经历。由于机制问题，这些人不愿意到国内的体制内科研机构，也不愿意到缺乏创新自主性的大公司打工。国内一些民办科研机构满足了他们的需求，这些市场化运作的科研机构，给海外人才提供了一个科研平台，并能按国际规则设定技术成果转化权益。由于归国科研人员带回来的多是在国外研究多年的成果，可以很快实现产业化。而一旦产业化，有些科研人员会选择离开研究院而直接去创办企业，有些则在获取可观技术许可收入后继续从事新的研究。

第五，**直接引进国外的创新平台**。国外有很多运作非常成熟的集投资与创业"孵化"于一体的创新平台，如美国的创客空间、YCombinator等，还有一些大型公司管理的集"孵化"与转化于一体的创新平台，如英特尔、谷歌公司在美国设立的众多平台机构。国内一些城市如上海、苏州等地，通过引进这些机构在国内落地，可直接将在海外"孵化"的技术拿到国内产业化，或者与跨国公司合作将其存量专利、技术在中国进行转化。如硅谷HAX是创投基金SOSventures旗下的硬件加速"孵化器"，也是全球第一的硬件加速器。2012年，HAX从硅谷搬到了深圳华强北，不仅帮助中国的创客团队实现了走向硅谷的目标，同时带来了来自不同国家的团队以及他们的国际化视野和资源，为深圳的创客运动提供了经验和示范。相对中国资本直接到海外建"孵化器"，国外"孵化器"在引进技术项目、整合国际资本、专业化管理等方面更具优势，一旦直接成体系地与中国对接，成果转化的速度会非常快。

四 优化并充分利用国际创新资源

第一，**中国已成为国际创新链的关键节点，需从战略高度重视并利用好全球创新资源与中国产业对接的"中国机会"**。这一机会为我国企业实现从关起门搞创新转向更加深度地参与国际协同创新，从模仿跟踪和引进技术为主转向前沿创新与自主创新，从苦于找不到技术资源而放弃转型或挣扎于低端竞争转向在高价值环节建立技术和竞争优势，提供了可能和可遵循的路径。原有的创新理念和组织方式已无法满足新一轮创新国际化发展的需求，我们亟须探索新的组织方式，并提供可能的政策支持，以加快获得国际创新红利。

第二，**重点破解阻碍国际创新资源与中国创新对接的障碍**。

一是要强化知识产权保护，探索建立知识产权第三方担保机制，支持国内创新相对活跃的城市率先优化知识产权环境，打消国外中小科技企业进入中国的知识产权忧虑；二是进一步放宽外籍人员在华工作落户门槛，简化出入境手续，鼓励技术移民，吸引更多人才来华工作；三是对于用于创新对接的跨境资本流动应进一步放宽管制，简化手续。

第三，对推进对接的新组织方式与组织平台给予适当政策支持。一是对以海外研发人员为主要对象的民办科研机构在人才引进、科技项目、税收等方面给予支持，并帮助这些科研机构布局配套产业化项目和供应链体系；二是对国际化的"孵化器"给予适当支持，促进其将成果在国内转化；三是对用于对接海外创新资源的各类投资给予税收支持，如可享受国内创投企业所享有的，对中小高新技术企业投资额的70%可抵扣应纳税所得额的政策，鼓励更多资本参与到创新资源对接中来。

（国务院发展研究中心企业研究所副所长、研究员　张永伟）

全球经济治理的挑战与中国担当

本文要点： 当前全球经济治理体系面临世界经济潜在增长率长期低迷、规则日益碎片化、与全球经济格局不匹配等种种挑战，因此，全球经济治理体制已站在一个历史拐点上，改革是大势所趋。整体而言，中国面临着两种风险，一种是变革的风险，一种是不变革的风险。当前的全球经济治理存在诸多复杂性挑战，这一方面要求我们具备创造性地思考世界发展方向的责任感，但另一方面它们也对全球经济治理提出了新的方向，这也为中国树立自由贸易守护者形象、提升软实力和国际号召力提供了重大历史机遇。以此为背景，中国作为新兴的发展中大国，尽管无论参与抑或不参与全球经济治理改革都是风险重重，但出于本国国家利益和国际责任，中国积极为全球经济治理体系改革提供中国方案，致力于推动全球化和开放共享，而绝非"国强必霸"。

全球经济治理是指在一部分或全体主权国家之间进行的、超越国家主权的经济合作和共治，它既包括合作行为和行动，也包括创立、运行合作机制和机构，同时也包括相关的各种理念和构想。全球经济治理的主体既包括主权国家，也包括联合国、国际货币基金组织、二十国集团（G20）等各种全球性组织。全球经济治理的对象是事关全球经济发展的重要经济问题，所涉议题众多，大致可以分为全球经济治理议题和具有全球影响的地区性治理议题等。

现有的全球经济治理体系指的是以联合国为主体，包括世界贸易组织（WTO）、世界银行等相关国际机制构成的国际框架。这一秩序最初是第二次世界大战后由战胜国主导设计，基于民族国家理念和多边主义的"世界政府"理想而创建的，对维护世界和平发挥了重要作用。冷战后美苏两大集团隔绝的消融和多边主义的提升，使得该国际框架有了更大的发挥空间，在这一基本规则体系的制度保障之下，加之科技进步的带动作用，经济全球化得以形成世界洪流。

经过历次经济危机，世界经济出现了新问题，与此相适应，需要对原有的国际经济治理体系进行调整和完善。就目前来看，2008年国际金融危机迄今已近十载，然而世界经济复苏依然在困顿中缓慢前行，加之由此派生的种种问题接踵而来，各国的宏观经济政策并没有起到应有的效果，结果是全球经济治理陷入更多困惑而难以抉择。

一 全球经济治理体系面临的多重挑战

世界经济潜在增长率长期低迷。全球经济增长是全球经济治理体系的首要命题。然而金融危机以来，世界经济的实际增长率始终没有恢复到危机前的水平。危机爆发以来，全球GDP平均增速仅3.5%，低于危机前5年1.6个百分点。全球贸易持续下滑，连续五年低于世界经济增速。2015年全球贸易总额下降幅度近14%，2016年态势延续，全球贸易创2009年以来最低水平。同时，G20成员平均每月采取的新贸易限制措施数量达到2009年以来最高，而新一轮科技和产业革命仍处在孕育阶段，其作为潜在经济增长的动能并没有及时到位。此外，发达国家面临去杠杆、老龄化、宗教和民粹主义等一系列问题，都使得全球经济潜在增长率预期下降。

全球经济治理体系更加碎片化，现有的全球治理还远不到位。首先，在贸易体制建设上，多哈回合的停滞导致以WTO为基础的多边贸易体制受阻，而区域或双边协定却层出不穷，进一步导致国际规则碎片化。其次，2008年金融危机突发，使得全球治理领域的思想交锋和规则竞争明显加强，全球治理思想出现混乱且日渐分化。例如，反映在发展的"搭便车"问题上，中国欢迎世界人民搭便车而个别国家对此更多的则是不满。再次，近年来，服务贸易、电子商务以及投资与贸易的关系变化等，已经深刻改变了国际贸易的内涵，全球经济治理体系的内容也更加精细专业化。此外，金融危机后，各国都更愿意从直接见效入手，专注于解决国内问题，并在全球范围内进行收缩，全球经济治理体系更加失序，全球化在全球范围内遭遇重大挫折，现有的全球治理还远不到位。

现有的全球经济治理体系与全球经济格局不匹配。经济全球化通过全球价值链的扩展、市场规模的扩大，促成了更多极的全球经济格局。从经济规模看，美国已经从20世纪中叶GDP总量占世界的将近50%下降到当前的20%。而以中国为代表的发展中国家自2002年以来，对世界经济增长贡献率则从33%增加到61.4%，其中中国在过去30多年中，GDP总量占世界的比重由5%上升到如今的13%以上。上述国际经济力量对比所发生的重大变化，理应反映在全球经济治理体系的改革中，然而现实却不尽然。当前的全球经济治理制度是由美国等西方发达国家基于自身利益诉求而主导设计的，而发达国家经济相对实力的下降，对全球经济带动作用的减弱并没有动摇其在全球经济治理体系中的中心地位。集体迅速崛起的新兴经济体并没有获得与自身经济实力相匹配的话语权，甚至一直处于治理边缘。全球经济治理制度这种代表性与民主性的缺失以及调整的滞后性也反过来致使全球经济改革阻力重重。

二 中国参与全球经济治理面临的风险

国际秩序和经济全球化暴露出来的诸多问题表明，全球经济治理体制已站在一个历史拐点上，改革是大势所趋。整体而言，**中国面临着两种风险，一种是变革的风险，一种是不变革的风险。**

改革意味着压力。伴随中国经济的崛起，一些发达国家在应对气候变化、人民币汇率、市场开放等问题上对我国的要求越来越高，一些发展中国家对我国的期待也越来越多。因此，中国从全球经济治理的外围渐趋核心，承担越来越多的国际责任成为必然之势。但由于全球公共产品提供是参与全球经济治理的成本，这一过程也意味着中国必须为国际规则载体和平台运行担负更多成本和智力支持。而我国仍是处于并将长期处于社会主义初级阶段的世界最大发展中国家的国情并没有发生根本性变化。这种外界认知与我国实际情况的落差给我国参与全球经济治理带来复杂影响。

顶层设计是改革的第二重压力。全球经济治理体系核心圈的职能之一是设计规则，涉及对提升全球治理的议题设置，推动全球经济治理务实机制的建设，聚集全球治理支持的国际力量等问题的创新型统筹思路与方案，特别是对于中国理念的糅合。虽然这既不能一蹴而就，也不是中国一家之言便可决定，但全球化生产协作的深度，决定了经济政策的协同与调节必须非常谨慎，机制设计如有不慎，可能会使中国乃至全球经济付出沉重代价。

以除旧布新为特征的改革蕴含着双刃剑的原始要义。通过主导全球经济治理体制的规则和议程设定，能够将符合自己利益的内容纳入多边贸易规则中来，国际秩序的建立背后实为国家利益和价值观。由于发达经济体和新兴经济体利益诉求差异较大，且发达国家作为旧有体系的受益者同时也是坚定的捍卫者，在推进除旧布新的全球经济治理体系改革中将必然引发两大阵营长期的摩擦与博弈，因此这不论对于发达国家还是发展中国家而言，都将是风险与收益并存。

如果中国不变革，同样存在诸多风险。第一，**民粹主义、贸易保护主义蔓延，各国特别是发达国家日渐具有逆全球化倾向**。逆全球化思潮说明，全球经济治理需要不断变革，方能不断适应并推动全球化的发展。假若当前的全球经济治理体系维持原状，则前述挑战将继续深入影响一些国家的政治架构和政治生态，减损国际社会对全球化的民意支持，削弱国际组织的权威性，冲击国际体系的稳定性，使得国际组织的治理能力下降。

第二，既有的制度框架存在"路径依赖"。由于惯性而限制路径选择的灵活性，这使得不适于经济新状况的低效率制度得以维系并日益僵化滞后，**倘若不加以改革，包括中国在内的发展中国家在全球经济治理中的决策空间势必日趋狭窄**。

第三，当前发达国家为谋求资本收益最大化，无视发展中国家的资源禀赋、产业结构等客观环境，正积极提出资本、人员流动自由化等改革要求，并将其嵌入跨太平洋伙伴关系协定（TPP）等制度安排，即便该过程也同样面对着较大阻力，但发达国家着眼于推进新型经济治理体系的建立，继续引领全球经济治理的努力，并不会终止。**如若中国置身事外，既不利于自身长远发展，**

也不利于国际地位的提升。

第四，快速崛起的新兴经济体虽然一直有反映发展中国家利益诉求、参与全球经济治理的共同愿望，但其表现多见于基于单个主权国家的零散主张，与发达国家相比，缺少集体性的安排和机制化的务实性合作，难以形成改革合力，**如果中国不发挥在发展中国家的引领聚合作用，发展中国家则难以形成有力的博弈能力，更难以谋求平等的治理参与权。**

三　全球经济治理的中国担当

中国一向认为自己是现行国际秩序的受益者和贡献者，在当前众多国家坚持本国国家利益优先、倾向放弃无利可图的国际责任的情况下，中国同时也是当前全球经济治理的改革者。尽管中国无论参与抑或不参与全球经济治理改革都是风险重重，但中国已经意识到其作为新型大国对国际事务的巨大影响，并以勇于担当又不失谦和的态度为全球经济治理体系改革提供中国方案，努力推动全球化和开放共享，而绝非"国强必霸"。

当前的全球经济治理存在诸多复杂性挑战，这一方面要求我们具备创造性地思考世界发展方向的责任感，另一方面对全球经济治理提出了新的方向，但这也为中国树立自由贸易守护者形象、提升软实力和国际号召力提供了重大历史机遇。这不仅符合我国的国家利益，同时也迎合了国际社会对我国的期待——扩张的全球体系需要可靠的增长引擎，中国应带头为全球的经济增长和繁荣创造新的条件。实际上，中国已经以"一带一路"以及其他承诺对此做出了回应。当然，中国无意像美国那样占据全球经济治理的核心地位，中国也未必有能力加以替代。毕竟美国的领导者地位不仅建立在其强大的物质力量之上，也因其为世界贡献了一系列影响深远的先进理念、制度与规则，在这些方面，中国还有很长的路要走。

第一，**中国应保持战略定力，做全球经济治理的坚定改革者**。毋庸置疑，中国对国际经济治理秩序有着自己的追求，有在全球经济治理中发挥更大作用的诉求，事实上也已经在这样做了。中国坚定不移地推动贸易和投资自由化便利化，反对任何形式的保护主义，通过实施市场多元化战略和推进"一带一路"互联互通建设，参与国际经济新秩序和新规则的构建。比如，2016年9月，中国作为东道国主动设置议题，推动二十国集团杭州峰会就建立创新、活力、联动、包容的世界经济达成共识，引导经济全球化进程向前迈出新步伐；2016年9月中国批准《巴黎协定》，在应对气候变化上领世界风气之先。但是，面对"全球领导者"类的光环，中国应格外保持清醒头脑和冷静心态。中国虽然在近年来取得了巨大的发展成就，但仍是发展中国家，自身面临的瓶颈问题还有很多，改革开放进入深水区，需要集中精力办好自己的事，这是国家发展的长久大计。中国作为世界上最大的发展中国家，只有把自己的发展道路探索成功，才能对世界各国的改革发展产生持续、强有力的示范和引领作用。

第二，**改革国内经济治理模式，提升参与全球经济治理的综合国力**。中国在全球治理中的作用将取决于中国国内的治理。改革和完善国际秩序和全球治理必然是个复杂、曲折且漫长的过程，中国首先要走好自己的路，解决好经济和民生问题，以自身改革开放的成功影响外部世界变革的方向。借鉴2008年金融危机的教训以及中国经济治理模式的经验，中国未来的经济治理模式将继续沿着减少政府对市场的干预和提高社会福利水平的方向发展，以进一步增强中国经济发展模式对于新兴世界的吸引力，提升中国参与全球经济治理的软实力。首先，政府要转变行政职能，从管理型政府向服务型政府转变，向市场注入更多活力；其次，政府要强化监督职能，摒除市场上出现的不正当竞争问题，维护良好的市场竞争环境；再次，转变经济发展方式，增强国内消费对经济增长的促进作用，坚实推进收入分配制度改革，扩大国内消费市场，真正提高普通劳动者的生活水平。

第三，**应秉承多边主义，维护现有多边和区域贸易谈判成果**。坚定维护WTO多边贸易体制，反对各种形式的贸易保护主义，推动贸易和投资开放。通过积极参与和主导东亚区域经济一体化的经贸合作实践，逐步培育均衡、普惠、共赢的多边贸易体制，构建和积累区域范围内跨国贸易合作的有效治理机制和治理经验，推进WTO框架下全球贸易规则和贸易政策的合理化，努力推进构建多边共赢的全球贸易治理框架。在多边贸易框架之外，在自己有优势和条件且符合自身发展需要的领域，主动设计、提供新型公共产品，在区域经济合作层面谋划布局。中国发起"一带一路"倡议，积极参与东亚"10+3"自由贸易区和亚太经济合作组织（APEC）合作新机制的区域经济整合，都可以作为中国更好参与区域经济治理的战略实践平台和试验基地，推进自由贸易区战略的升级和优化，加快推进区域经济集团的内部整合进程，提升利益捆绑程度。

第四，**充分参与并完善G20全球治理机制**。G20机制是目前大国协调全球经济治理的主要平台，甚至越来越被国际社会视为未来全球经济治理的指导委员会，因为该机制适应国际经济权力结构的变迁，承认新兴国家在全球经济治理中的制度性地位，采用相对较低的国际交易成本和论坛式的制度安排满足了大多数成员的制度偏好。G20也是中国建立新型大国关系的重要舞台和实践平台，但是由于G20并没有常设秘书处，其所达成的许多决定和共识仍需要通过有关国际组织和大国去推行和落实。由于大国对G20利益取向的差异，发达国家同新兴市场国家治理议题和方案的竞争将长期存在，同时在发达国家和发展中国家内部也存在竞合关系。因此，建立长期稳定健康的新型大国关系，**发展和加**

强中美战略互信、中俄战略互补、中欧战略互动，成为当前中国经济外交的重心和关键。

第五，**探讨构建以"金砖国家"机制为核心的多层次、规范化合作机制**。构建新兴国家间合作机制是推动全球经济治理机制变革的重要途径，新兴国家之间的合作虽然已经出现了扩大与深化的趋势，但还受自身经济对发达国家的依赖度高、相似度高、制度性合作机制缺乏等因素制约，合作深度有限。中国应继续推动"金砖国家"合作机制化，同时发挥"金砖国家合作机制"在带动新兴国家间合作中的龙头作用。中国应在现有基础上进一步推动"金砖国家"深化合作，在条件成熟的领域积极推动合作制度化，扩大货币互换与本币结算，落实"金砖国家"新开发银行和应急外汇储备库，减少对美元依赖，支持共同发展，抵御外部风险，共同倡议和推动国际经济机构改革。通过融合创建将"金砖国家"合作机制建成新兴国家间合作的核心机制，联合其他新兴国家使之成为与八国集团（G8）并驾齐驱的新型全球经济治理平台。

（对外经济贸易大学中国WTO研究院　屠新泉、娄承蓉）

国际海洋政治发展趋势对我国建设海洋强国的启示

本文要点： 当前国际海洋政治大体上包括海洋控制、海洋开发与海洋治理三大主题，是各沿海国围绕海权、海洋权益和海洋责任的斗争与合作。在人类历史上，国际海洋政治大致经历了权力政治至上，权力与利益政治均衡分布，权力、利益和责任政治全面发展三个阶段。未来国际海洋政治将呈现三大发展趋势：内涵多元化、博弈和平化、格局多极化。任何海洋强国的成功之路都是基于自身先天禀赋和相关情况，适应当时海洋政治发展趋势的理性选择，中国的海上崛起也不会例外，需要在目标、路径和方式方法等方面做出相应的主动调适。

一　国际海洋政治的三大主题

国际海洋政治的实践自古有之，经历了一个由简单到复杂的发展过程，海洋控制、海洋发展和海洋治理三大主题的次第出现与人类发展程度密切相关。

（一）海洋控制与海权

一国海军获得某一海域的海洋控制或制海权实际上包含两层意思：我方在该海域有完全或高度的行动自由，或能够阻止敌方自由地使用这片海域。与陆上权力不同的是，海洋控制的价值并不在于物理上的征服或占有，它是相对的而非绝对的，通常处于一种敌我争夺状态。海洋对于国际政治的首要意义在于通道，通过控制海洋来影响或干预陆上的权力分配是国际海洋政治的最原始内涵。海洋控制的实践自古有之，历史上，地中海及其周边海域的海上权力格局直接影响了古希腊、古罗马的兴起与衰落，并进而左右了整个西方文明。近代以来，随着大航海时代的来临和欧洲殖民主义及帝国主义的大扩张，海洋作为通道愈加重要，控制海上关键通道便可控制全球贸易，甚至间接左右国际格局。由此，发展海军、夺取制海权逐渐成为帝国主义国家争夺殖民地或势力范围的重要前提与主要途径。关于海权与制海权，较为系统的理论归纳始于美国的阿尔弗雷德·赛耶·马汉（Alfred Thayer Mahan）。1890年，他系统地提出了海权与制海权的理论，强调"赢得了制海权即意味着主宰世界"，此后，海权便成为一个被学者、政治家、战略家和大众舆论热捧的概念。海权的概念不是一成不变的，不同的时代和技术水平，有着不同的内涵，如今各海洋大国基本上接受了相对控制与有限合作的理念。英国当代战略学家杰弗里·蒂尔（Geoffrey Till）认为，当今的海权带有后现代的特征，主要是通过确保良好的海上秩序而非战争手段以维持整体海洋安全。

（二）海洋开发与海洋权益

海洋开发作为国际政治的一大议题发生在第二次世界大战结束之后，因为此前海洋对于人类而言不过是"鱼盐之利"。随着科技的日新月异和人类开发海洋的能力大幅增强，海洋作为资源汲取地的地位和作用不断显现，海洋渔业、油气、深海矿产开发等议题逐渐进入国际政治议程之中。1945年美国总统杜鲁门第2667号公告宣称："毗连其沿岸的公海之下的大陆架的底土和海床所蕴藏之自然资源，系归其管辖和支配之附属。"随后不少国家发表了类似声明。1958年，《大陆架公约》正式确立大陆架制度。战后30余年内，人类极大增长了对深海资源的认识，大量的多金属结核、富钴结壳、海底热液硫化物、海底天然气水合物、深海生物基因资源被发现，储量都远超陆地可探明资源。与此同时，由于大国间的大规模战争日渐稀少，加之第三世界国家的纷纷独立和崛起，发展诉求变得更加迫切重要。第二次世界大战后的三次海洋法谈判进程就充分反映了世界大多数国家求和平、谋发展的诉求，而号称海洋宪章的《联合国海洋法公约》更是凸显了人类在发展问题上对于海洋的殷切期待。

（三）海洋治理与海洋责任

随着各国的海洋活动越来越跨越领海、专属经济区等海域，走向公海及国际海底区域，海洋的全球治理问题在国际海洋政治中的分量愈加重大。而经济全球化更加深了人类对海洋的依赖，各种安全威胁也因为海洋高度的连通性而超越国境，应对海盗与跨国犯罪、保护海洋环境、维护海上安全等任务日益超出单个或几个国家的能力，成为全球性问题。海洋公域的治理给世界各沿海国特别是大国都提出了承担必要责任和义务的要求。全球海洋的连通性和不可分割性决定了海洋的利用与管理具有先天的开放性特征，各沿海国在开发海洋时，需要考虑到自己的国际责任。所谓海洋责任，是指沿海国在保障航道安全、跨海通信、海洋观测、灾害救援等领域有着与生俱来的做贡献的义务，这些义务虽然经常也带有权力和利益关切，但却不可避免具有国际公共产品的属性。海洋治理的斗争焦点是责任分配的问题，各国都在尽可能地推卸责任，同时担心其他国家会由此获益更多。

二 国际海洋政治的发展趋势

第一，**国际海洋政治三大议题日益均衡发展**。围绕海洋控制的较量和权力政治不会消弭，但海洋发展和海洋治理问题也愈发举世瞩目，海洋政治的三大主题并行演进的态势将更为突出。其一，**海洋控制方面**，21世纪初，全球海上权力竞争以一种新的形式展现出来，以往大洋上的舰队对决逐渐让位于当前的近海角逐，中国等传统陆权国家加快"由陆向海"，而美国等海权大国则大幅调整海上战略，"由海向陆"压缩制衡大陆国家的活动空间，二者的战略冲撞在毗邻大陆国家的近海区域反映尤为突出。中国等沿海大国捍卫自身主权和主权权益，以及追求与自身实力相称的海上地位与美国继续谋求世界海上主导地位间的矛盾，开始成为世界海上权力竞争的主线。其二，**海洋开发方面**，目前，人类已探索的海底只有5%，还有95%属于未知区域，海洋开发的前景十分广阔。人类正在进入一个全方位开发利用海洋的阶段，对深海的探索和开发将很快有实质性突破。深海多金属锰结核、富钴结壳和多金属硫化物等深海矿产资源勘探调查继续深入，深海油气资源储量不断被刷新，深海基因资源日益获得各海洋大国关注。美英等国正开展新型采矿设备的研制，预计未来5年至10年可实现深海矿产的商业开采。其三，**海洋治理方面**，随着各国的海上活动重点从近海转向深海远洋，从管辖海域转向公海、海底"区域"等公共海洋空间，海洋环境恶化、自然或人为灾害等全球性问题将进一步发酵，并受到更多的关注，人类对海洋的人文情感和关怀也会随之变得更加立体丰富。在这种背景下，任何国家在海上从事军事、经济等活动时，都不得不更多地考虑海上公益和海上责任，国际海洋制度的中心任务也将由管辖海域的规则制定转向对人类在公共海洋空间活动的规范。为了适应国际海洋政治日趋多元复杂的竞争形势，各沿海国也都不约而同地强化了涉海各部门的机制调整，美英俄日等国都纷纷设立国家海洋委员会这样的海洋综合管理机构。

第二，**海上军事力量的主要作用在于威慑而非实战**。世界总体和平与相互依存的态势和大国间的有效核威慑极大抑制热战的发生。海上军事行动的成本和掣肘将继续增大，战争也越来越难以达到目的。陆海等平台愈发一体化，海上力量会越来越遭遇陆上的威胁或挑战。伴随第三世界国家的崛起，特别是中国、印度这样体量的大国掌握了先进的军事技术，海上霸权主义和强权政治愈发难以行得通。以军事改变现状的难度与日俱增、国际机制与经济全球化的发展，正使得海上力量的运用重点从军事转向外交及警察职能，从远洋转向近海。大国的海军仍在为大规模战争做准备，然而，通过战争夺取制海权已非当前及未来海军的主要任务。与此同时，其他对抗模式趋于流行。近年来，美俄等国防务部门对"混合战争"（Hybrid Warfare）、"凉战"（Cool War）及"灰色地带"（Gray Zone）等非传统对抗模式高度关注。"混合战争"概念的提出充分反映了当今世界安全威胁的多元化和军队任务多元化的现实；"凉战"则体现了大国间既斗争、又合作，还不能"破局"的综合博弈状态，其大背景是地缘政治竞争与经济互相依存的结合；"灰色地带"是指介于战争与和平间的、模糊而非对称的竞争与冲突，其对现状的改变是渐进的。而无论是在混合战争、凉战，还是"灰色地带"的对抗中，或是基于海军自身的职能发展，威慑都是大国海军在全球海洋政治中的首要作用，也是其日常最频繁践行的职能。

第三，**国际海洋政治格局将逐渐走向多极化**。就海洋经济和海洋治理的角度来看，当今的海洋世界已经是多极格局，美国无疑是个海洋强国，但也只是诸强之一。即便是在军事领域，美国虽有绝对优势地位，但也受到权力分散化和发展多样性的侵蚀与影响。**所谓分散化**，是指美国的全球制海权正在为越来越多的国家所挤压，并形成全球制海权、区域制海权和濒海制海权等不同层次，彼此间形成一定制约关系。在经济全球化的背景下，任何新型军事技术和平台都不可避免地遭遇扩散及复制，加之缺乏大规模战争进行快速洗牌，长此以往，同等国力规模的国家间在军事技术和能力上不可能存在太大的差距。而且，权力不仅在大国之间进行扩散，还会扩散至国家和非国家行为体结合而成的众多无形网络等更多层次。由于世界分工的大发展，各国先进的主战平台如航空母舰、战斗机、轰炸机等实际上都是与他国直接或间接协作的结果，一些中等国家特别是经济发达的国家往往也能掌握一些高端制造业和先进技术，包括美国在内的军事强国在装备建设方面也都离不开其他国家的技术和配件。**所谓多样性**，是指由于军事技术方案更为多样，不同地缘、不同禀赋和不同能力的国家，其实施海洋控制的路径更加多元，方式方法也差异很大，中俄等其他国家不必也不可能复制美国海权发展的路线。海权不仅会遭到来自海上的挑战，还会越来越严重地受到陆上、太空及空中平台的压制。在可预见的将来，中印等后发海上强国虽然无法在世界范围内挑战美国，但中国在西太平洋，印度在北部印度洋都有改变权力格局的潜力。长期来看，美国的海上主导地位将不可避免地衰落，世界海上力量格局将更趋多极化。

三 对中国的重要启示

历史的惯性是巨大的，潮流的力量同样是无法阻挡的。国际海洋政治的新趋势正在潜移默化地改变这个世界，当下的现实恰是历史与未来、经验与趋势的相互牵引和相互羁绊的结果。中国在走向深蓝的过程中，同样需要在深谙自身国情、熟悉历史经验与洞察世界大势等的基础上做出较为平衡的选择。

第一，**积极适应海洋政治三大议程竞相发展的新趋势**。海洋政治议程日益多元均衡，海洋强国的内涵也正在发生变迁。作为海洋大国，必须同时兼顾海洋控制、海洋发展与海洋治理三大议题，唯海权论、唯发展论、唯责任论都既不现实，也不可行。中国要成为海洋强国，就必须进行范式创新，以往或通过军事、或通过经济等单一领域手段成为海洋强国的范式将难以被继续复制。中国的海洋强国必定是综合性的，目标至少应包括强大的海上力量、海洋经济强国和海洋政治大国三个方面，手段也应是军事、政治、经济、外交、文化等全方位的，在战略与政策设计上，中国应更自觉地推动海洋强国的建设与国际海洋政治三大议程的发展趋势相契合。

第二，**在"变"与"不变"中把握平衡**。一方面，**中国确有必要进行范式创新**。任何海洋强国的追求都是针对某个时代、特定技术条件和自身先天禀赋做出的选择，历史上从未有过两个雷同的海洋强国，即便路径最为相似的美国和英国，它们成为海洋强国的路径以及作为海洋强国的内容也都有很大的差异。相较于英美，当今的中国面临着更为截然不同的情况：大规模武力的运用受到了较大的约束，世界将长期保持总体和平的态势；军事技术发展的不平衡、复杂性和扩散性特征，很大程度上改变了军事力量的建设路径、运用方式和实施效能；作为典型的陆海复合型国家，自身海洋地理相对不利，且海洋资源空间较为短缺。这些因素决定了中国无法直接复制英美等海洋国家的经验，必须根据自身情况和变化了的时代及技术条件，依据海洋强国的新内涵与新趋势，做出必要的创新。另一方面，**中国也不能过于强调自己的不同**。人类海洋文明的历史长河中也不乏一些相对恒定的规律与经验需要中国汲取和借鉴，例如，海洋强国对权力地位的追求。任何海洋强国，均不可能忽视权力手段的建设，光有国际法赋予的权益和权利远远不够，何况国际法也是动态发展的，强国本身就意味着权力地位，这一点中国无须讳言，也不必回避。中国不追求海洋霸权，但也需要与自己地位相称的海上战略空间、国际政治地位和有效的海上力量。再如文明的转型，海洋强国必然是以海洋文明为支撑的，文明的转型是中国海洋强国之路的社会文化保障。英美等国传承的海洋文明，其海洋实践的广度与深度均无与伦比，既有肮脏的殖民扩张、霸权战争这样的糟粕，也积淀了诸多的人类文明精华。学习西方文明认识海洋、利用海洋和控制海洋的意识与能力，学习西方国家在海洋法、外交及海上力量等手段的运用方面的优秀经验，对于中国而言将永不过时。

第三，**坚持走一条大体和平的海洋强国之路**。既然总体和平大体可期，武力崛起缺乏可行性，中国就应该以对海洋的有效利用、开发为目标，综合运用军事、外交和经济力量去拓展海洋利益。在强有力军事力量的威慑之下，高明的外交策略、卓越的国际规则塑造能力和强大的海洋经济经营水平是这种海洋强国建设的主要手段。大规模战争将不再是获取权力地位和海洋利益的主要途径，通常情况下，中国宜通过非战争军事行动等方式，充分发掘"灰色地带"策略的潜力，以和平的方式达成目的。操作上，需要统筹运用好军事、外交、国际法及经济等各类手段。在加强海上力量建设之外，还要有意识地大力推动农耕文明向海洋文明的国家转型，争取世界海洋政治的话语权，大力发展高质量海洋经济。遵循"不求为我所有，但求为我所用"的原则，加强国际合作，通过外交、国际法、经济等综合手段积极拓展海洋空间、获取海洋资源、赢得海上地位，以管辖海域为基础、以世界海洋空间为依托，成为综合性的世界海洋强国。

第四，**充分认识到海权的发展性和有限性**。因为军事技术、时代条件和国际政治环境发生了大的变化，今日之海权与马汉时代相比已有诸多不同。中国军事力量的现代化还未完成，其能力离履行必要的海洋控制等传统使命的要求尚有较大的差距，但我们确需对"后现代海军"的使命给予足够重视，在加强军事力量建设的同时大力强化外交、国际法等"软权力"的构建。在发展海权、使用海权方面，美国无疑是中国学习的最好参照，但中国却不能也没必要追求美国那样的全球海上主导地位。考虑到自身陆海复合型的地缘特征，以及相对不利的海洋地理条件，中国不太可能发展出一支"全球布局、全球攻防"的海上力量。就算中国经济总量、综合国力和军事能力有一天能超过美国，中国也难以拥有美国海上主导地位形成时的天时（两次世界大战）、地利（美国自身的地理优势及遍布世界的军事基地）、人和（盟友体系与国际动员能力）。中国是"一陆一洋"的大国，美国是"两洋一陆"的大国，地缘差异决定了两国影响世界的方式有着先天不同。欧亚大陆是世界政治的中心，美国要影响欧亚大陆事务、成为世界大国，就必须跨过两洋向欧亚大陆投送资源。而中国本来就位于欧亚大陆，如欲在欧亚大陆获得影响，有着陆海两大媒介，这也是"一带一路"倡议的意义所在。因此，中国不仅成为全球性海上军事主导力量的各类环境或条件不如美国，在需求和动机方面也不如美国那么强烈。作为一个在世界范围内拥有广泛利益的大国，中国需要建设蓝水海军，要有在全球海域内行动的能力，但却是区域重点布局，**应努力构建"近海控制、区域存在、全球影响"的强大海权**。具体而言，在毗邻的东亚近海谋求一定的战略优势，在利益攸关的西太平洋及北印度洋保持有效军事存在，在全球其他海域有一定行动能力并能发挥必要军事影响。

第五，**强化科学技术创新与引领**。科学技术在军事力量建设、海洋资源开发和海洋环境保护等领域均有着举足轻重的作用。历史上，新型技术体系必然孕育着新的海洋强国。一定的国家总体实力是成为海洋强国的基础，但国家实力不仅要有总量，还要有质量，因为与海洋事业相伴随的，往往是国内甚至国际领先的科学技术。**技术创新是范式创新的基础，是中国作为后发海洋国家进行"弯道超车"的根本前提**。中国要走向海洋成为世界海洋强国，就必须切实解决科技创新不足和核心技术受制于人的问题。

第六，**加快推进海洋综合管理与领导体制改革**。如上所述，随着海洋事务和海洋政治的内涵日益丰富，涉海机构越来越多，海洋事务的管理制度亟须加强统筹并提升效率，这也是国际大趋势。近年来，中国已先后成立国家边海防委员会、国家海洋委员会等机制，设立中央海权办、中国海警局，并整合加强了国家海洋局。这些机制或机构在近些年的海洋权益维护、海洋开发与管理方面发挥了积极的作用，大大提升了中国经略海洋的合力。但是，中国涉海协调的层次尚不够高、范围也缺乏应有的广度，今后仍需要大力推动海洋综合管理与领导机制改革，通过制度建设和强化立法两大措施来强化统筹协调。

（北京大学海洋战略研究中心执行主任　胡波）

须高度重视中国核电安全监管中的重大安全隐患

本文要点：按照历史经验，"拥有50座以上核电站"是发生重大核事故的高风险区，科技强国美国、日本和苏联均未逃过此劫。中国已拥有核电站56座，如何确保重大核事故不在中国国土上发生，已成为维护国家安全、社会稳定的一项艰巨而持久的重大任务。针对当前中国核电安全监管暴露的严重问题，我们应贯彻落实中央提出的理性、协调、并进的核安全观，停止在渤海湾开建新核电项目以确保政治中心的安全；暂缓批准渤海湾以外的沿海其他省区的新核电项目；提升核安全监管部门的技术能力和责任意识；解决乏燃料处理和高放废物处置严重滞后的困境；确立切合国情的核燃料循环体系。

一 世界三次重大核事故的教训与反思

截至2017年3月，中国已有核电站56座（其中在运机组35座、在建21座），位居世界第三。"拥有50座以上核电站"是发生重大核事故的高风险区，核事故对一个国家政治、经济、社会的重创非其他任何安全事故可比。如何确保重大核事故不在中国国土上发生，已成为一项艰巨而持久的重大任务。

根据国际核能界对世界上三次重大核事故的教训总结，三次事故都属于人祸，发生之前都已出现前期征兆，且事故原因呈现高度相似性：**一是对核电站设计建造运行的安全过于自信并存侥幸心理**，认为严重事故概率极小，即使发生了对厂外也不会造成放射性影响；**二是监管部门、核电界的领导层和执行层不能落实安全第一的原则**，对误操作、违规操作等小事件不以为然，更未从组织管理上高度警觉、查找原因并及时纠错。

令人忧心的是，导致世界上三次重大核事故的前期征兆已经在中国核电安全监管领域出现，比如违规操作频频发生、瞒报迟报运行事件、安全监管流于形式等。那么如何落实中央一再强调的"确保安全、坚决遏制重特大事故发生"的方针，深刻认识三次重大核事故的原因并充分吸取经验教训，就是最基本的前提，必须高度警惕这些前车之鉴。

二 中国核安全短板之一是安全监管能力严重不足

在美国三里岛核事故发生的18个月以前，与其同类型的戴维斯—贝瑟核电站就已出现类似的违规操作事件。但遗憾的是，这一问题并未得到重视。三里岛核事故的教训使美国和国际核电界深刻认识到"建立核安全文化、预防人因失误"的重要性,而"倡导对安全问题严谨质疑的态度,建立有效的经验反馈机制"则是核安全文化最核心的内容。

中国核电安全监管方面已存在重大隐患,近几年来广东阳江、福建宁德、江苏田湾、浙江秦山等核电厂违规操作并瞒报运行事件问题频频发生。例如,阳江核电厂的违规操作在集体隐瞒一年后才被揭开;宁德核电厂很可能造成重大反应性核事故的致命违规操作竟在例行的安全通报中只字不提,直到世界核电运营者协会到宁德核电做同行评议时才发现。虽然这些违规操作侥幸躲过了重大反应性核事故,但暴露出了核电行业组织缺陷、管理松懈、责任感淡漠、监管失效等重大安全隐患,也严重违背了核安全文化诚信透明的原则,需引起高度重视。

核电站安全管理的复杂程度远大于常规或传统工业安全:一是产业链中端(核电机组建设)和后端(核废料处理)都存在放射性物质大规模向环境释放的风险且后果极其严重;二是即便选址再可靠、技术再先进,如果安全监管跟不上去,一个小小失误都可能100%导致一场核事故。国际实践表明,**人为因素已成为核电站最重要的事故源之一**。中国近年来出现的核电安全问题警示我们:**中国目前的核电安全监管能力和人才培养速度已远远跟不上核电站扩张速度**,主要表现如下:

(一)核电监管部门的技术能力难以胜任安全监管的需要

与其他行业的安全监管不同,核电安全监管对技术性的要求极强。具有丰富的工程实践经验是欧美发达国家核安全监管人员的基本要求。中国国家核安全局成立初期也曾要求所有人员必须来自核设施厂、核研究院等部门,但这一用人传统并未保持下来。尽管国家核安全局近年来迅速扩建了一支约1000人的安全监管队伍,但绝大部分人都是从学校走到监管岗位,既没有核电厂一线工作经历,也没有具体工程实践经验,甚至重要领导岗位和业务骨干也是如此。这种核电监督技术能力门槛被严重弱化的情形，与福岛核事故的深层原因极为相似。

（二）核电人才培养难以支撑"十三五"核电装机目标

中国核电规模过大、发展速度过快，已造成核电人才在电厂设计、工程建设、运行管理、安全监管各环节极为稀缺。核电行业人才匮乏已被国家核安全局《中国核能发展趋势判断及重大核安全问题研究》列为"十三五"期间重大安全问题之首。

如果没有足够合格的人才上岗，对核电行业来说非常危险，尤其是在一线控制整个核反应堆命运的操纵员。一旦发生异常，首先需要操纵员正确识别故障并迅速做出正确响应，国际上的三次重大核事故均与操纵员的分析判断失误有关。对事故准确的分析判断能力和快速纠错能力，仅从书本上是学不到的，培养一名合格的操纵员至少需要8—10年时间和各种专业训练。

三　中国核电发展的政策建议

核安全是总体国家安全观的重要组成部分。真正贯彻落实理性、协调、并进的核安全观已迫在眉睫。

（一）停止开建渤海湾新核电项目以确保政治中心的安全

作为中国政治中心所在地、京津冀经济带发展战略要地的渤海湾地区，基本是封闭内海。一旦发生放射性泄漏污染则无法向外排放，所有放射性物质只能长期积存于湾内，坐拥几大重要港口、担负北方重要物资运输通道的渤海湾将可能彻底成为"死海"。因此，为确保中国政治中心的安全和京津冀经济带发展战略的实施，应禁止核电项目列入首都经济圈建设规划。

（二）暂缓批准渤海湾以外的沿海其他省区的新核电项目

目前全世界的三代压水堆核电技术都未建成投产。核电技术创新风险很大，技术先进并不代表更可靠和更安全，必须从若干实验试点开始，经过若干年实践证明后才能推广是国际核电界早已形成的共识。我国在没有参考电站的情况下一次上马四台AP1000的教训深刻。一直宣称最成熟最先进最安全、60年免维修的三门和海阳AP1000屏蔽泵在试制中麻烦不断，屏蔽泵、爆破阀等安全级核心设备还未进行满功率下的工程耐久试验和设备鉴定试验，在反应堆回路真正运行后更是风险莫测。

中国核电建设要做到遵循规律、科学谋划。无论是三门、海阳四台AP1000机组的装料投运，还是后续项目的启动，绝不能再冒进，至少需要等三门核电经过一年以上的实际运行检验、证明运行是可靠的、把相关经验反馈到设计修改中、重新评估之后，再考虑开工新的沿海核电项目。绝不能把已发现的诸多重大安全隐患留到后续产业化、批量化发展阶段，更不能将长江流域、渤海湾等战略敏感地带当作新核电技术的试验场。

此外，宣称对AP1000消化吸收再创新的CAP1400核电技术，无论是采用屏蔽泵还是采用备用方案，都是从未经过验证的首次尝试，能否开工建设更应慎重。

（三）提升核安全监管部门的技术能力和责任意识

鉴于当前核安全监管部门组织管理失效、人才匮乏，建议把核安全监管的主导权提升到国家安全委员会，改进或重构有效的组织机构机制；同时从核电企业抽调真正懂技术、有丰富实践经验的骨干到核安全监管部门工作。此外，应借鉴航天、高铁的成功经验，考虑合并中核、广核集团，既能从根本上解决两个"华龙一号"在国际市场上内讧、有限研发力量被碎片化、试验设施重复建设等问题，又有利于加强核电安全监管。

需要强调的是，中国核安全监管部门必须切实履行安全至上的原则，具有高度的责任意识。福岛核事故之所以不是天灾而是人祸，其根源在于东京电力公司一直抱着核电站是安全的侥幸心理，强力反对执行新的安全标准，并得到了日本核安全监管机构的默许。这一教训需中国高度重视、引以为戒。

（四）解决乏燃料处理和高放废物处置严重滞后的困境

2020年，中国乏燃料数量累计将达到1.2万吨以上，并以每年1500吨以上的速度激增。2018年，秦山、大亚湾核电站就将面临厂内乏燃料池满为患、无法外运的难题。福岛核事故教训显示，乏燃料池是被忽略和淡化的危险之地，相当于没有任何防护的反应堆。现有56台核电机组的乏燃料处理已是迫在眉睫的难题，再扩大到80台甚至更多的核电机组，该是何种压力？核电装机规模扩张不能再无视乏燃料处理和高放废物处置这一最薄弱环节。

（五）确立切合国情的核燃料循环体系

目前，快堆、高温气冷堆、钍基熔盐堆等四代堆研发在中国多堆并进，而每一个堆型都是完全不同的核燃料循环体系。研发一个堆型到实现商业化运行至少需25年，而建立一个核燃料循环体系则至少需50年。耗时巨长、耗资巨大的多堆并进做法是美法俄等核电强国都无法承受、也从未实施过的。中国当前是否具备这样的能力？这亟须从国家根本利益出发，将堆型研发置于核燃料循环体系中科学考量，确立符合国情的核燃料循环体系，并据此制定合理的核电发展规划。

（国务院发展研究中心研究员　王亦楠）

金砖国家一体化大市场构建研究

本文要点：在最近的15年里，特别是在2008年金融危机发生后，金砖国家合作的利益基础不断被夯实，贸易投资合作领域不断扩大。在最近几年金砖国家领导人的会晤中，金砖国家建立一体化大市场的目标被提出并逐渐清晰起来，这也契合了中国面向全球的自由贸易区网络战略布局。近年来，金砖国家彼此间的增加值出口量不断扩大，价值链融合程度逐步增强，产业间的互补性大于竞争性，构建金砖国家一体化大市场的经济基础强大。对此，可采取如下措施：建立完善的海陆空联运体系，深化金融务实合作，积极融入全球价值链，共同创新增长方式，推进文化交流，统一海关信息化管理。

一 金砖国家一体化大市场目标的提出

2013 年,在金砖国家领导人第五次会晤上,中国国家主席习近平首次提出金砖国家建立"一体化大市场、多层次大流通、海陆空大联通、文化大交流"的总体目标;① 2014 年,习近平主席在金砖国家领导人第六次会晤上发表的题为《新起点 新愿景 新动力》的讲话中再次明确提出:"金砖国家应该建立更紧密经济伙伴关系,在贸易和投资领域探索建立一体化大市场,在货币金融方面构建多层次大流通,在基础设施建设领域形成陆海空大联通,在人文领域推动各国人民大交流";② 2015 年 7 月 9 日,金砖国家领导人第七次会晤通过了《金砖国家经济伙伴战略》,该文件规划了到 2020 年前金砖国家经贸和投资合作路线图,明确指出推动各国向建设"一体化大市场"的目标迈进。金砖国家一体化大市场目标的提出使得金砖国家的合作前景又向前迈出了一大步,也契合了我国面向全球的自由贸易区网络战略布局。

到目前为止,鲜有学者对金砖国家一体化大市场给予明确定义,本文结合《金砖国家经济伙伴战略》的相关内容以及有关文献认为:金砖国家一体化大市场是一个以金砖国家贸易投资为核心的价值链共享、经济利益融合、更加开放、更加包容的市场,鼓励更多新兴经济体融入其中,实现各国经济共同增长。

二 金砖国家一体化大市场经贸合作基础

第一,从金砖国家的增加值出口来看,自 2000 年以来,中国

---

① 习近平:《携手合作 共同发展——在金砖国家领导人第五次会晤时的主旨讲话》,《人民日报》2013 年 3 月 28 日第 2 版。
② 习近平:《新起点 新愿景 新动力——在金砖国家领导人第六次会晤上的讲话》,《人民日报》2014 年 7 月 17 日第 2 版。

与巴西、印度、俄罗斯的贸易进入了快速发展时期。呈现出来的特征是：国内增加值出口量迅速上涨，贸易规模不断扩大。2000—2014 年这 15 年间，中国对巴西、印度、俄罗斯的增加值出口额由最初的 804.86 百万美元、2531.25 百万美元、334.04 百万美元分别上升至 36818.15 百万美元、42432.56 百万美元、58734.58 百万美元。其中，中国对俄罗斯的增加值出口额增长速度最快，相比 2000 年增长了近 175 倍；其次是中国对巴西增长了近 45 倍；最低的是中国对印度的近 17 倍。再从其他金砖国家对中国的增加值出口额来看，增长速度也尤为明显。其中，巴西对中国的增加值出口额增长了近 19 倍，中国已然成为巴西的第一大贸易伙伴；其次是印度对中国的出口增长了近 12 倍；最低的是俄罗斯对中国的出口，仅为 5.5 倍。这三个金砖国家对中国的进出口依赖程度整体上要大于中国对其依赖程度，可见，随着中国的制造业能力的增强和各种能源需求不断扩大，巴西、印度、俄罗斯越来越重视与中国的贸易合作，这也为金砖国家一体化大市场的构建提供一个契机。金砖国家间贸易合作的高速发展，既反映了中国经济社会发展的高水平，也向全世界展示了中国拓展周边外交关系的阶段性成果，同时，也对中国高度对外开放格局下的金砖区域贸易合作提出了新的要求。

第二，从区域价值链参与程度指数上看，**金砖区域近年来融合程度并没有出现很明显的上升趋势**。分开来看，中国自 2001 年加入 WTO 后，参与金砖区域价值链分工程度一直保持上升趋势；巴西参与金砖区域价值链分工程度虽缓慢波动但一直保持较低水平；印度参与金砖区域价值链分工程度总体上呈现下降的趋势；俄罗斯参与金砖区域价值链分工程度保持平稳，自 2008 年金融危机后则缓慢加深。总体上来看，中国融入金砖区域价值链分工程度最深，这主要得益于中国近些年来中间产品贸易量的大幅度攀升，以及对其他金砖国家的产业互补性。同时，巴西和印度参与金砖区域价值链程度较低也说明了金砖国家间的合作空间仍然很大。可以预测，若是金砖国家一体化大市场建立，特别是以金砖国家为主的多边自由贸易区的建立，将会大大消除金砖区域的贸易壁垒、投资限制等制度性的障碍，使其他金砖国家乃至更多新兴经济体搭上中国快速发展的列车，进一步促进金砖区域融合，带来规模效益。

第三，从显性比较优势指数整体上来看，中国、巴西、印度、**俄罗斯四国产业的互补性大于竞争性**。具体表现为以下四点。其一，四个国家的显性比较优势指数（RCA）都大于1的是资本密集型制造业，整体竞争性较强。但从细分产业来看，金砖国家产业间也呈现一定的互补性：中国和巴西在食品制造，饮料（c5）和烟草业、造纸及纸制品业（c8）具有比较优势，除此之外，中国在印刷业（c9）和非金属矿产品制造业（c14）具有比较优势；而被誉为"世界加油站"的俄罗斯在石油加工、炼焦业（c10）具有极强的比较优势。金砖国家在合作过程中需充分发挥自身的比较优势，输出差异化产品。其二，三个国家的RCA均大于1的是劳动密集型服务业，整体竞争性大于互补性，这主要是由于四个国家在零售贸易（机动车辆和摩托车除外）上竞争性很强。其三，两个国家RCA大于1的分别是初级产品和资源产品、劳动密集型制造业，整体竞争性与互补性相当：在初级产品和资源产品这类产业上，巴西与俄罗斯具有较强的比较优势；而人口规模较大的中国和印度在劳动密集型制造业上存在比较优势，但是相互间也存在着一定的竞争。其四，只存在一个国家的RCA大于1的有四类产业，这些产业整体的互补性大于竞争性：中国在知识密集型制造业具有比较优势；俄罗斯在资本密集型服务业、健康教育及公共型服务业上具有比较优势，这与俄罗斯较早发展航空航天等高科技技术行业有关；被誉为"世界办公室"的印度在知识密集型服务业上具有比较优势，信息产业十分发达。

从显性比较优势指数分析可以看出：**巴西和俄罗斯在初级产品和能源方面具有比较优势，中国的制造业世界闻名，印度的信息产业，特别是软件外包业尤为发达，因此金砖国家间互补关系占主导地位**。建立以金砖国家为主的多边自由贸易区是构建金砖国家一体化大市场的一个良好渠道，各国能够充分发挥各自的比较优势，改变出口市场过度依赖发达国家的状况，共同获益。

结合以上三个指标，我们可以看出，**金砖国家彼此间的增加值出口量不断扩大；价值链融合程度逐步增强；产业间的互补性大于竞争性，构建金砖国家一体化大市场的经济基础强大**。其他金砖国家应该积极响应中国提出的这一宏大战略布局，自身参与并鼓励更多新兴经济体参与其中，实现各国价值链共享、利益融合这一目标。同时我们也应该注意到，建立金砖国家一体化大市场可能会使原有的贸易规模和产业结构做出相应的调整，使得彼此间的出口结构趋于一致，产业结构的相似性会进一步阻碍区域融合和该一体化市场的发展。因此，在建立金砖国家一体化大市场之前，各国就要加速本国产业结构升级，调整出口结构，使产业链上的竞争关系转化为互补关系，同时充分发挥各自的比较优势，形成优势互补的"共享式"发展模式。

三 对策和建议

多年来，金砖国家在全球经济治理方面等一系列国际热点问题上，始终坚持实施可持续和包容性的经济政策，虽然金砖国家在合作中遭遇了一些问题和阻碍，但各国之间的共性与区别在资源、市场、技术等方面决定了未来合作空间宽阔，总体潜力和优势没有改变，长期发展前景是可观的。建立金砖国家一体化大市场可以从以下几方面考虑：

第一，**建立完善的海陆空联运体系**。金砖国家地处分散，优势在于自然资源十分丰富,但劣势也十分明显,南非和巴西分别远在非洲的南部和南美洲,中国、印度、俄罗斯虽然相隔较近,但各自国土辽阔,各国之间接壤的部分均是发展水平较低的地区。因此,拥有一个完善的陆海空联运体系对于建立金砖国家一体化大市场来说是首要的。陆海空联运应以空运和海运为主、陆运为辅,主要是为了解决地缘上不相接、长距离、大批量运送的难题。这个新的国际运输体系实质上是一张属于金砖国家大市场内部的陆海空联运网,连接各国各自重要的港口,例如中国的上海、大连,俄罗斯的圣彼得堡,南非的开普敦,印度的新德里、加尔各答,巴西的里约热内卢、圣保罗以及其他成员的重要港口。此外,由于建立一个庞大国际运输体系涉及大批的项目和工程,其中包含铁路公路的铺修、大型货轮船只的建造、码头仓库的大批兴建等,而这些均能极大地促进金砖国家与其他国家合作的积极性。

第二,**深化金砖金融务实合作**。在2017年德国巴登举行的首次金砖国家财长和央行行长会议上,中国财政部部长肖捷指出,务实合作是金砖国家金融合作的基础。为构建金砖国家一体化大市场,金砖国家应继续在二十国集团框架下加强合作,特别是在国际金融架构、普惠金融和绿色金融领域。近年来,金砖国家取得了新开发银行、应急储备安排等具有标志性和开创性的务实成果,这为深化和稳固金砖国家未来在金融领域的合作提供了重要平台。未来,金砖国家合作的重点仍是金融领域,推动加强本币结算、电子商务交流合作、金融机构网络化建设等领域的合作。还要继续提高新开发银行融资规模和项目质量,增加应急储备安排的抗风险能力,以助金砖国家及其他新兴国家可持续发展。

第三,**推进融入全球价值链合作**。金砖国家不断完善和成熟的合作机制,不仅为其在经贸、经济、政治等领域合作以及进一步融入全球价值链提供充足的动力,还为金砖国家实现全球价值链升级和转型打下了扎实的基础。建立以金砖国家为主的多边自由贸易区是构建金砖国家一体化大市场的关键实现机制,也是对"金砖+"合作模式的探索。自由贸易区应以金砖国家为主体,推动更多新兴经济体乃至发展中国家加入其中。比如,巴西牵头的南共体国家、俄罗斯牵头的欧亚联盟国家、南非牵头的非洲相关国家就可以与金砖国家共议建立自由贸易区事宜,争取扩大金砖国家"朋友圈",构建金砖国家全球价值链,实现各国经济共同增长。

第四,**共同创新增长方式**。金砖国家成员都是全球重要的发展中国家,金砖国家间乃至更多新兴经济体间的合作无论是对全球经济增长,还是全球治理方面都有举足轻重的影响。为构建金砖国家一体化大市场,金砖国家需要加强彼此间的政策协调,以中方推动制定的二十国集团创新增长蓝图为契机,加快实施创新驱动型战略,改变传统的经济增长方式,深化结构性改革,保持总需求扩大力度,改变各个国家中长期的增长潜力。共同创新发展方式,对全球经济的稳定增长,尤其是提供全球经济增长的新动能方面具有重要意义。

第五,**推进文化交流,加强智库合作**。金砖国家在经济发展阶段上虽存在一定的差异,但在发展过程中面临着共同的问题,例如如何完全从危机的泥沼中走出来,如何与他国形成包容性合作机制,如何实现技术创新等。由此,各国之间相互借鉴是十分必要的,通过学习、交流,总结他国经验以制定符合各自国情的有效政策。除了在政治、经济上的合作外,智力合作和文化交流也是必不可少的,因此有必要推动金砖国家以及其他发展中国家间的文化交流合作。可落实共建金砖国家大学联盟,并设立专门的金砖国家留学资助基金,鼓励和扩大各国学生之间的交流。起初可以在金砖国家中各选取3—5所知名高等学府进行组建,以形成各国进行文化交流的基础,接下来可考虑联合其他成员国加入其中,共建金砖国家"文化圈"。

金砖国家智库活动影响着各成员公共政策的制定,智库是金砖国家合作机制必不可少的贡献者。在当前的全球治理新格局下,西方国家制定的全球治理秩序已经不适应当今世界政治经济变化的新形势,提升金砖国家在国际机构中的话语权是势在必行的,而提升金砖国家的治理能力更需要智库的支持。加强智库合作,不仅是国家政府层面的,更重要的是提升民间智库合作。金砖国家应加强创新、管理、协同三位一体的意识,扩大沟通交流的领域,整合共享更丰富的资源,在完善政府智库建设的同时,也应成立能够促进国际伙伴关系的民间智库,并配以健全的法律系统和充足的资金支持,如可由各国政府联合出资成立金砖国家民间智库发展基金。

第六,**提高进出口效率,统一海关信息化管理**。在这个强调效率的时代,贸易便利化程度的高低决定了两国经贸合作的紧密程度。这对分散于世界各地的金砖国家来说更是如此。一体化大市场能否给各成员带来贸易的便利,能否减少进出口成本就显得至关重要。在这个问题上,可以借鉴广东自贸区的做法,那就是建立国际贸易"单一窗口",这是一种集贸易、加工、运输、仓储等业务为一体的新综合管理服务平台,可以有效地实现不同部门之间信息共享、监管与执法互助和协同管理。一方面,国际贸易"单一窗口"对企业来说可以有效地实现进出口便利化。在此之前,企业进出口需要办理多个手续,涉及海关、检疫等多个环节,不同环节不同窗口的模式不仅成本高,而且各个环节均不得出错,出错率明显比"单一窗口"高得多。而通过"单一窗口",不同部门之间实现"信息共享,协同管理",这在申报流程上给企业极大地降低了办理的复杂程度,节省了大量的人力和时间,来往经贸效率也明显提高了。另一方面,这里所指的"单一窗口",并不仅仅局限于口岸"单一窗口",也包含海关、检验等与进出口直接相关的部门,还囊括了税务、工商等与国际贸易相关的部门,这样才可以实现贸易便利化和优化营商环境质的飞跃。

(浙江工商大学经济学院教授　刘文革
浙江工商大学经济学院助理研究员　吴妹)

金砖国家机制化建设的路径及方案

本文要点： 金砖国家完善自身机制化建设是金砖国家合作中的重要议题之一，也是金砖国家自身合作逐步加深和拓展的应有之意。在金砖国家合作开启第二个十年的重要时刻，对于金砖国家的机制化建设，可以采取一体化路径、协调化路径、组织化路径和扩大化路径四种方式，消除金砖国家合作面临的"成长的烦恼"，完善合作架构和机制建设，巩固金砖国家合作的既有成果，逐步提升金砖国家合作的内涵和外延，并进一步强化金砖国家的影响力。而其中，适时启动金砖国家的新一轮扩大扩容对于巩固和提升金砖国家在国际舞台上的影响非常关键，逐步探索形成金砖国家的成员标准是一项重要任务。

一 金砖国家完善机制化建设的重要性

(一) 机制化建设关系到金砖国家合作的定位及发展方向

经过十年的发展,金砖国家在国际舞台上已经拥有了一席之地,在国际政治经济金融等多个领域都越来越具有影响力。金砖国家作为国际关系中的一个行为体,这已经是不争的事实。但是金砖国家的根本定位是什么,如何界定其未来发展方向,它是否有一个清晰的发展蓝图,这些重大问题都值得研究。金砖国家是维持作为非正式国际机制的现状,还是成为正式的国际组织,最重要的标志在于是否设立常设秘书处,在这一点上各成员立场还没达成统一,不仅如何设立及设立何种性质的秘书处还有分歧,就算是否设立,也都各持立场。这一问题是关系到金砖国家合作未来发展的最具根本性的方向性问题。

(二) 机制化建设关系到确定未来金砖国家合作的重点

在金砖国家合作的第一个十年期间,金融议题一直具有突出地位,成为各项工作中的重中之重,也代表着第一个"金色十年"的金砖国家合作达到了一个顶峰:金砖五国在全球层面推动国际货币基金组织和世界银行的份额改革和投票权改革,在金砖国家层面推动成立了新开发银行和亚洲基础设施投资银行等新兴多边开发金融机构,在双边层面的成员货币互换也取得很大进展。可以说,金砖国家在金融领域已经取得重大成果。在这一背景下,寻找新的合作重点领域,是现阶段金砖国家面临的重大课题之一。虽然这些年机制化建设也是金砖合作的领域之一,但都只是作为研讨议题,而没有上升到峰会的核心议题层面。只是到了2017年中国担任主席国,才明确将机制化建设确定为金砖国家厦门峰会的四大工作重点之一,同政治安全合作、经贸务实合作、人文交流等其他三个议题一并推进。

在开启新的金砖合作阶段的背景下,将机制化的议题明确提出来,启动研讨金砖国家未来机制化建设的各种方向,完善相应的规则设计,能够推动金砖国家下一阶段合作扎实发展。

二 金砖国家机制建设面临"成长的烦恼"

2017年是金砖国家合作的重要时间节点,将开启第二个十年的新篇章,但金砖国家也面临着"成长的烦恼":既包括成员内部的,也包括各成员之间的,还有一些是金砖国家整体层面的。

(一)成员的国内政治经历了深度调整,幅度前所未有

金砖国家合作自启动以来,各国国内政治局势较为稳定,为金砖国家集中精力推动发展和相互合作营造了良好的内外环境。但是这种局面在2016年发生了较大幅度的变化,部分成员的国内政治局势动荡不安,不同政党和社会阶层之间的对立非常严重,特别是巴西和南非的国内政治局势更为严峻。这都对金砖国家合作产生了直接的负面影响,拖累了金砖国家合作,其后续影响需要保持高度关注。

(二)成员面临经济发展的巨大挑战,潜在风险前所未有

近年来,金砖国家的经济发展都面临了较大挑战。中国进入经济发展新常态,结束了超高速发展阶段,作为金砖五国经济发展和贸易合作最主要的牵动力,中国经济调整将对金砖国家的经济贸易合作与发展产生重大而直接的影响;巴西、俄罗斯、南非由于政治、经济等因素影响,也都持续出现负增长或低速增长;印度由于2016年下半年推行的货币改革带来的非预期性冲击,也遭遇了经济增长低于预期的现象。更为关键的是,金砖国家都普遍面临经济增长方式转型和调整经济结构的巨大挑战。

经济的快速发展和相互日益加强的经济合作本是金砖合作的源点,也是金砖国家进一步夯实合作的黏合剂。在各成员经济普

遍面临新的发展境况的背景下，金砖国家合作将经历挑战。

（三）金砖国家需要明确未来合作的方向和重点

金砖国家过去十年的合作将金融领域作为重点，围绕金融货币合作、推动国际金融机构和全球金融体系的改革而展开，并取得了巨大成果。如何寻找下一个突破口和重点领域并且达成共识集体推进，对金砖国家未来合作就显得极为关键。这是一个颇具挑战的课题，也是进入了深度合作阶段的金砖国家合作必须解决的问题。

（四）金砖国家合作机制深度调整的需求前所未有

当前，金砖国家合作已经发展形成了全方位、多层次、宽领域、广格局的合作机制架构，但这些机制之间也存在重复建设、职能重叠、务实合作不足等问题。在没有成立金砖国家合作秘书处的背景下，加强机制整合、推动机制化建设意义重大。充分考察现有的各个合作机制，厘清各机制分工，实现协调与合作，提高运行效率，以充分发挥各机制的潜能，避免重复建设，可以确保金砖国家合作达到最大的协同性，也有利于高质、高效地落实金砖国家历次峰会和各合作机制的成果。

三 金砖国家机制化建设的路径选择

（一）金砖国家机制化建设涵盖的领域

第一，**狭义的金砖国家合作即金砖国家自身的机制建设**。在领导人层面，有年度峰会机制，有在G20峰会期间的领导人非正式会晤机制；有议会论坛这一立法机构的合作和仅次于领导人峰会机制的安全事务高级代表会议机制；30余个部长级会议机制，基本上涵盖外交、经贸、文化等主要领域；40余个高官层面的工作组机制；联合国框架下的合作与协调；世贸组织框架下的合作；在国际货币基金组织和世界银行等多边金融机构中的合作。

第二，金砖国家合作机制与其他次金砖合作机制的关系。理顺金砖国家机制同多个次金砖合作机制的关系并实现二者之间的有机整合是金砖国家机制化建设的重要议题。除了金砖国家层面的整体合作之外，实际上成员间合作还呈现出"议题联合"与"多速金砖"的特点。

（1）"议题联合"：在不同的议题领域，建立不同的次金砖合作机制。包括巴西、南非、中国、印度成立的气候变化领域的基础四国；世贸组织内的G20合作，以金砖国家为代表的主要发展中大国在全球贸易领域捍卫发展中国家的利益，围绕关税、农产品补贴等重要议题与发达国家集团进行谈判。

（2）"多速金砖"：部分成员希望先行推进某些方面的政策协调或沟通，从而使得部分成员之间的合作领先于其他成员。典型的包括中俄印三边对话机制，已经举行了14轮，三国外交部长定期就重大的全球和区域热点问题进行磋商，达成一致立场；印度、巴西和南非三边会晤，试图打造所谓的新兴民主国家共同体，排斥中俄这两个所谓的"非民主国家"，印度在其中发挥着推动性作用。

第三，金砖国家与发展中国家领导人对话会。金砖国家自2013年以来形成并发展了金砖国家领导人与地区国家领导人对话会机制，也就是金砖国家领导人峰会的第二阶段。经过四年多的发展，这一对话会机制逐步成熟，但在对话议题、参与国标准选择等方面还处于起步阶段，有一定的随意性。

举行金砖国家与地区领导人对话会的工作起步于2013年南非担任金砖主席国任内，德班峰会期间召开了金砖—非洲地区领导人对话会，南非邀请了12个非洲国家领导人与会，并将当年的对话会主题确定为"金砖国家与非洲：致力于发展、一体化和工业化的伙伴关系"。2014年福塔莱萨峰会期间，巴西召开了金砖—南美地区领导人对话会，邀请了11个南美国家。2015年俄罗斯担任主席国,召开了金砖国家和上合组织双峰会,举行了金砖国家与欧亚经济联盟、上合组织成员国、观察员国及受邀国领导人对话会,邀请了9个欧亚国家与会。2016年印度担任主席国期间,举行了金砖国家与环孟加拉湾多领域经济技术合作倡议成员国对话会,邀请了6个发展中国家与会。2017年中国担任主席国则突破一般的地区性限制,邀请全球主要的发展中国家和国际组织代表与会。

(二)金砖国家机制化的四条路径

第一,**一体化路径**。指的是金砖国家合作是一种复合的多层次的区域一体化,可以从两个层面来分析。首先,金砖国家是覆盖全球的跨越大洲的区域间一体化,分布于世界四大洲的五个新兴大国之间的多领域一体化。其次,每个金砖国家都是各自所在地区的"领头羊",是推动各自所在区域一体化的重要力量,金砖合作呈现出由点及面的特点,不仅仅是五个成员之间的合作,更重要的内涵是带动了五片区域一体化之间的互动,形成一种网状式的联动发展。

第二,**组织化路径**。主要是完善金砖国家内部的治理架构建设,尤其是重点探讨完善和充实领导人层面的峰会和非正式会晤机制,确保其发挥金砖国家合作政治引领和重大战略决断的功能。关于各个部级机制,这是金砖国家合作的支柱,除了稳步拓展覆盖面之外,还要追求实效,真正落实达成的重要共识,确保执行力度。在多边国际组织框架下金砖国家开展的合作,也需要完善,除了定期的会议之外,更应该完善应急磋商机制。

第三,**协调化路径**。要理顺金砖国家与次金砖国家合作机制之间的关系,争取能够实现整合,将各次金砖合作机制逐步纳入金砖国家合作的统一框架之下。在完全整合有难度的情况下,至少争取各个次金砖合作机制不对金砖合作产生负能量和对冲。

第四,**扩大化路径**。探讨金砖国家扩容扩员的可能性、可行性等。扩大扩容是一个国际机制发展的自然逻辑推导下所必然面临的问题。通过扩大,也可以完善和发展金砖国家合作机制。

四 关于金砖国家的扩大扩容

金砖国家的扩大扩容是金砖国家机制化建设的重要议题,也是一个具有高度敏感性的议题,各成员在是否扩容、什么时候启动扩容、新成员的标准是什么、如何启动扩容等所有议题上基本都存在多元甚至冲突的立场。

中国是金砖国家第一轮扩容的推动国,适时启动金砖国家适度扩容是符合中国国家利益的,特别是2017年由中国担任主席国,又适逢金砖国家合作第二个十年的初始之年,是中国通过主席国特有的议程设置权为未来的金砖国家扩大扩容提出规划的难得机遇期。但这个问题高度敏感。所以,在各方博弈之下,作为主席国的中国将完善金砖国家机制化建设作为厦门峰会的工作重点之一,提出了"金砖+"的概念,扩大金砖国家合作的朋友圈,拓展金砖国家伙伴关系网络,这是符合金砖国家合作现实的务实之举。

(一) 金砖国家扩大扩容需要注意的几个方面

第一,**金砖国家的扩大是事实,而不是一个理论问题**。2011年,正是在中国担任金砖国家主席国期间,成功地将南非吸纳为新的金砖国家成员,推动了金砖四国向金砖国家的升级,金砖国家成功地实现了第一轮扩大和扩容。

第二,**金砖国家已经积累了扩大扩容的成功经验和挫折的教训**。金砖国家通过十年的合作,已经形成了金砖国家自身的一定共识和身份认同,形成了金砖国家合作的一些特点,并在核心要素属性方面形成了一定的认知,也为制定金砖国家成员标准做出了有效探索。从反面看,欧盟和东盟等区域一体化组织,二十国集团和七国集团等其他国际机制的发展,都为金砖国家合作的扩大扩容提供了有效借鉴。欧盟作为一个区域一体化组织和国家集团的发展对金砖国家的机制建设特别具有启示意义,尤其是欧盟快速扩张吸纳新成员的教训,值得金砖国家认真研究。

第三,**金砖国家实现扩大扩容是金砖国家精神的内在要求**。金砖国家精神是开放包容合作共赢,扩大和扩容是金砖精神中的"开放和包容"两点的最直接反映。一个排他的单一集团对于金砖国家来说,和现有的国际组织尤其是发达国家主导成立的主要国际组织相比,并没有任何实质性的突破和贡献。

第四,**金砖国家扩大扩容势在必行**。金砖国家目前只有五个成员,覆盖面是南美、欧亚、南亚、东亚和东南部非洲,区域代表性方面仍需要进一步提升。国际机制的规模效应也是关系到国际组织和机制影响力的一个重要的因素,适度实现扩大扩容可以提升金砖国家的影响力。更为关键的是其他一些新兴发展中大国有加入金砖国家的愿望,而且这些发展中大国也逐步具备了一定的实力,基本达到了金砖国家成员的多项要求。

第五,**要区分金砖国家增容扩员和金砖国家新开发银行的增容扩员**。金砖新开发银行增容扩员可以为金砖国家增容扩员起到先行试验的作用,探索金砖国家扩大扩容的经验。但是,要注意到的是,二者有根本的不同。金砖国家扩大扩容具有极强的政治和战略内涵,成员应该代表新兴国家和发展中国家的利益,而根据金砖国家新开发银行章程的规定,所有联合国成员都可以成为金砖银行成员,这一点上同金砖国家有本质不同。

第六,**金砖国家的扩大扩容要稳健,不能急于求成**。金砖国家的扩大扩容具有丰富的内涵,并不是只有吸纳新成员这一种方式。在这一点上,要充分吸取欧盟的教训。中国提出的"金砖+"的模式是一个很有益的探索。一是可以建立"金砖+议题联盟"。即在某一具体议题上,联合金砖和相关发展中国家,推动更广范围内发展中国家的立场协调。这些议题应属于全球治理的范畴，例如气候变化、经贸议题等领域。二是可以建立"金砖国家+联系国/伙伴国"。自2013年开始启动，目前逐步完善发展的"金砖国家+发展中国家领导人对话会"是"金砖国家+联系国/伙伴国"的雏形，后续应将这一机制完善。这样，会实现金砖国家伙伴关系网络的有效拓展，增强金砖国家合作的代表性和合法性。

（二）关于金砖国家成员的标准及资格条件

金砖国家在前面十年合作的基础之上，尤其要总结自南非加入金砖国家以来的经验，并考虑到金砖国家未来发展的定位和金砖国家合作的属性，逐步完善并制定较为清晰的金砖国家成员条件。其中应包含以下关键要素：

第一，**发展中国家和新兴大国的属性**。金砖国家是代表发展中国家和新兴大国利益的合作机制，所以其成员一定要是发展中国家和新兴大国。

第二，**是新兴和发展中国家中的大国**。国家在领土、人口、经济等综合实力方面的要求是硬件，国家的规模是金砖国家成员的必要条件之一。

第三，**具有较为光明的发展前景**。要有对国家发展前景的预判，金砖国家的成员不能是快速发展但昙花一现的国家，而应该具有稳定的可持续的发展预期。

第四，**地区代表性平衡**。要从全球视野看待金砖国家，认清金砖国家是全球治理的平台，要充分反映世界各个地区新兴国家和发展中国家的利益，考虑到进一步提升金砖国家的合法性和代表性，未来的成员可聚焦中亚、东南亚、拉美、北部非洲地区等。

第五，**树立底线思维**。也就是说金砖国家的扩大扩容有一条红线，即新成员的加入不能引起现有金砖国家成员之间的分裂或者深度分歧，若各成员在某一候选国的加入上立场分歧严重，则可以搁置这一议题，不能轻易破坏了金砖国家一贯遵循的平等性原则和协商一致的决策模式。

（北京师范大学金砖国家合作中心主任　王磊）

"一带一路"研究

从"一带一路"的经济本质认识其动力来源

本文要点：本文从国内外经济背景和供需分析出发，从理论抽象的层次上将"一带一路"分为宏观和微观两个不同层次进行分析，从经济视角的定位，提出了国际合作项目和经济本质这两个概念作为对"一带一路"倡议深层次认识的基点，解释了"一带一路"的经济逻辑，说明其内在的经济本质，为理解其动力来源提供了新的认识视角。文章把"一带一路"分为宏观和微观两个不同层次，通过经济路线的分析方法，解释"一带一路"倡议所具有的宏观平衡和微观赢利的具体内容。在此基础上，提出了研究和宣传"一带一路"经济本质的重要意义。

"一带一路"倡议提出后，引起沿线国家的广泛共鸣，共商、共建、共享的和平发展、共同发展理念不胫而走。2017年"一带一路"国际合作高峰论坛的召开，进一步推动"一带一路"成为沿线国家和地区的合作协奏曲。在内外联动、海陆统筹的对外开放新布局中，古老的"丝绸之路"将延伸成为现代版"国际大合唱"。

那么，沿线国家和国际社会参加这个"国际大合唱"的内在动力是什么？来自哪里？可把"一带一路"分为宏观和微观不同层次进行分析，通过确立其经济本质的概念，来回答沿线国家和国际社会积极参加"一带一路"建设的动力来源问题。

一 宏观平衡：理解"一带一路"的经济本质

2016年7月1日，习近平总书记在纪念中国共产党成立九十五周年大会上的讲话中指出："中国坚定不移实行对外开放的基本国策，坚持打开国门搞建设，在'一带一路'等重大国际合作项目中创造更全面、更深入、更多元对外开放格局"。[1]

2016年8月17日，在中央推进"一带一路"建设工作座谈会上，习近平总书记又指出，以"一带一路"建设为契机，开展跨国互联互通，提高贸易和投资合作水平，推动国际产能和装备制造合作，本质上是通过提高有效供给来催生新的需求，实现世界经济再平衡。[2]

这两个重要讲话反映了"一带一路"经过三年试水后，中国政府从经济视角的定位，新提出了国际合作项目和经济本质这两

---

[1] 习近平：《在庆祝中国共产党成立95周年大会上的讲话》，《人民日报》2016年7月2日第2版。
[2] 《总结经验坚定信心扎实推进 让"一带一路"建设造福沿线各国人民》，《光明日报》2016年8月18日第1版。

个概念作为对"一带一路"倡议深层次认识的基点。这对推动"一带一路"的实践有非常重要的意义,成为这一次"一带一路"国际合作高峰论坛上讨论的重要内容,为本文的分析提供了重要的理论支点。

首先,**"一带一路"倡议经济层面的供需分析**。近年来以发展中国家为代表的新兴市场成为世界经济增长的重要动力。以中西亚为代表的亚洲发展中国家市场广阔。根据亚洲开发银行的测算,未来8—10年,亚洲每年的基础设施资金需求将达到7300亿美元;根据世界银行的测算,亚洲每年基础设施资金需求约为8000亿美元。与此同时,亚洲开发银行和世界银行两个最大的金融机构每年在亚洲地区基础设施的投资总和只有300亿美元左右。因此,亚洲基础设施建设面临着巨大的融资缺口。建设资金欠缺制约了基础设施建设,也制约了中西亚为代表的发展中国家和地区的经济增长。这是"一带一路"倡议经济层面的需求面。而中国经济由于结构转型而形成的产能过剩、拥有竞争力的中高端技术和庞大的外汇储备,又形成了"一带一路"倡议经济层面的供给面。这个供需结合就形成"一带一路"倡议推出和现实可行的经济背景。

其次,**通过案例理解"一带一路"的宏观平衡功能**。可用下面例子来说明。国际货币基金组织(IMF)于2016年4月12日发布的《世界经济展望》的数据显示,2015年世界GDP总量为77.3万亿美元。预计2016—2017年全球经济增长保持在3.1%—3.4%,即全球总需求约为79.6万亿美元,年GDP绝对值增加2.5万亿美元左右。为实现今后3.5%以上的年经济增长,全球供需之间大约有8000亿到1万亿美元左右的缺口。如果今后中国在"一带一路"沿线国家项目投资每年超过400亿美元,按照1∶5的投资乘数粗略估计,就可产生2000亿美元左右的总需求,可以弥补世界经济需求总缺口的20%—25%左右。这样,"一带一路"

建设就为世界经济再平衡做出了重要贡献。

正因为如此,习近平总书记在中央推进"一带一路"建设工作座谈会上特别强调指出,通过"一带一路"建设,特别是在当前世界经济持续低迷的情况下,如果能够使顺周期下形成的巨大产能和建设能力走出去,支持沿线国家推进工业化、现代化和提高基础设施水平的迫切需要,有利于稳定当前世界经济形势。①

二 微观双赢:理解"一带一路"的赢利机制

"一带一路"对外是和平发展倡议,对内是对外开放战略。而"一带一路"作为一个国际技术合作项目的定位,实际上是对项目实施的主体企业来说的。可从微观层面分析"一带一路"作为一个全新的国际合作模式其内在的赢利机制。

(一)基本路线:中国—中西亚国家的"互动双赢"

中国在和平发展的时代有扩展市场的内在需求,企业需要"走出去"寻求稳健的投资项目与机会,而中西亚国家为代表的亚洲国家具有广阔市场、却缺乏基础设施投资。这个供需经济态势,就可形成以"软贷款"为"引导",带动中国基础设施建设能力"走出去",以基础设施建设推动合作国家的经济发展,并以其收益归还项目建设贷款的这一基本的经济循环路线。

具体而言,一方面,中国对亚洲其他国家提供低息贷款,合作进行基础设施项目建设,为国内产能有效利用扩展了国际市场,为外汇储备提供了稳健的投资渠道。中国的资金主要源于以亚投行为代表的各类金融机构、沿线省份的地方版丝路基金以及以债权等形式吸收的社会资本。输出的基础设施包括公路、铁路、高

---

① 《总结经验坚定信心扎实推进 让"一带一路"建设造福沿线各国人民》,《光明日报》2016年8月18日第1版。

铁、电力等产业的建设能力，还带动通信、工程机械等相关领域的产能输出。

另一方面，发展中国家政府和企业，通过与中国合作基础设施建设项目，能够提高本国技术人员和工人的管理经验和技术水平，并通过基础设施项目发挥的效益推动本国经济与社会的发展。在这个过程中用项目收益和增加的政府税收偿还中国的低息贷款。因为基础设施建成后其发挥的"外溢"作用可促进本国的经济发展，从而扩大税基，增加的税收部分就可用来归还项目建设的贷款。

这样，通过与这些发展中国家的合作建设，为我国企业提供了广阔市场，而对方获得了国家现代化发展所需要的基础设施及技术，双方就可获得"双赢"。

（二）扩展路线：中国与亚、欧、非洲各国参与的"多边共赢"

"一带一路"倡议诞生于中国与其他亚洲国家的经济互动中，从双方市场供给与需求出发，满足中国与亚洲其他国家的双边利益。而这个倡议实施的区域"丝绸之路经济带"和"21世纪海上丝绸之路"，东牵亚太经济圈，西系欧洲经济圈，被认为是世界上最长、最具有发展潜力的经济大走廊。在这个区域里的欧洲工业强国近年面临着经济衰退的压力，十分希望通过自身的技术优势参与到"一带一路"的建设中，以获取中西亚发展中国家的广阔市场。作为"一带一路"倡议的倡导国，我国在"一带一路"建设中与欧洲工业强国联合投资建设发展中国家，可为我国率先走出去的企业，提供学习先进技术和营销经验的平台，有助于我国制造业技术的不断升级。于是欧洲国家作为第三方参与"一带一路"建设，实现国际产能合作的"第三方合作"模式就应运而生。

非洲国家与亚洲许多国家一样同样需要基础设施建设。随着"一带一路"倡议的进一步推进，非洲各国将成为下一阶段受益国家。根据联合国发布的《2015年世界经济形势与展望》，非洲国家全球变暖潜能值（GWP）增速2013年高达3.3%，2015年、2016年预计达4%、4.8%；其中非洲东部国家2013年GWP增长速度高达6.5%，2015年、2016年增速预计达6.6%、6.7%，远超过世界其他国家和地区。非洲各国从"一带一路"倡议的受益应从两个方面来理解：一方面，随着基础设施建设的进一步推进，非洲一些国家将成为"资金—技术"的输入市场，直接受惠于基础设施建设；另一方面，下一阶段中西亚等国家基础设施建设带动的区域经济发展，将通过区域要素流动带动区域协同发展，从而惠及非洲各发展中国家。

近年来，欧洲主要国家在"一带一路"倡议提出后对中国态度的改善，在极大程度上证明了"一带一路"倡议对欧洲国家的吸引力，也从另一个侧面证明了"一带一路"倡议构想的逻辑自洽。欧洲国家和非洲国家的积极响应和参加，极大地拓展和丰富了"一带一路"倡议的内涵。

（三）综合路线：包括北美等所有参与国家的"多边共赢"

考虑今后很有可能的北美国家的加入，就可形成一个包括北美和欧洲等国家的扩展模型，得到反映"一带一路"内在互利共赢机制在全球体现的综合路线。

"一带一路"倡议的经济本质就表现在：**宏观层面助推平衡，微观层面实现互赢**。这就是沿线国家和国际社会之所以积极参加"一带一路"建设的动力来源。它的主要内容来自于经济利益。正如习近平主席在2016年首访中东期间在当地媒体发表署名文章所说："'一带一路'追求的是百花齐放的大利，不是一枝独秀的小利。"[①]

[①] 习近平：《让中阿友谊如尼罗河水奔涌向前》，《人民日报》2016年1月20日第1版。

三 研究和宣传"一带一路"经济本质的重要意义

应该说明,"一带一路"的经济本质源于对中国及世界各国的经济发展现状和国际经济宏观背景的分析,它是在抽象的层次上将提出倡议的中国和参与合作的各国简化为市场主体,从供给和需求的视角出发,分析参与各方的行为和利益,旨在证明"一带一路"倡议存在自洽的经济逻辑。应该指出,抽象的理论分析不可能也没有必要包括"一带一路"的全部内容,但却是我们学习和理解习近平总书记关于"一带一路"本质的思想武器。

明确"一带一路"倡议的经济本质,有以下几个方面的意义:

首先,**有助于提高对互联互通重要性的思想认识**。"一带一路"是跨出国门进行建设,涉及复杂的自然地理环境和国家外交关系。特别是中国与周边国家的互联互通关系,对战略的实施效果影响较大。明确"一带一路"倡议的经济本质可以帮助提高实现互联互通认识。

其次,**有助于"一带一路"项目的经济收益和风险的评估**。投资存在风险,但是它是与收益相对应的。根据国际合作项目经验和沿线国家情况,在投资项目的选择和评估上,说明"一带一路"倡议的经济本质,可以帮助评估互联互通的经济风险。

更加重要的是,明确"一带一路"的经济属性可以成为引导中国企业"走出去"的强大动力,有助于建设项目的"落地"。过去由国家主导的外援效果明显,但也有看不见的巨大成本。这次"一带一路"倡议主要依赖企业作为行动主体,政府起积极引导、因势利导、协调组织的作用。说明"一带一路"经济本质和国际合作项目的性质,就可以成为引导中国企业"走出去"的根本动力。

最后,**有助于"一带一路"倡议的正确传播**。目前国外对

"一带一路"还存在一些偏颇认识。西方一些国家认为是"中国威胁论",发展中国家认为是中国要"扶贫济困"。如果能够变换一个角度,把"一带一路"作为一个可以实现互利共赢的商业合作模式进行重点宣传,显然可以排除许多政治上的压力,获得所在国家人民的广泛支持,有利于"一带一路"倡议的正确传播,推动中国企业积极"走出去",促进国际合作优势的发挥,从而推动中国和合作国家的"互联互通"发展,推动"一带一路"倡议在实施过程中实现中国特色与国际惯例的结合。

当然,与以往的国际经济合作形式相比,中国"一带一路"倡议的内涵更加丰富。它不仅着眼于签订更多的商业合同,实现道路、贸易、货币的"互联互通",还强调政策沟通和人心相通。但这与对其经济本质的研究宣传并不矛盾。因为做好了这方面的工作,大家都有了积极性,"一带一路"的推进将更加顺利。

(中国人民大学商学院教授 陈甬军)

"一带一路"峰会后中日关系评估及对策建议

本文要点：2017年5月中旬，安倍政府派自民党干事长二阶俊博率领日本代表团参加"一带一路"峰会。近来，中日两国出现了频繁的互动，久已冷淡甚至对立的关系开始出现好转。这是由于中美关系大格局的变动，牵动了中日关系的改善。日本对中日关系改善的积极政策，并非发自于安倍政府的本心，而是由于中美大格局变动不得不随之调整的被迫应对。继续深化对美合作，不仅有利于把握中美两国关系发展的大方向，也有利于促进中日两国关系的进一步改善。总之，我们欢迎安倍政府调整对中关系政策，能够保持和中方相向而行的态度，增加善意，减少恶意，使两国关系持续向好的方向发展。

2017年5月中旬，安倍政府派自民党干事长二阶俊博率领日本代表团参加"一带一路"峰会。二阶俊博除了带来安倍首相愿意改善中日关系的亲笔信以外，还发表了改善中日关系的一些积极言论，并得到国家领导人的会见。日本自民党干事长二阶俊博此次来访，已经明确表达了日方要改善中日关系的愿望。

一 中日关系出现改善的迹象与经过

众所周知，近来，中日两国出现了频繁的善意互动。久已冷淡甚至对立的关系开始出现好转。2017年4月底、5月初自民党干事长二阶俊博与日本央行行长黑田东彦赞扬亚投行，并且暗示日本可以考虑加入。5月中旬，二阶俊博率领日本代表团参加"一带一路"高峰论坛，明确表示加入亚投行的可能性。二阶俊博还表示，中日关系的春天已经来临。5月17日，安倍在电视节目当中，也提到了参加中国主导的亚投行的问题。日本时事通信社认为，安倍提出加入亚投行的前提包括：第一，亚投行有良好的自我运营能力；第二，可持续性的贷款、收款；第三，消除环境、社会影响等疑问。这说明，安倍政府已经改变了过去拒不参加的做法，而考虑条件和时机成熟的时候能够加入，明显比此前有了一定的进步。

在2017年5月底，国务委员杨洁篪访问日本，参加中日高级别政治对话，先后会见了日本安全保障局局长谷内正太郎、日本外相岸田文雄以及日本首相安倍晋三。杨洁篪会见安倍时表示，中日双方应共同努力，增进两国关系中的积极因素，抑制消极因素，维护中日关系改善和发展的势头。妥善处理重大敏感问题，对两国关系行稳致远十分重要。中日双方应保持对话沟通，深化互利合作，加强人文交流，为两国关系积累更多正能量。而日本的安倍首相则回应称，日方希望同中方密切各层级交往，增进民间友好，深化互利合作，妥善管控分歧，加强双方在国际地区事务中的沟通协调。

从上面中日频繁互动的情况可以看到，**中日关系已经到了改善的关口**，频繁的高层互动及积极表态，预示着中日关系改善的契机已经到来。

二 中日关系改善的原因

为什么中日关系改善的契机姗姗来迟呢？实际上这和奥巴马政府执政期间阻止中国崛起，利用日本推行"亚太再平衡"战略，强力遏制中国的政策有很大关系。当时美国采取利用日本遏制和分化中国的政策，日本则紧密追随美国，充当美国的"马仔"和"急先锋"，处处与中国作对，阻遏中国的政策甚至比美国还要积极。

特朗普政府执政以后，习近平主席于2017年4月初访问美国，与特朗普成功会谈，中美关系迅速改善。中美两国不仅就诸多国际问题达成共识，而且建立了政治外交、网络司法、经济贸易、文化社会四个高层对话体制，为解决经贸不平衡问题，开展了百日经济磋商计划，并很快取得了早期收获成果。中美两国在叙利亚问题、朝核问题等国际问题上的合作进一步加深。

由于中美关系的大幅度改善，日本认识到，如果不对中国改善关系，随着中美关系的改善和稳固，日本担心将处于被边缘化的状态。因此，才出现了上述日本方面急于改善中日关系的各种表态和动向。这意味着**中美关系大格局的变动，牵动了中日关系的改善**，日本不得不跟随美国的政策动向有所调整，并将进一步根据美国政策动向的风向标，采取后续的跟进政策。从这种视角而言，日本对中日关系改善的积极政策，并非发自于安倍政府的本心，而是由于中美大格局变动不得不随之调整的被迫应对。

1972年田中角荣访问中国，其实也是日本被迫应付中美大格局改善的结果。因为1971年美国国家安全事务助理基辛格秘密访问中国，采取的"越顶外交"方式使日本陷于被动，被迫改善同中国的关系。新任的田中角荣政府实现了政策的大转变，实现了中日邦交的正常化。所以，即使当时日本政府改善对华关系实属无奈之举，中国政府也是欢迎的，并与之相向而行，实现了中日关系长久的改善。

而这一次中日关系的改善，仅仅是刚刚互动的开始，还没有达到实质性的变化。安倍政府在推动关系改善的同时，实际上并没有停止或搁置敌视中国、遏制中国的某些政策。

三 中日关系当中依然存在的摩擦与对抗因素

2017年1月，日本将对中国台湾地区的窗口"日本公益财团法人交流协会"更名为所谓的"日台交流协会"。众所周知，这并不是一般普通民间机构的随意更名，而是双方想使各自驻对方的机构通过渐进的方式，逐步突破"一个中国"的底线。

2017年5月，日本派遣出云号航母舰队进行所谓巡航南海的活动，与美军在南海举行联合军事演习，参加新加坡海上阅兵仪式，访问越南港口金兰湾，然后再远赴印度洋，参加马拉巴尔海域美印日联合军事演习。这种情况说明，日本既想突破它没有在南海巡航的先例，同时又安排了眼花缭乱的军事外交活动，以此来淡化对中国的刺激，防止中国对其反制，以便形成以后巡航南海的惯例。

同时，日本继续在军事上加强对中国的军事准备，包括推进研制300公里以上导弹的计划，在冲绳列岛要害地区推进部署反舰导弹的计划，2017年3月，出云级直升级航母的2号舰加贺号正式服役，5月日本向马来西亚交付第二艘大型巡逻船，这是海上保安厅退役巡逻船改装以后，交付给马来西亚的，目的是加强其海警力量，以便牵制中国。日本以西普联为基础改建扩编的两栖作战部队也将建制成军，并已经具备随时投入作战的能力。这支部队主要是针对中日可能在钓鱼岛和西南诸岛地区发生战争而建立的。

由此可见，**安倍对中国的遏制与防范政策，仍然在沿着过去固有的惯性继续推进。**

四　如何判断日本改善对华关系的诚意

那么，安倍政府对中国改善关系的表态，究竟是真是假？这体现了一个国家对外政策的多面性。毫无疑问，在过去几年安倍的执政当中，对中国执行了表面上要推进合作、增进关系，实际上有很大遏制、防范、甚至敌视的政策。这种政策至今和未来一段时间内仍然将要延续，这是由于日本政府对自身的国家利益判断，及其所认为的日本周边威胁而采取的长远战略。不可能因为中美关系的改善，而在短时间内发生大的改变，必将仍然按照现有的惯性延续相当长的时间。但是，如果中美关系继续改善，在两国合作不断深化的情况下，无论是外交还是军事方面，日本的回旋余地必然越来越小，在这种情况下，日本必然继续推进改善中日关系的政策。否则，日本不仅将要继续处于被边缘化的状态，而且也将逐渐丧失在亚太地区的较大影响。

从这种意义上来看，中日两国关系还有改善的潜力，继续深化对美合作，不仅有利于把握中美两国关系发展的大方向，而且也有利于掌控亚太地区向更加安全、更加稳定的方向发展，从而带动整个世界格局，进一步向和平与发展的方向演化。这样，也有利于促进中日两国关系的进一步改善。

五　中国的对日政策

如要推动中日关系的改善，必须在中美关系的大框架之下，处理对日关系。

第一，**要进一步推动中美关系的改善**，中美关系进一步改善，两国合作进一步深化，中国外交满盘皆活，对日关系将有可能获得进一步改善，故搞好中美关系至关重要。

第二，在中美关系逐步改善的前提下，**中国要主动对日本出招，以利益来引导日本靠近中国**。因为中日两国如果放弃隔阂，加深两国的经济合作，对两国都有好处。中国要努力让日本看到，加深中日两国经济合作，对于日本经济发展诱人的前景，尤其是在提出大的合作项目之时，要比较精确地计算日本所能够获得的经济利益，让日方了解这种利益所在。日本民族是一个精打细算的民族，让他们充分了解中日经济合作对日本的好处，对推进两国关系将会十分有效。

第三，中国方面要考虑中日两国相互之间可以合作的领域与大项目，主动规划，并且主动提出，实施引导。**推动中日韩自由贸易协定签署，是推动中日两国合作最务实的一个大项目**。中方要就此同韩国充分协商、协调，在搞好落实中韩两国自由贸易协定的基础之上，推动韩日两国早日在中日韩自由贸易三边协定上达成协议。尤其要让日本领导人认识到，中日、中韩自由贸易双边协定对于拉动"安倍经济学"的意义。但是，如果中韩自由贸易协定落实得不好的话，日本不会认为中日韩自由贸易协定对日本有多大的意义。因此，搁置中韩两国之间关于萨德问题的对立，全力落实好中韩自由贸易协定，深化中韩两国的经济合作，对于吸引日本加入中日韩自由贸易协定当中来，影响至关重要。

第四，中国东北地区经济发展缓慢，可以同日本合作，兴建大型的高新技术工业园区，给予经济特区的待遇，吸引日韩美欧等发达国家的资本入驻，作为振兴东北经济的引导。同时，也有利于发挥日本等发达国家资本的积极性，吸引他们的游资和先进技术。只有提升和充实地区的经济活力，才能留住并吸引大量的人口，也有利于中国经济的平衡发展。

总之，我们欢迎安倍政府调整对中关系政策，增加善意，减少恶意，这样，才有利于中日两国关系持续向好的方向发展。从这种意义上来说，无论安倍政府在改善中日关系方面有多少真心，只要能够向改善的方向加以努力和推动，中方都表示欢迎。当然，中方反对安倍政府过去说一套做一套的两面派手法，而是要真正把改善中日关系的表态，落实到行动当中。

（外交学院教授　周永生）

"一带一路"沿线基础设施投资需关注政治风险

本文要点：随着"一带一路"倡议的推进，"一带一路"沿线区域成为我国投资和对外承包工程的重点区域。该区域因恐怖主义、宗教矛盾、民族主义、第三国干预以及国际犯罪等因素错综交织，使得在"一带一路"沿线区域相关国家投资和承包工程项目的中国企业，尤其是建筑企业面临着极大的风险。因此，加强对我国建筑企业的海外权益的保护刻不容缓。我们可以建立政府间"丝绸之路基础设施建设保险基金"；通过提供安全类公共产品打造区域安全共同体；推动基础设施投资主体多元化；建立"丝绸之路基础设施建设企业国际行业协会"，以便及时防范可能出现的各种风险。

"一带一路"沿线基础设施投资需关注政治风险

一 "一带一路"沿线基础设施投资的政治风险

"一带一路"倡议首要强调的就是基础设施的互联互通,随着"一带一路"倡议的推进,中国的对外承包工程业务拓展势头明显加快。随着大量中国企业和资金涌入"一带一路"沿线区域,一方面,我国过剩的产能将得到一定程度的释放,并且为"一带一路"沿线国家的经济建设提供大量的资金及技术支持,促进当地社会经济的发展,实现经济发展上的共赢;另一方面,我们也要清醒地认识到,"一带一路"沿线国家大多为欠发达的经济体,经济社会总体发展水平不高,恐怖主义、宗教矛盾、民族主义、第三国干预以及国际犯罪等因素错综交织,导致该地区众多国家的政治环境异常复杂,使得在这些国家投资和承包工程项目的中国企业,尤其是建筑行业企业面临着极大的风险。

建筑企业海外经营面临的政治风险可分为两类,一类是普遍性政治风险,是所有的跨国企业在海外经营时都会面临的风险;另一类是建筑行业的行业性政治风险,是由建筑行业的某些特点所导致的重点风险。我国在"一带一路"沿线的基础设施投资具有以下的特点及相应政治风险:

(一)基础设施建设项目资金投入巨大、建设周期长

建筑业的对外工程项目有一个共同的特点:建筑项目资金投入巨大、建设周期长、项目不能轻易撤资或终止。例如,中国交建集团在斯里兰卡投资的科伦坡"港口城"项目,一期投资为14亿美元,预计二期投资更高,将达130亿美元;又例如,2014年5月11日,李克强总理在访问肯尼亚期间,和东非地区国家领导人一起见证了蒙内铁路融资协议的签署,该项目合同总额为38.04亿美元,肯尼亚政府提供10%的自有资金,并向中国进出口银行申请了90%的信用贷款。建筑行业单个项目资金动辄几十亿甚至上百亿美元，这样的特点决定了建筑企业一旦在东道国遭遇政治风险，其回旋的余地将极为有限，往往会遭受巨大的经济损失。

（二）基础设施建设项目以国有企业参与为主

因为建筑业的海外工程项目投资大、投资回报周期长，私人资金一般没有能力也不愿意介入，这就导致中国的建筑行业对外承包工程的法人主体大多为国资背景。而某些东道国对有中国政府背景的国企的经营活动有一定排斥心理和防范心理。美国助理国务卿罗伯特·霍马茨就曾指责中国给予国有企业融资、补贴、担保等特殊优惠，人为扭曲了市场资源配置而获得强大竞争力。甚至还有一些观点认为在海外经营的国有企业是中国政府实现海外战略目标的潜在工具。有研究表明，以大型国有企业为主体的对外基础设施投资容易受到一些国家法律制度的排斥。例如，2015年我国对外承包工程业务新签合同额前25名的企业，除了华为是民营企业之外，其他24家均为国企，而且多数为央企。华为承包的工程虽为通信工程，但根据《国民经济行业分类标准（GB/T 4754—2011）》的分类，通信工程中的基站构筑物、基站设备的安装等都归入建筑业。所以，从这个意义上讲，华为也算作是建筑企业。即使是华为这样的民营企业，很多国家都认为其有深厚的中国政府背景。正是因为中国对外从事建筑项目的企业的政府背景，导致中国建筑企业的海外经营活动往往面临比私人企业的投资高得多的政治风险。

（三）基础设施建设项目的政治敏感度很高

建筑行业的对外经营主要是以承包基础设施建设项目为主，包括铁路、公路、桥梁、隧道、港口、水利工程等。这些项目均具有很高的政治敏锐性。一方面，基础设施项目在勘察、设计、施工过程中需要了解东道国的很多具有战略性的敏感信息。比如修建一条铁路或公路，在前期勘察设计阶段，设计方就需要对路线沿线的地形地貌进行全面的测绘或者由当地测绘机构提供既有的测绘数据,不管是哪一种方式,都会导致东道国的部分地理信息被泄露或至少存在被泄露的可能,并且这种可能性极高。另一方面,勘察设计过程中也需要掌握铁路沿线城市的各类主要经济数据,有些信息甚至是敏感数据,但根据设计规范,这些信息往往又是完成一个完整的设计方案所必须提供的。这些信息一旦为他国所掌握,在重大事件发生时可能会对东道国的安全构成严重威胁。总之,基础设施项目基本都是涉及国计民生的关键性行业和部门,其本身的战略性极高,几乎所有国家都不希望自己的命脉被他国控制或施加难以承受的影响力。

(四)基础设施建设项目具有特殊的地缘政治特性

从地缘政治的角度分析,一方面,"一带一路"沿线的建设,尤其是基础设施项目如铁路、公路、电力的建设将在一定程度上改变中国基于原有的地理环境形成的政治、军事、经济布局,使中国广袤但贫瘠且不易高效利用的西部地理空间对中国综合国力的提升作用的限制得到一定程度的解除。从而相对周边国家而言,中国可以获得一定的地缘政治优势。另一方面,中国在海外的部分基础设施项目,双方签订的是从建设到运营阶段的全生命周期的合同,合同周期长达几十年或上百年。对东道国周边的国家尤其是对中国存在敌对情绪的国家而言,它们往往会认为这就意味着中国取得了在该地区的稳定存在,中国随时有可能作为利益相关方介入该地区的事务,对东道国周边的国家形成巨大的地缘战略压力。基于上述两方面的原因,中国建筑业在海外的项目容易导致相关国家的猜忌和防范。

(五)建筑行业的腐败问题可能成为东道国政治介入的借口

建筑业历来是腐败案件的高危区、高发区。这是因为建筑工程项目涉及资金量巨大,同时整个建筑行业管理粗放,存在大量的管理漏洞,致使建筑行业存在巨大的腐败空间,导致腐败问题丛生。很多建筑企业的管理者对这类腐败问题早已习以为常,甚至觉得这就是这个行业的"特色",是很正常的事情。而"一带一路"沿线的诸多国家中,有很多国家也存在严重的腐败问题,在接洽业务时,有些国家的官员甚至会主动索贿。在对外承包工程中,东道国的这种腐败环境往往会鼓励建筑业的管理者继续沿袭这种长期形成的思维,可能会导致各种形式的行贿、利益输送等腐败行为产生。这些腐败行为往往会被东道国的政府反对派、竞争对手、国际反华势力等各类势力所利用,通过各种方式对中国海外项目造成不利局面,导致项目面临极大的政治风险。

二 对策与建议

鉴于建筑行业跨国经营面临的上述各种政治风险,加强对我国建筑企业的海外权益的保护刻不容缓。

(一)建立政府间"丝绸之路基础设施建设保险基金"

"一带一路"倡议是一个区域共建的倡议,并非只服务于中国一国,强调的是开放包容、合作共建和利益共享,因此,**"一带一路"倡议在本质上属于区域性国际公共产品**。既然是区域性公共产品,那就应该遵循"利益共享,成本共担"的原则。中国明确表示在经济带中不谋求大国地位。"丝绸之路经济带"不是"核心和边缘"的剥削型经济关系,也不是"依附与被依附"的不平等经济关系,**各国都是平等的参与者**,是平等互利、合作共赢的"利益共同体"和"命运共同体"。因此,成立各国共同出资的"丝绸之路基础设施保险基金"更能体现出平等共建的精神。保险基金的规模可根据各权威机构如标普、穆迪、惠誉、中诚信等的风险数据库的相关资料进行计算确定。关于保险基金的分担份额的确定,可根据各权威机构对沿线各国的风险评级、各国的经济体量以及各国的基础设施建设资金需求等因素,来计算分担保险基金的份额。

"丝绸之路保险基金"的筹建可遵循"循序渐进，逐步覆盖"的原则，先期由愿意参加的国家先行成立，对于这些首期参与的国家，中国作为主导国可给予保费优惠或提供项目融资方面的便利措施等。基金的运作可以聘请行业内的标杆企业或组织作为基金会的顾问。

（二）通过提供安全类公共产品打造区域安全共同体

我们应充分利用"一带一路"沿线既有的区域合作机制等区域性国际公共产品，通过对既有的区域合作平台进行成员扩容和功能扩展以强化支持"一带一路"建设的新使命。"一带一路"沿线既有区域合作平台中，部分安排已经涉及安全、贸易、投资等合作机制，有些也涉及投资保护机制，如在合作平台相关的文件中将各成员对于成员的投资保护承诺进行固化。再如，针对恐怖主义、国际犯罪等安全问题，上海合作组织、湄公河四国联合执法等区域性国际安全公共产品已经做出了相关的制度安排。因此，可考虑对这类运作良好的区域合作平台进行扩容，以覆盖"一带一路"沿线的更多国家。既有平台中那些尚未涉及安全、经贸、投资合作和保护的安排，可通过扩展平台的功能，将对于成员的贸易、投资保护承诺进行固化。

2016年8月17日，习近平总书记出席"一带一路"建设工作座谈会并发表重要讲话，就推进"一带一路"建设提出八点要求。其中第八点要求强调"要切实推进安全保障，完善安全风险评估、监测预警、应急处置，建立健全工作机制，细化工作方案，确保有关部署和举措落实到每个部门、每个项目执行单位和企业"。[①] 由此可见，安全风险已经成为"一带一路"倡议所面临的主要挑战之一，并且中央已经高度重视这一问题。

---

① 《总结经验坚定信心扎实推进　让"一带一路"建设造福沿线各国人民》，《光明日报》2016年8月18日第1版。

结合习近平总书记讲话的精神和《愿景与行动》的要求，为了应对此类安全风险，我国政府可考虑从提供区域性安全公共产品的思路出发，联合"一带一路"沿线相关国家一起为"一带一路"的建设提供区域性安全类公共产品。一条现实的途径便是**对现有的区域合作机制进行扩容或在"一带一路"沿线其他区域进行异地复制**。例如，可以通过对当前运作良好的上海合作组织这一区域合作平台进行扩容，使之覆盖"一带一路"沿线的更多的国家，利用上海合作组织关于贸易、投资等的合作机制将各成员对于成员的投资保护承诺进行固化，可有效降低在该区域投资的政治风险。总之，面对"一带一路"沿线区域动荡的社会和政治环境，最需要的就是稳定和安全，社会的稳定和安全能极大地降低中国企业在"一带一路"沿线经营的政治风险。

（三）推动基础设施投资主体多元化

基础设施项目往往具有战略性特点，因此其政治敏锐性很高。东道国一般不允许基础设施部门被外国企业所掌握，尤其是外国的国有企业，而这正是我国建筑企业的短板。由于基础设施项目投资规模巨大、成本回收期长，民营企业一般不愿介入，我国的海外基础设施项目绝大多数都由央企承接，这很容易使东道国政府心存疑虑和保持防范的姿态，使我国建筑企业的海外经营活动面临着比其他以民资为主导的行业高得多的政治风险。我国在进行"一带一路"基础设施投资时，可考虑采取各种政策和措施引入民营企业参与其中，以降低投资项目的政治敏锐性，从而降低所面临的政治风险

（四）建立"丝绸之路基础设施建设企业国际行业协会"

对于因建筑行业的特点所导致的政治风险，可以由政府牵头建立"丝绸之路基础设施建设企业国际行业协会"。该协会可将"一带一路"沿线各国的建设企业以及域外的参与建设的相关企业纳入一个共同的行业合作平台，通过该平台定期、不定期地组织

行业论坛和交流合作，通过网站、社交媒体等方式在会员间实现充分的信息共享，使会员企业能及时掌握沿线各国的行业信息。此外，协会还可委托专业的咨询顾问公司、高校研究机构等智库以及各国的会员企业对其母国的投资风险进行追踪研究并及时发布风险预警信息。东道国当地企业的优势在于熟悉国内的政治生态、行业生态、风土人情，对当地各类风险的认识远比国外同行要全面和深入，加强与当地同行的交流有利于及时获得有关政治风险的最新信息，更新对于当地风险的认识，以便及时采取防范措施。

（复旦大学国际关系与公共事务学院教授　黄河）

中东地区宣传"一带一路"的困难及对策

本文要点：中东地区是"一带一路"倡议顺利进展的重点难点地区。在中东地区推进"一带一路"的第一步，是让该倡议在中东各国各界广为人知。中东的政府、学界、媒体从总体来看对"一带一路"知之甚少。其原因主要包括：中国对中东地区的外宣工作力度不足，西方话语权在中东地区占主导地位，中国不选边站队的中东政策与中东国家的核心安全诉求之间存在差距。建议采取如下举措：谨慎对待中东地区领土、民族、宗教等矛盾；客观看待中东地区反西方情绪；加强媒体宣传、文化交流、企业合作等方式的外宣工作；以巴基斯坦为突破口经营本地媒体；逐步调整中国对中东的政策；培养国内熟悉中东语言、文化、宗教等领域的人才。

一 中东各国对"一带一路"倡议的反响有限

"一带一路"倡议的推进已经取得很大成就,然而推进"一带一路"的困难和风险仍不容低估。有学者以"风暴眼"比喻"一带一路"的必经之地——中东和中亚地区。

中东地区蕴藏着世界近七成的石油资源,作为世界最大能源进口国的中国,推进"一带一路"倡议无法绕开中东。在中东地区推进"一带一路"的第一步,就是让这一倡议为各国政府、智库、商业界、媒体和普通民众广泛知晓,倾听他们的意见建议,不断地调整规划,让其变得更加可行。因而,在中东地区加强"一带一路"倡议宣传工作就显得尤为重要。

笔者先后访问了巴基斯坦、阿联酋、伊朗、土耳其、卡塔尔和巴林。笔者发现中东各国的政府、学界和媒体总体来看对"一带一路"知之甚少。中东国家大多数的政商学精英没有听说过"一带一路"的概念,在听说过"一带一路"的人里,也只知道它是中国政府的倡议而不知其内涵。青年学生和一般公众较少有人听说过"一带一路"倡议。

(一)中国对中东地区的外宣工作力度不足

中国与中东地区的人文交流仍然极为有限。2015年5月,笔者在伊朗的德黑兰、卡赞、伊斯法罕三个城市考察,一周时间内只遇到一位懂汉语的伊朗人。同月,在土耳其考察的五天中,只遇到两位会讲汉语的土耳其人。笔者在阿联酋、卡塔尔和巴林的行程中则没有遇到一个会讲汉语的当地人。

笔者在中东考察期间没有看到以中文出版的报纸或杂志,在中东各国的宾馆、机场、饭店等场所看不到中国电视台制作的节目。因此,向中东各国推介"一带一路"必须依靠各国精英能够理解的英文或法文,以及中东地区当地的阿拉伯文、波斯文、土耳其文、希伯来文、库尔德文等语言文字。

中国派驻中东地区的记者也相对较少，很难满足向中国介绍中东和向中东宣传中国的需要。例如在人口数量约7700万的中东大国伊朗，中国常驻记者仅7人。笔者在中东几国的宾馆、机场、饭店收看的电视节目中，还没有看到过中国电视台制作的节目，可见央视的外语节目在中东地区的覆盖面极为有限。

中国对"一带一路"的外文介绍同样严重不足。从文字媒体来看，中国的英文媒体对"一带一路"的全面报道并不多见。鉴于外文介绍的"一带一路"相关信息的缺乏，我们应加大在这方面的投入和宣传。

（二）西方话语权在中东地区占主导地位

西方世界主导中东地区的话语权是不争的事实。中东各国媒体对国际新闻的报道中，都大量引用美联社、路透社、法新社、BBC等西方主流媒体的信息源。卡塔尔半岛电视台等影响较大的本地媒体在重大国际问题的报道中也与西方主流媒体立场近似。此外，卫星电视接收器在中东各国普及率极高，当地民众在家里就可以收看西方电视台（如CNN、BBC）的阿拉伯语、波斯语等本地语言的节目。

众所周知，西方媒体对于中国的负面报道和评论较多，在包括中东地区在内的全世界塑造负面的中国形象。长此以往，中东各国民众对中国的认知也会受到潜移默化的负面影响。

在对"一带一路"倡议这样能够彰显中国对国际社会贡献的话题上，西方媒体一般会加以无视，甚至进行歪曲，将其解读为中国向中东扩张势力，企图控制这一地区的所谓"新殖民主义"手段。这样，中东地区的人民就更难看到、听到、读到对"一带一路"客观、公正的报道。

(三）中国的中东政策与中东国家的核心诉求存在偏差

1. 中国不选边站队的中东政策

美国战略与国际问题研究中心（CSIS）中东项目主任琼·B. 奥特曼博士曾认为，中国长期对中东各国采取等距离的外交政策，但他对这种政策是否能在中东变局中收到良好的效果表示怀疑。

多年来，中国给中东各国领导层的基本印象是中国乐意与所有国家交朋友，不选边站队，在各种争端中不持立场，只参与当地经济建设。多位中东国家的学者认为，在中东国家政权面临生死存亡的时候，中国不应只是撤退侨民，而是应积极介入中东事务，发挥大国作用。

2. 中东各主要国家的核心诉求

自2010年年底西亚北非地区动荡开始以来，中东发生全局性动荡。随着美国的战略收缩造成该地区权力真空，加之恐怖主义肆虐和教派冲突加剧，伊朗、土耳其、沙特等地区强国试图趁机扩大在地区的影响力，而较弱小的国家则希望找到新的保护伞。

伊朗的核心诉求主要包括两个方面。经济上，伊朗希望利用伊核协议签署的契机结束美国主导的经济制裁。政治上，继续借助中东地区的什叶派力量扩大影响。

土耳其的核心诉求主要是谋求在奥斯曼帝国原统治区和突厥语国家扩大影响。土耳其的这一政策，常被西方学者称为"新奥斯曼主义"。该地区的大国沙特阿拉伯的核心诉求则主要是力图巩固其在阿拉伯国家中的领导地位，打击什叶派。沙特一边支持叙利亚反对派，试图推翻什叶派主导的叙利亚政权，一边对也门什叶派胡塞武装发动军事打击。在海合会内部，沙特对卡塔尔施加压力，要求它在对外宣传方面与自己保持一致。沙特还向其他伊斯兰国家援建清真寺和宗教学校，意在扩大瓦哈比教派的影响力。

以色列军事、经济实力虽强，但在中东仍处于孤立地位，其最关心的还是本国的国家安全。以色列担心叙利亚内战会导致叙利亚的化学武器被黎巴嫩真主党等反以势力获取,更担心美国与伊朗改善关系后,本国在美国全球战略中的地位下降。

中东地区的国防开支占GDP比例是世界最高的。对于中东大国来说,当务之急是在这混乱的时代壮大自己,削弱敌人,而经济建设则居于相对次要的位置。在中东各国举行的国际会议中,相较于中国擅长的基础设施建设、扶贫等经济话题,中东各国更多地关注安全、反恐、伊斯兰教内部各教派之间的冲突、伊斯兰教在世界范围内被妖魔化等问题。

二 扩大"一带一路"在中东影响的建议

基于对中东地区局势的复杂性、敏感性的考量,对该地区的宣传工作必须加强顶层设计,统筹协调各方面、多渠道资源。建议从以下五个方面入手:

(一)谨慎对待地区矛盾

中东地区存在较多的领土争端。以色列与叙利亚的戈兰高地争议、叙利亚与土耳其的哈塔伊省争议,都是悬而未决的焦点。类似这样的地区,中国政府、媒体和企业应避免对主权归属表态,并谨慎规范官方地图,防止不慎卷入争议之中。

中东地区的民族矛盾、教派纷争错综复杂。在中东地区五大族裔中的阿拉伯人、土耳其人、波斯人、库尔德人、犹太人和亚述人、俾路支人等少数族裔之间,在伊斯兰教派中的逊尼派和什叶派两大教派之间以及同德鲁兹等较小教派之间,都存在历史积怨和现实矛盾。中国在宣传时应当保持谨慎,避免卷入这些纷争。同时还需避免将极端主义、恐怖主义与特定教派、民族挂钩,避免把信仰和生活习俗的不同用文明程度的差别加以界定和解读。

(二)客观看待地区的反西方情绪

中东的伊斯兰国家中普遍存在反美反西方情绪,这是不争的事实，但具体到每个国家，则有自己的特点。有趣的是，长期被西方孤立和制裁的伊朗，反西方的情绪反而较弱，很多中产人士对西方的生活方式颇多憧憬。相反，作为美国几十年的北约盟友、长期申请加入欧盟未果的土耳其，其精英中却有不小的反西方情绪，认为欧盟拒绝土耳其加入其实是出于宗教考虑，并指责西方对其难民政策的批评不公。

与此相反的是，笔者接触到的中东国家官员和学者对中国都没有任何的批评。中国媒体对中东地区、对伊斯兰国家、对欧美的穆斯林少数族裔的报道，应该尽量减少直接编译欧美媒体文稿，而应逐渐增加中国人直接获取的一手信息和中东本地媒体的报道。

（三）加强多渠道外宣工作

其一，在媒体宣传方面，向中东地区的外文媒体加大对"一带一路"的倡议和取得的成果做系统、连续的宣传和介绍。本着"一国一策"的原则，结合各国国情，阐明"一带一路"能给中东各国带来什么实实在在的利益，明确与中东各国本身的发展规划如何协调、对接等问题。

其二，在文化交流方面，由宣传部门主持制作"一带一路"画册、宣传片等资料，对"一带一路"倡议和命运共同体的介绍纳入其中。向来华访问、参加会议的中东政商学各界人士赠送。由到中东各国出席会议、访学和孔子学院教学的中国官方代表、学者携带相关资料加以赠送。

其三，在企业合作方面，密切两者的经济合作。中国在中东开展业务的企业很多，特别是承担的建设工程多，这些工程与当地的国计民生息息相关，很"接地气"。因此，企业在进行直接宣传过程中优势明显。给中资企业配备讲述"一带一路"与其施工所在国家、地区相关的宣传资料，特别是企业业务将如何改善当地民众生活的资料，一来便于其配合业务，二来方便向当地人民直接宣传。

（四）以巴基斯坦为突破口经营本地媒体

当前中国缺乏相关外语人才、缺乏熟悉中东事务的专业人才，这将长期制约中国在中东地区宣传和推进"一带一路"倡议。这种困境可以采取在巴基斯坦经营本地媒体的方式加以缓解。

在所有伊斯兰国家中，只有巴基斯坦对"一带一路"有较多的认识，而且也只有巴基斯坦具有配合中国"一带一路"倡议推进的强烈意愿。

巴基斯坦有约400万熟练掌握英语的人口，占全国总人口的约2%。巴基斯坦政府和民间都对华友好，该国法律又允许国外投资在本国开办媒体。巴基斯坦虽然不属于严格意义上的中东国家，但其在地理上邻近中东，在宗教文化上同属伊斯兰世界，与大部分中东国家风俗和心理相似，地区影响力也较强。用巴基斯坦媒体做宣传更有利于被中东国家所接受。中国可以在巴基斯坦寻找合作伙伴，用巴基斯坦的人力资源开设英文媒体，**推进"一带一路"倡议在整个大中东地区的宣传**。

当然，中国在巴基斯坦经营媒体，并不仅仅是新闻传播业的工作，而是要求中国通过"中巴经济走廊建设"，全面支持巴基斯坦建设，增强巴基斯坦政府的执政能力和国家的凝聚力。如果不能实现这一目标，中国在巴基斯坦建设的新闻机构，将可能成为极端分子攻击的目标。

大中东地区的各种矛盾冲突，大多以直接或间接的方式影响到巴基斯坦国内政局。近年来巴基斯坦国内宗教保守化倾向加剧，恐怖袭击事件频发，大量劳动力不得不投入安保行业而影响了经济建设，工业化进展缓慢和人口激增相伴带来严重的失业问题。这就需要加大对恐怖主义打击的力度，避免发生动乱的风险。

（五）逐步调整对中东的政策

近年来，伴随着中国综合国力的增强、对进口能源依赖的增加、"一带一路"倡议的提出和中东地区局势复杂的变化，对中国现行的中东政策提出了新的要求，必要的调整已经势在必行。

中国可以在中东地区寻找政府和民众对华友好、特别是支持中国现行外交和内政政策的国家，加大介入力度，适当满足其一定的核心诉求，深入发展合作关系。例如，叙利亚有学者认为，中国在安理会三次投票否决不利于叙利亚政府的提案，让支持现政府的叙利亚民众认为中国是真正的朋友。因此，叙利亚民众从感情上支持中国拥有参与叙利亚战后重建的优先权。

从长远来看，中国要逐步加强与中东的全面合作，应当坚持以人为本。培养更多熟悉中东地区语言、文化、国情和国际关系的外交官、专家学者、商界精英和媒体等领域的专业人才是落实好中东政策、在中东讲好中国故事的基础。只有这样，才能更加科学地制定和执行各项政策。

（西南政法大学世界与中国议程研究院副院长　孙力舟）

"一带一路"背景下中日关系的
困局与应对

本文要点：中日关系及未来发展态势主要受制于三大要素，即日美关系、日本安全因素中中美关系的影响以及中日民族主义情绪的发展。日本外交仍将日美关系作为其核心基础，同时采取多元化方式以"对冲"美日关系的不确定因素。日本对军事安全保持高度关注，将朝鲜视为现实但间接的威胁，将中国看成是长远战略性威胁。日本对中美关系的发展持悲观态度，对华外交表现出消极性与滞后性。日本国内对华认知极为负面，为中日关系的转圜与改善设置了障碍。我对日外交应保持一定的战略定力，在协调与美国关系的基础上发展对日关系；可有序加强中日沟通交流且要善用经济外交手段；应加强理性爱国主义教育的力度并健全危机预防与管控机制。

一个稳定向好的中日关系对于营造有利于我的周边环境具有至为重要的战略意义，同时对于地区安全与秩序而言也具有重大影响。笔者认为，中日关系的形态与未来发展态势主要受制于三大要素，即日美关系的状态、日本对安全威胁与中美关系的评估以及中日两国民族主义情绪的发展。

一 特朗普执政后日美关系的特点

当前日美关系呈现出两大特点：第一，**日美安全保障关系有所加强**。经过多年来的接触与合作，日美防务部门相互了解，交流密切频繁。在地区安全形势紧张以及外界对日美同盟稳定性质疑的时候，双方共同向外界展现了团结一致的姿态。同时，特朗普安全团队，尤其是国防部长马蒂斯以及总统国家安全事务助理麦克马斯特对于日美展开安保领域的合作持积极态度，这为日美安保关系的稳定与提升保驾护航，也令日本对美国的安全承诺增强了信心。此外，日本民众对于自卫队与美军的合作给予了重要支持，也为增进双边安全合作关系提供了有力保障。

第二，**日美关系发展存在不确定性**，主要体现在：（1）特朗普政权奉行"美国第一"的执政原则与交易型外交方式；（2）日本无法明确判断特朗普政府的亚太地区安全政策；（3）日本对于美国在多大程度上授权其在安保方面发挥更大作用以及在何种领域发挥作用不甚明朗；（4）日美两国国内政治具有不确定性，即2018年美国中期选举与日本自民党总裁选举；（5）关于日美贸易问题。双方领导人同意将安保和贸易问题分开讨论，并为此建立日美经济对话机制，但双方围绕贸易问题仍可能会出现一些摩擦和分歧。

鉴于日美关系存在上述不确定性，部分日本学者提出，若日美同盟关系不可依赖，日本面临三种可能性选择：（1）增强日本国家实力。日本必须在增强自身防卫力量的前提下才能够保障日美同盟关系的稳定性，即"欲他助，先自助"。日本正在加强攻击性军事力量以及修改宪法就是典型体现。（2）除美国外，加强同其他地区国家的联系，如日本积极推动跨太平洋伙伴关系协定（TPP）11国的想法。有日本学者表示，TPP符合日本利益，必定会坚守。（3）日本认真考虑"一带一路"倡议和就是否加入亚投行进行论证。不过，尽管日方对日美关系不确定性有所担心，但对于未来日美关系发展表露出足够的耐心，并冀望通过发挥日本独特作用，促进特朗普政府对国际规范以及美国领导力重要性形成正确认知。

可见，日本外交在坚守日美同盟关系核心地位的基础上开始考虑多样性手段，其目的一则是为日本利用日美同盟来保障其安全，同时借此来抬升日本在国际与地区事务中的地位，并助力其正常国家政治目标的实现。另一则反映出日本对日美关系的未来感到不安，希望采取多元手段确保日本国家利益的最大化。

二　日本对安全威胁与中美关系的评估

随着地区安全形势与实力结构的变化，日本对于安全威胁的认知更加敏感。在军事安全领域，日方认为，朝鲜直接对日本发动军事打击的可能性不大，而更多的是对居留韩国的日本人安全构成威胁。从这个角度来说，来自朝鲜方面的安全威胁是现实而间接的。从长远安全威胁来看，中国的崛起，尤其是中国军事力量的发展对日本构成了战略性威胁。为此，日本学者对于中国崛起的方式以及崛起之后采取何种战略表达关切。

中日关系的状态很大程度上受制于中美关系的状态。目前，日本对于中美关系发展态势的评估总体呈消极态度，认为中美关系迟早会陷入问题之中。鉴于此，日本对华政策并没有跟随美国对华政策的变动而变动。日本学者认为,从目前形势判断,美国对华政策具有明显的交易型色彩,一旦中方未能满足美方的要求,两国关系很可能会面临新的困境与挑战。因而,日本对华外交保持了一定的定力与耐心。不过,日本学者认为,中美关系的恶化并不利于日本,因为日本处于"双重依赖"地位,即经济依赖中国,安保依靠美国。日本外务省副大臣岸信夫也表示,中美建设性对话对于地区、国际和平发展有重大意义。中美合作十分重要,双方应紧密沟通,防止不测事件。此外,日本学者也担心再次出现"尼克松冲击",因而在对华关系上既不能走得过快,也不能原地踏步。日本对于"一带一路"做出的迟滞但相对积极的回应正是体现了这一矛盾点。

三 中日两国民族主义情绪的发展

中日民族主义对两国关系的发展具有重大影响。就日方而言,中国从20世纪90年代开始在教科书和影视作品中进行"反日教育",这使得中国整个青年一代不再对日本抱有任何好感,伤害了中日关系的社会基础。不仅如此,日方还认为,中国外交部门中真正对日本事务熟悉的人士被边缘化,这被日本视为是中国民族主义情绪上涨的体现。就中方而言,日本安倍政权试图修改宪法是日本国内政治右倾化的突出表现,也是日本极端民族主义化的典型体现。安倍政权通过在经济政策方面所取得的进展赢得民意的支持,巩固了其执政基础,出现了所谓的"安倍独大"局面。在此基础上,安倍政权将修改宪法作为下一步主要政治目标,充分显示出安倍政权将所谓的政治问题与经济问题捆绑在一起,借助于民众的支持,甚至是以绑架民意的方式来实现其政治目的的用心。

在此背景下,日方对中国的认知极为负面。日本学者表示,日本国内对中国抱有好感的人极少，站在中国立场为中国说话的日本人基本找不到了。他们将中国的外交视为"新韬光养晦"政策，即以"韬光养晦"的手法来实现中国的大国外交，实现中国的大国梦。但日本学者认为，中国只是一个强国，而非大国：强国关注自己利益，大国兼顾他国利益。按照他们的理解，以美国为首的单极秩序符合日本的利益。不过，日方学者表达了中日关系一定要好起来的愿望。他们认为，中日关系已成为构建亚洲地区框架的重要一环。面对日美关系的不确定性，发展中日关系也是日本应对之策的一部分。

四 中国对日外交的政策建议

第一，**对日外交应保持战略定力**。我对日基本方略应是"双对等原则"，即言语对言语、行动对行动。在日方未能采取积极步骤之前，对于其关切的我国领导人访日以及中日韩领导人会晤等问题，我方可不急于表态，以促使日方做出更多看得见的承诺与可验证的行动。日本政府希望实现中日领导人会晤或互访的目的在于稳定其执政基础，为推进其国内政策增加更多筹码。当前，日本对我国仍然存在很大的不信任，在此基础上寻求中日关系的转圜与改善存在一定困难。故而，保持战略定力是避免被动、占据主动的关键。

第二，**在协调与美国关系的基础上发展对日关系**。目前日本对华政策存在一定的观望心态，即视中美关系的发展态势而动。鉴于日方对未来中美关系的发展持相对消极的态度，日本方面对华采取较大力度的改善性政策的可能性不高。因此，要想促使日本改变对华政策立场，推动中美关系的良性稳定发展是尤为重要的一步。此外，利用美国对日本的影响力制约日本，防止其右翼化倾向也是我国对日外交的重要内容之一。从这个角度来说，搞好中美关系将为中日关系的发展提供助力。

第三,**加强中日沟通交流不可或缺**。日本方面对于我国崛起抱有双重心理:一方面冀望于我国的经济发展助推日本繁荣;另一方面对我国的军力发展感到担忧,希望借助于美国介入来为其提供安全保障。但同时,日本对美国"背叛"风险的担忧在增加,从而使得日本外交出现了一定程度的"分裂"现象。在此背景下,我可采取"二轨并进"的方式展开对日交流:一方面我外交、防务等部门应保持与日本相关方面的接触与交流,缓释日方的疑虑与回应其关切;另一方面可以通过学者、智库、企业家、新闻界等媒介展开交流。这种交流机制的构建不仅有助于对日本动向的了解,而且也体现了我国的善意与诚意,彰显出大国风度与气派,展现了我国的大国自信。

第四,**继续推进区域全面经济伙伴关系,同时加大"一带一路"建设,通过经济手段迫使日本就范**。经济外交是中国特色大国外交的一个重要组成部分,也是可资利用的有效方式。日本学者对于诸如区域全面经济伙伴关系(RCEP)、"一带一路"以及中日韩自贸区(FTA)持相对开放的态度和实用主义立场。他们主张,日本对于这些经济机制的政策完全取决于它们是否符合日本的国家利益。因而,继续推进 RCEP 与"一带一路"建设,并实现早期收获对于日本的触动将是十分巨大的。

第五,**大力开展理性爱国主义教育,培育中日友好的社会基础与舆论环境**。目前,中日两国对对方的认知都较为负面,两国友好的舆论基础与社会基础极为薄弱。对此,中日双方有必要在建构对对方的正面认知方面加强合作:一方面需要集合中日友好人士的力量,尤其是在政策界、舆论界的友好人士,发挥他们在影响政策、引导舆论方面的积极作用;另一方面要倡导理性爱国主义,不应将盲目的"反日""仇日"情绪视为爱国主义的表现,减少直至消除极端民族主义对中日两国关系的不利影响,以便为中日关系的良性发展创造一定的舆论环境。

第六，健全危机预防与管控机制。安全问题仍是中日关系发展的难点与重点。中日安全互信非一朝一夕可以实现，但保障中日安全关系总体平稳，避免擦枪走火事件既为必要，也有可能。中日双方应在军事、警务等部门建立起危机预防与管控机制，尤其是海空联络机制的构建与运行应尽早实现。在此基础上，中日防务、海警等部门还可适时开展海上救援等联合演训，并可建立起热线电话，甚至是高层会晤机制，以增进双方军事、执法部门的了解，实现管控分歧、培育互信之目的。

（中共中央党校国际战略研究院课题组　陈积敏执笔）

日本对"一带一路"倡议的认知与建议

本文要点：我国"一带一路"倡议提出之后，受到世界各国普遍响应，但是邻国日本对此态度暧昧。日本学界对"一带一路"存在一些误解，认为是中国新的"韬光养晦"，通过这种合作机制来控制各国。日本现在对"一带一路"态度有所改变，其中一个重要的考虑就是日本对日美关系的担忧。虽然日本学界对日美关系总体呈乐观态度，但是随着"美国第一"原则的提出，特别是美国退出TPP之后，日本对日美关系的担忧增多。基于日本国内对"一带一路"的误解以及对日美关系的担忧，本文建议一是加强"一带一路"的政学商多层次交流；二是在中日合作方面，要跳出中日双边的思维模式，把美国因素考虑进来，从中美日三边互动关系角度来看待和处理。

"一带一路"国际合作高峰论坛于2017年5月14—15日在北京召开,来自130个国家和70个国际组织的1500余名代表以及29个国家的领导人出席此次论坛。日本也开始改变一直以来对"一带一路"事不关己、高高挂起的态度,派出了以自民党干事长二阶俊博为首的高端代表团出席论坛,而二阶俊博在峰会期间的发言表明,日本已经到了不得不全面关注"一带一路"的时刻。作为邻国,日本为何对中国自2013年就提出的"一带一路"倡议如此犹豫不决、态度不明呢?笔者2017年对日本进行短期的访问交流,就此问题同来自于日本高校以及国际问题研究智库的20多位专家学者交换了意见,也许可以通过日方学界的视角管窥日本国内对"一带一路"倡议的认识。

一 日方对"一带一路"的认知问题

日方学界对"一带一路"倡议的兴趣远远超过了我们的预想。在访日期间,无论哪场交流,交流的主题是什么,日方都会提到中国的"一带一路"倡议。但绝大多数学者对"一带一路"的理念和具体内容缺乏具体的了解,并且很多观点充斥着误解。在"一带一路"和亚投行的具体运作上,日本学界普遍认为"一带一路"在项目融资和安全环境等方面有很多不利因素;他们认为亚投行和丝路基金在项目融资上会有冲突,对亚投行自身的运营能力,特别是对贷款项目的审批能力以及盈利能力存在较大质疑。

日方学者还有一种观点,中国过去20多年一直采取的是"韬光养晦"政策,但是近年来开始更加重视大国外交,"一带一路"倡议的提出和亚投行的建立是"新韬光养晦"政策的主要体现。日方学者认为,中国之所以希望日本和美国都参与其中,一是因为日美两个发达经济体的参与对中国经济有好处,特别为中国国内过剩的产能打开新市场;二是重点考虑到如果日本和美国一旦参与进来就难以脱身，"一带一路"倡议是这样一种通过合作来控制对方的战略，故可称为是"新韬光养晦"政策。

笔者详细介绍了"一带一路"倡议所体现的共商、共建、共享的理念，以及它的核心内容是促进基础设施建设和互联互通，对接各国政策和发展战略，实现共同繁荣。从日方学者的反应来看，一方面，他们对我国"共商、共建、共享"的理念知之甚少；另一方面，日本学界很少有人能站在中国的角度来看待"一带一路"所倡导的核心理念。相反，**日本学界更倾向于将"一带一路"倡议看成是一种大国崛起政策**，更有日本学者直截了当地提出，希望中国更多地考虑地区利益和其他国家的利益。需要说明的是，日方学界对大国和强国的理解和中国学界有所不同，日方认为中国目前是体量大的强国，但是综合实力并不强，承担的国际责任还不够，还不能称得上大国，中国现在的领导力还不能让东亚国家足够安心。日本将来要开展哪些外交政策，还要看美国的领导力和中国的领导力。换言之，日本对中国提出的倡议是否接受，日方要看这对其是否有利，是否考虑到了日本的利益。

总体来说，**日方对中国的倡议采取的态度是选择性介入**，既不是所有中国提出的倡议都要赞成，也不是所有的都要反对。本着实用主义的观点，日本首先要判断是否对日本有利，只要是对日本有利的都可以参与合作。这也就很好解释了为何日本对"一带一路"和亚投行的态度从最初的漠不关心，到后来的犹豫不决，再到最近的频繁主动示好。

二 日美关系对日本参与"一带一路"的影响

日本对"一带一路"倡议的考量中，其中一个很重要的影响因素是日美同盟关系。日方学界普遍对日美关系持乐观态度，特别是随着安倍如期访美，以及香格里拉会议美国国防部长的演讲之后，日方认为美国向日本传递了一些"积极的信号"。美国国防部长马蒂斯称，无论在地缘上还是战略视野上，美国都是一个亚太国家，亚太地区是美国安全战略中的优先地区。日本学者方面将此解读为美方传递的"积极信号"。日本学界认为美国历任总统都十分重视亚太地区。早在克林顿政府的第二任期，美国就将重点从欧洲转向亚洲，只是因为在小布什时期发生了恐怖袭击，小布什将安全战略重点放在反恐方面。到了奥巴马时期，提出了重返亚太的"亚太再平衡"战略，将重心再次放到了亚洲。虽然美国特朗普总统还没有明确其具体的亚太战略，但是可以确定的是，其重心还应该是在亚洲，也许只是基于党派关系，换个表述形式而已。

当前日美关系中还有几个不确定性：一是2018年的美国中期选举，如果特朗普中期选举不利，那么美国方面的政策会有更多的不确定；二是日美贸易的问题。2017年2月，日本首相安倍访美，两国领导人决定将安保和贸易问题分开讨论，建立了日美对话机制。日本学界虽然对此总体表示乐观，认为未来日美贸易问题和20世纪80年代的贸易摩擦会大不一样，但日美贸易谈判难度之大、进展之慢有目共睹。

此外，特朗普上台之后美国更重视双边关系，而不是多边关系，处理国际关系的思路更像是交易关系，也使得日美同盟前景不那么乐观。实际上，特朗普的国际观其实很清晰：一是"美国第一"；二是让美国再次强大。在此原则指导下，特朗普要在国际义务上使美国减负，要求盟友承担国际义务。美国削减防卫预算，希望将更多的责任赋予同盟国，亦期待日本增加军费。然而日本现在的国防预算还不足GDP的百分之一，特别是当前日本正处在"老龄化"和"少子化"阶段，美国希望日本增加军费的计划是不大可能实现的。在诸多不确定性和美国第一原则的影响下，日本学界还是对日美关系存在一些战略疑虑，担心美国不像以前那样重视日美同盟关系，最好的例子就是美国决定退出跨太平洋伙伴关系协定（TPP）。

如果日本不再单纯依赖日美同盟关系，那么日本就会面临三种选择：一是日本进一步巩固自身，最大化本国国家利益，日本国内正在加强军事建设和修改宪法，意图就在于此。二是除了美国之外，加强同其他国家和地区的联系（例如澳大利亚）。虽然美国退出了TPP，但日本始终没有放弃TPP的计划，最近正在考虑建设TPP11国的想法，日本学界普遍认为美国最终还是会转回TPP。三是积极考虑中国方面提出的"一带一路"倡议和亚投行，参与其中，这也是日本近期对中国"一带一路"和亚投行态度转变的原因之一。

三 政策建议

这次在日本进行学术交流所接触到的学者专家都可以称得上是日本国内研究中日关系、中美关系的重要学者，不乏有许多在学界和政策界颇具影响力的专家，通过他们对"一带一路"的看法或多或少可窥见日本的主流观点。对于未来是否参与"一带一路"和亚投行，日本国内也有很多声音，但是主流观点还是希望通过进一步参与，在交流与学习中不断了解与理解中国的政策。鉴于以上调研情况，笔者有以下几点建议。

第一，通过举办国际交流会和研讨会等多种形式的中外交流活动加强对"一带一路"倡议的系统与全面的介绍，让更多的日本学者以及智库同行有更多的机会了解中国所倡导的共商、共建、共享对维护地区稳定和促进地区经济发展的积极作用。此次调研，笔者最大的感受就是增进沟通的重要性，不管在国内关于"一带一路"理念的推介如何深入人心，但是到了国外似乎他们更愿意用自己的理解来代替我们的倡议。如何**用对方愿意听，听得懂的**

话语把我们的倡议和理念说清楚，并让对方信服，特别是我们的邻国信服，应是我们下一步需要做的事情。

第二，除了政学界之外，通过本次交流活动，笔者也感受到很多的日本企业也有着强烈的意愿参与到"一带一路"相关建设中，然而由于日本学界与智库所能提供的"一带一路"知识有限，与经济界对"一带一路"倡议的求知欲不成正比。同时，对于日本工商界来说，关于理念问题不是他们关注的重点，而对于具体操作层面更加关心，因此也有必要制定具有针对性的推介活动。从具体合作项目切入，对于投资谨慎的日本人来说，向其宣传"一带一路"的机遇至关重要，而回顾中日交往的历史，工商业各界完全有潜力率先成为中日"一带一路"倡议合作的突破口。因此，在未来的一段时期内，**加强对日方各界推进"一带一路"倡议的宣传介绍工作具有重要的现实意义**。

第三，在"一带一路"倡议下，中日合作还要跳出中日双边的思维模式，把美国因素考虑进来，从中美日三边关系角度看待问题。一方面，可以基于日本对"一带一路"的态度，加强同日本在实务上的合作。可以考虑基于中日韩自贸区加强中日在贸易和投资上的合作，弱化日本的敌意，在竞争中求合作。另一方面，还可以抓住特朗普强调的"美国第一"原则以及注重建立"交易型"国家关系的特点，**针对日本对日美同盟的担忧，与日本在"一带一路"倡议和亚投行等国际合作上展开合作**，建立互惠互利的稳固的贸易关系，共同推进基础设施建设。

（中共中央党校国际战略研究院课题组　尤苗执笔）

"一带一路"倡议如何与欧亚经济联盟对接

本文要点:"一带一路"倡议与欧亚经济联盟对接的价值首先体现在对双方发展的经济意义上,但更应从实现中国经济发展的良好外部环境、实现地区与全球力量格局平衡的战略高度来认识。对接"一带一路"与欧亚经济联盟,形成地区命运共同体,对双方发展经济关系、巩固政治关系具有重要意义。"对接"的实现首先需要相关国家开展基础设施合作;也可通过中国与欧亚经济联盟自贸区的建立来进行推进;中国更应利用已有的多边合作机制和人文交流机制,减少欧亚经济联盟国家对中国的疑虑,夯实"对接"的民意基础。中国稳健的经济活力则是实现"一带一路"倡议与欧亚经济联盟良好对接的根本保证。

一 "一带一路"倡议与欧亚经济联盟对接的意义

欧亚经济联盟是俄罗斯实现后苏联空间一体化和应对外部挑战的战略抓手。北约和欧盟东扩严重挤压了俄罗斯战略空间。作为应对，俄进一步加强其主导的独联体内部一体化组织。安全方面，俄将集体安全条约组织视为后苏联空间安全的关键因素，试图使其发展成能够应对地区和全球安全威胁与挑战的重要国际组织；经济方面，欧亚经济联盟是其战略抓手，俄将建立欧亚经济联盟的任务作为优先事项，不仅要在独联体空间中最有效地利用互利的经济联系，而且要成为对其他国家开放的联合模式，一种决定独联体国家未来的模式。俄试图加强和扩展地区一体化，以加快稳定地区发展，提高联盟成员国的竞争力和人民生活水平，并提供实施联合基础设施和投资项目的平台。

中国提出的"一带一路"倡议的短期目标是实现中国与沿线国家的经济发展，中期目标是使中国与沿线国家成为命运共同体，长期目标是将其作为促进建成人类命运共同体的有力杠杆。"一带一路"是惠及中俄两国和沿线国家的互利共赢的经济合作倡议，有利于夯实中俄关系的经济基础。

二 成功"对接"的可能性

到目前为止，"对接"具有以下有利条件：

第一，"对接"的外部推力。一方面，**俄面临美国为首的西方世界的战略压力**。苏联解体后美国一直挤压俄战略空间，阻挠俄在后苏联空间的一体化努力；美联合欧洲、日本，形成对俄优势，迫使俄朝美国期望的方向发展。乌克兰危机就是美国这种企图与俄反制矛盾的突出表现。在美国看来，失去乌克兰，俄就不能成为欧亚帝国。在叶利钦执政时期，俄罗斯曾希望融入西方，但科索沃危机爆发后，俄罗斯这一愿望被打碎；普京在"9·11"事件后也对美国频频示好，美国却未投桃报李。目前在美欧日联合制裁下，俄重新确定了其复兴战略，开始转而依靠原先的苏联各加盟共和国、金砖国家和其他新兴经济体。

另一方面，**中国也面临美国领导的西方的压力**。奥巴马政府提出了"亚太再平衡"战略，特朗普则是执行没有"平衡"口号的平衡战略——联合日本，拉拢印度制衡中国的态势明显。如果不是国内反俄势力的制约，特朗普完全有可能希望联俄遏中。目前中美围绕朝核、南海、钓鱼岛、"萨德"等问题的纷争不断。中美贸易摩擦也是双边关系中的一个重要问题。美日与中国在以上问题上的矛盾使中国面临严峻外部威胁。环顾当今世界，俄是中国可以借重的大国之首选。可见，外部环境有利于实现"对接"。

第二，"对接"时中国对俄利益的照顾。"一带一路"倡议与欧亚经济联盟具有兼容性，中国倡导的"一带一路"建设完全是国家间互利合作的经济合作倡议，不含政治合作内容。中方的倡议是，政策沟通、道路联通、贸易畅通、货币流通、民心相通。这种倡议完全是中国的地区主义合作倡议，顺应了战后地区主义发展的潮流，有利于本地区经济发展与人民福利的增加。中方的倡议不会危及俄在后苏联空间的一体化努力和主导地位，中国不寻求权力控制和支配地位，这与俄主导的欧亚经济联盟并不冲突，没有挤压后者战略空间。而且，中国在政策实施过程中对俄方利益适当照顾。俄对中方愿在制定和实施过程中考虑俄方利益给予高度评价。

第三，"对接"符合双方利益。首先，"对接"可增强欧亚经济联盟的凝聚力和发展。乌克兰危机加上国际石油价格大幅度下跌导致俄经济严重下滑，影响了欧亚经济联盟的发展。俄经济下滑会影响联盟的凝聚力和吸引力。成员国入盟是希望为本国带来发展机遇和经济利益,俄经济下滑自然无法完全满足盟友的经济期待,其他成员国自然也希望与中国合作发展经济。"对接"有利于欧亚经济联盟发展。联盟国家产业结构趋同,难以产生贸易创造效应,至多只能产生贸易转移效应,不利于成员国经济发展。然而欧亚经济联盟国家与中国产品互补性强,同中国发展经济关系,可以提高联盟国家经济发展水平。其次,"**对接**"**有利于欧亚经济联盟小国平衡俄罗斯影响**。俄将欧亚经济联盟视为其支配地位和地区重要性的象征,而其他成员国则担心俄利用联盟损害它们的主权,乌克兰危机更加强了联盟小国的担心,它们希望利用中国平衡俄罗斯。最后,"**对接**"**符合中国利益**。与欧亚经济联盟国家相比,中国产业结构合理、产品科技含量高,有更强的竞争力;"对接"也有利于中国的能源安全。国与国竞争的根本制胜之道是经济效率的竞争。因此,中国应有信心,即使欧亚经济联盟国家抱团取暖,中国也会取得长期的竞争优势。在互利共赢的条件下,中国强大的生产能力就能维护中国利益。

三 "对接"的路径

如"对接"成功,能使"一带一路"与欧亚经济联盟互相促进,并行不悖;同时对中俄两国意义重大。"对接"如不考虑俄方利益,对方会认为中国乘人之危,落井下石,影响中俄关系,恶化中国战略环境。因此,"对接"不能涸泽而渔,要有长远眼光。具体路径如下:

第一,**利用已有多边合作机制,做好"对接"的制度基础。一是发挥上海合作组织在地区合作中的平台作用**。上合组织已发展为涵盖安全、经济、教育、国际私法和其他合作的多领域的合作平台,形成了比较完备的对话、研究和决策机制,形成了指引性政策体系,有完善的法规促进成员国贸易与投资便利化,又拥有实业家委员会和银行间联合体这样的投资合作平台。而"一带一路"倡议就本质而言是一个经济合作倡议，不涉及高级政治领域的合作，中亚国家自然不会排斥。同时，该倡议也不排斥俄罗斯试图主导欧亚经济联盟的政治目标，因此可以在上海合作组织框架下取得合作共识。而不能因为"一带一路"倡议和欧亚经济联盟的成立而使上合组织边缘化。

二是利用多边融资平台为"对接"提供融资渠道。欧亚经济联盟国家大都缺乏建设资金，同时它们也担心中国的经济优势会给本国经济带来冲击，对中国存在戒心。因此，利用多边融资平台是缓解这些国家融资困难，并减轻欧亚经济联盟国家、特别是俄疑虑的可行方法。西方制裁使俄罗斯加快了削弱美元、另辟蹊径的步伐。金砖国家建立了区别于西方主导的替代性国际机制。金砖国家新开发银行、金砖国家应急储备基金也是为欧亚经济联盟国家提供流动性支持、帮助纾困的重要基金，需要发挥其杠杆作用。亚投行则是具有更大代表性的国际金融机构，将有力促进欧亚经济联盟国家基础设施建设。中国还应推进上合组织开发银行的成立，利用丝路基金为"丝绸之路"沿线国家基础设施、资源开发、产业合作和金融合作等与互联互通有关的项目提供投融资支持。

第二，加强基础设施建设，为"对接"提供交通运输基础。就能源安全而言，俄、哈两国及其他中亚国家是中国化石能源的主要供应来源。因此，中国与俄、哈两国必须加强铁路和油气管道建设与合作，这有利于俄、哈两国和其他中亚国家的能源输出，有利于其实现出口多元化，减少对欧洲市场的依赖；有利于提高两国能源输送能力；有利于欧亚交通大通道建设；有利于中亚国家摆脱对俄罗斯交通运输设施的依赖，增强其独立性。俄、哈两国是中国与欧亚经济联盟国家基础设施建设合作的关键。欧亚经济联盟国家大都缺少基础设施建设资金，今后中国需要通过亚投行、丝路基金、金砖国家新开发银行等对这些国家基础设施建设拓展融资渠道。

第三，**争取早日建成中国与欧亚经济联盟的自贸区**。俄成立欧亚经济联盟有提高对华经济竞争力的动机，但也逐渐意识到与中国建立自贸区符合双方利益。当前是推动中国与欧亚经济联盟自贸区谈判的好时机。欧亚经济联盟开局不顺，俄遇到严重经济困难。西方国家市场疲软，国际原油价格下跌，导致凝聚力不强。后苏联空间很多国家依然处于联盟之外，欧亚经济联盟实力有限。如果拖延时日，中国与其建立自贸区的谈判将非常困难。欧亚联盟国家产业结构相似，经济实力差距悬殊，欧亚联盟创造的多是贸易转移效应而非贸易创造效应，反倒影响联盟成员国的经济效率。中国经济实力雄厚，竞争力强，与欧亚经济联盟国家经济互补性强，有利于同该联盟的自贸区建设。

第四，**加强人文交流，培养中国与欧亚经济联盟国家的价值共识**。一是塑造地区意识和共同利益观。"上海精神"可以作为中国与欧亚经济联盟国家合作的价值指导，在合作中弘扬丝路精神，塑造新的地区意识。国际上地区的基础虽然是一种地理空间的实物存在，但更强调不同国家互利合作，交流互鉴，相互学习中形成的区域意识和共同利益观念的形成过程。"对接"的本质是一种洲际地区主义合作。二是利用半官方机构扩大人文交流。今后我国可以在欧亚经济联盟国家开办孔子学院，也欢迎和帮助欧亚经济联盟国家在中国开办它们国家的语言中心，以促进交流与合作。三是举行文化年活动和媒体交流活动，拓展各国人民相互了解的渠道，增加互相交流和学习的机会。四是资助欧亚经济联盟国家留学生来华学习，加强对中国的认同。五是在欧亚经济联盟国家建立工业园区以增加当地就业，增进了解。

（外交学院副教授　雷建锋）

国际安全研究

国际恐怖主义的新特征及影响

本文要点："伊斯兰国"以战争和恐怖活动对地区安全和国际秩序造成了重大威胁，以其为代表，国际恐怖主义表现出诸多特点：恐怖活动从跨国发展到跨文化地域，恐怖组织的发展出现两极化的倾向，理论建构能力和专业技术水平提高，难民成为恐怖分子跨国流动的重要掩护，吸引了大量青年专业技术人才，自杀式攻击成为一种战场作战方式等，并从政治、社会、经济诸方面使反恐成本提高。我们要对此加以防范，加强以反恐情报、信息和反恐技术为主的国际合作，在我国新疆地区与中亚国家的边界上建立"智能边境"系统，加强对国际恐怖势力的研究，深化去极端化工作。

一 国际恐怖主义活动出现的新特点

近年来，在欧洲、中东等地越来越频繁的恐怖袭击对国际关系和国际社会带来的冲击日趋严重。随着恐怖活动规模和频度的增加，这也表现出一些新特征，突出表现在"伊斯兰国"的相关作为上，引起了人们诸多的关注。分析国际恐怖主义的活动，大致可以归纳出下述新的特点：

第一，**恐怖活动从跨国发展到跨文化地域**。国际恐怖活动多年来主要是在某个区域内进行跨国活动，尽管也有"9·11"事件那样的攻击，但并不多见。一些知名的恐怖组织如"基地"组织等，其活动基本没有超出其所属的文化地域，而"伊斯兰国"声明的建国范围却包括了中东、北非、南欧的大部分、中亚甚至我国的新疆地区。随着"伊斯兰国"的出现，一些人在接受了极端主义意识形态和"圣战"的训练后又回流到原属国家，与留在原地而被极端化的恐怖分子一起，大大扩展了恐怖活动的范围、强度和频度，这使一些欧洲国家遭受到史无前例的暴恐袭击。现实表明，"伊斯兰国"以暴力和极端主义加剧了不同文化群体之间的矛盾和冲突。

第二，**恐怖势力的组织发展出现两极化的倾向**。"9·11"事件之后，在国际反恐力量的打击下，恐怖主义组织弱化了垂直领导系统，出现平面网络化的特征。无论是组织内还是组织之间，领导和被领导的关系都不明显，相互间的行动主要靠协调，而不是命令。俗话说"擒贼先擒王"，但这种状况造成无王可擒，给对它们的打击带来很大困难。而"伊斯兰国"的出现，相当程度上改变了这种状况。一方面，"伊斯兰国"有似国家的管理系统，控制着十余万平方公里的土地和数百万人口，有自己的生产和金融系统，其内部管理的层级和控制手段都明显不同于其他恐怖组织。

可以说，从组织结构的完整性和系统性看，它超过了任何同类。另一方面，随着"伊斯兰国"的出现，世界各地也突然冒出了许多恐怖组织。同样引人注意的是，各地出现的从事恐怖袭击的"独狼"越来越多。这些"独狼"多不属于任何组织，其行动是在自我激进化后自发进行的，在行动发生前，很少有信息传播，也就无从预防，这大大提高了防范的难度。众多的"独狼"和高度政权化的"伊斯兰国"是国际恐怖组织发展的两个极端，而信息技术成为连接两者思想和意识形态乃至协调行动的桥梁。

第三，**恐怖组织反西方的倾向更加明显**。国际恐怖主义把西方作为主要打击目标，这在"基地"组织的行动中表现得最为明显。阿富汗反恐战争、利比亚战争等，大大激化了伊斯兰世界与西方的矛盾，也推动了极端势力以恐怖袭击这种不对称战争的手段对西方国家实施攻击。近年来，欧洲国家发生的恐怖事件越来越多，造成的人员财产损失越来越大，使反恐成为一个日益受到政府和公众关切的问题。已有多个欧洲国家以立法的形式对伊斯兰教的活动做出了限制性规定，"伊斯兰国"更以"末日决战"的口号号召与西方战斗，这无疑激化了不同文明之间的冲突，加大了对西方制度的挑战。

第四，**恐怖组织对不同教派的排斥和攻击更加突出**。"伊斯兰国"一开始就把什叶派、苏菲派、阿拉维派等派别视为异端，认为它们是叛教者，应该以塔克菲尔原则予以消灭，由于"伊斯兰国"在攻击顺序上采取近敌（什叶派）先于远敌（西方国家）的策略，实际上是把什叶派穆斯林摆在了首先攻击的位置上，这大大加剧了中东地区穆斯林教派间的矛盾和冲突，也使什叶派伊斯兰国家和逊尼派伊斯兰国家间的关系整体恶化。

第五，**恐怖组织的理论建构能力和专业技术水平提高**。"伊斯兰国"提出了一套完整的意识形态和建国的理论，这是它动员能力明显高于其他恐怖组织的重要原因之一。另外，它在产业经营、资金周转,特别是在宣传方面,都表现出相当的专业水平,它以多种文字发行的电子刊物如《达比克》(*Dabiq*),从内容、编排等方面都很专业化,使用6种文字出版,就是一个具体的例子。

第六,**难民成为恐怖分子跨国流动的重要掩护**。由于中东、阿富汗等地区和国家持续不断涌向欧洲的难民潮,欧洲国家无法有效快速地从中识别恐怖分子。同时,一些难民在逃亡过程中和到达目的国后,又因种种原因或被动或主动地参加恐怖组织,这都给反恐预防工作带来了许多困难。实际上,上述情况在阿富汗战争时就已存在,但那时难民主要流向周边国家,与当前这种跨区域流动有很大差别,目前的难民潮造成的危害会更大。欧洲议会通过决议,批准引进和建立"智能边界"系统,在边界上设立高技术的人员识别系统,非欧盟公民将获得特殊的电子卡片,卡片中将包含详细的个人信息,相关部门可以从中发现潜在威胁。建立这一系统的主要目的,就是发现和阻止恐怖分子的跨国流动,特别是那些藏匿于难民中的恐怖分子。

第七,**恐怖组织的资金来源多元化,并大量占有各类资源**。占有资源的多少,相当程度上决定着恐怖组织的行为能力。目前,一些重要的恐怖组织越来越通过控制领土、人口,并进行资源掠夺和生产作为自身存在的物质支撑。传统方式如绑架、捐赠、税收等所发挥的作用明显下降。"伊斯兰国"因占有大量油田而获取了巨额资金就是一个突出的例子。

第八,**恐怖组织吸引了大量青年专业技术人才**。"伊斯兰国"控制了庞大的产业、金融体系,建立了十分有效的宣传网络,控制着相当规模的领土和人口,需要大批管理人员。为此,它从全世界招募了一大批各类青年专业人才,许多人接受过高等教育,其中不乏名校的学生和毕业生。"伊斯兰国"在多国打击下坚持数年的原因之一,就是它拥有一批水平较高的各领域专业人员。

第九,**极端残忍、非人道的杀戮作为**。"伊斯兰国"和其他一些恐怖组织，频频以各种形式的"斩首"行动和酷刑屠杀俘虏、平民及异教徒等，其残酷程度令人震惊，这在恐怖活动历史上是空前的，充分表现出其非人道的特征。

第十，**自杀式攻击成为一种战场作战方式**。自杀式攻击用于恐怖活动的时间并不长，以汽车炸弹为代表的攻击方式大约只有十多年的历史，主要用于攻击平民和机构。与"伊斯兰国"的战争开始以来，"伊斯兰国"成员越来越多地在战场上使用自杀式炸弹，使它成为一种作战武器和作战方式，与第二次世界大战中日本的神风特攻队类似，只是没有使用飞机，这在以前是没有的。"伊斯兰国"在战场上大规模、高频度地使用自杀式炸弹在影响战局方面取得了一定的效果，也成为恐怖分子战场"献身"的一种方式。

二 新型恐怖主义活动的威胁与评估

上述特征有的是全新的，有的是继承的，但都说明了当前恐怖主义发生了很多变化。随着恐怖主义在世界范围内的发展，它对国际社会所造成的影响在不断增大。对国际秩序、国家间关系、宗教关系、族群关系、国家安全和社会经济发展都造成了威胁，具体来讲有以下几点。

第一，**对国际社会构成了全面的威胁**。以"伊斯兰国"为代表的恐怖组织，特别是那些在较长时间控制了一定范围领土和人口的恐怖组织，力图重建中世纪的哈里发国家，其建国目标与治理行为使恐怖主义与"国家"相结合，恐怖主义否定民族国家，否定任何世俗主权，甚至否定政教合一的伊斯兰政权。它们以歪曲了的伊斯兰教义、教规挑战国际社会公认的道德、法律、价值观和原则。更突出的是，恐怖组织否定现有的国际体系和国际秩序，也不打算成为国际社会的成员，实际上是在向整个国际社会挑战。

第二，**使国际关系更加复杂**。由于"伊斯兰国"高度极端化的意识形态动员和它所拥有的"似国家"形态和经济基础，全世界诸多恐怖组织向其效忠，大量受蛊惑者加入了"圣战"队伍，一方面大大加快了恐怖主义的全球化过程，另一方面又深刻影响到国家、地区乃至世界不同层次的利益集团及其之间的关系。典型的例子是，为了打击"伊斯兰国"，美国及一些逊尼派伊斯兰国家组建了一个联盟，而俄罗斯又与伊朗、伊拉克、叙利亚等组成了另一个联盟。二者在反恐方面缺乏实质性合作，使不同国家间的关系变得更为复杂。合作带来了更多争议和冲突，但在打击恐怖主义方面收效有限。可以设想，如果没有"伊斯兰国"，美俄关系不至于像现在这样充满争议。

第三，**严重恶化了宗教之间、教派之间、族群之间的关系**。中东是世界上宗教、教派、族群关系最复杂且与之相关的冲突最多的地区。"伊斯兰国"在其战略中把什叶派穆斯林列为首先攻击的目标，又把其他宗教信徒都列入应予消灭的异教徒范围，持续采取暴力方式进行攻击，甚至对雅兹迪人等采取种族灭绝的手段。在恐怖主义国际化的过程中，在越来越大范围内激化了宗教、教派、族群之间的矛盾，给国家、地区、世界秩序造成了严重威胁。可以预见，即使与"伊斯兰国"的战争结束，这些矛盾和冲突也会持续存在，成为国家治理的巨大障碍。

第四，**恐怖主义活动范围、规模不断扩大，使反恐成本提高**。这是一个简单的事实，但这里说的成本，不仅是资金方面的，还包括其他内容。我们可以大致把反恐成本分为三个部分：一是**政治成本**，指政权或组织因反恐成效不佳而引起的公众对其权威乃至合法性的质疑和反对。二是**社会成本**，由于反恐的需要，法律、政策、措施所出现的变化会影响到如公民权利、隐私、行动自由等。另外，恐怖分子都有确定的宗教和族群属性，尽管他们只是所属群体的少数或个别成员,但公众往往会把他们的族群也加以防范,因而会恶化宗教、族群关系,这可能是社会成本中最难以消除的。三是**经济成本**,随着对恐怖主义的打击,特别是防范要求的提高,国家不仅在人员、设施、资金等方面加大投入,而且恐怖活动也会对生产、交通等领域造成直接的破坏,安全环境的恶化会造成投资缩减、旅游业萧条等后果。近年来,这些结果已在全球广泛出现,并且仍在发展。

以上简单分析了近年恐怖主义的一些特征及其影响。应该说,这些特点大都不是最近才出现的,但它们目前表现得越来越明显。恐怖主义对世界的威胁越来越严重,没有受到恐怖袭击的国家已经不多了。即使在那些没有受到恐怖袭击的国家里,人们也可以感受到恐怖主义的威胁。恐怖主义在全球化,世界也应该通过合作建立起广泛而有效的反恐联盟,这是遏制国际恐怖主义最有效的途径。

三 我国在反恐议题上的应对措施

"伊斯兰国"在军事上进入崩溃及失败之后,有可能会加强在中国以及中亚地区的恐怖活动。具体表现在:其一,**回流人员增加**,据西方研究机构及媒体资料,中亚国家在"伊斯兰国"参加"圣战"的人员总数超过2000人,这些思想非常极端、具有作战经验的人回流,是对所在国家的严重威胁;其二,**国内恐怖活动的频度和强度增加**,一方面是因回流人员的活动,另一方面是由于"伊斯兰国"持续的极端化宣传没有得到有效遏制,而"伊斯兰国"的溃败则会在暴恐分子中激起强烈的复仇愿望;其三,**恐怖活动方式多样化**,特别是自杀式攻击和汽车撞击一类行为增加;其四,暴恐分子所进行的极端主义的**宣传内容会更加极端,更突出对政府的攻击**,并表现在行为上。针对以上情况,我们提出如下的建议：

第一，**加强和深化上海合作组织的反恐合作**，特别是在涉恐人员的信息交流方面。考虑借鉴欧盟的经验，首先在新疆各边防检查站设立"智能边境"系统。

第二，**扩大和加强国际反恐合作**，具体包括两个方面：一是与中东国家在反恐信息方面的合作；二是与西方发达国家在反恐技术方面的合作。近年来，恐怖分子前往"伊斯兰国"参加"圣战"的不少，虽然缺乏准确的数字，但肯定不是一个小数，他们出境后就"消失了"。而他们在中东地区的行踪需要以加强同所在国政府的合作来获取，这对防范他们的回流有重要意义。我国的反恐技术虽已有很大提高，但在一些领域与西方发达国家相比仍有差距。对此，一方面要加快自主研发，同时应加强与相关国家的合作。

第三，面对"伊斯兰国"军事失败有可能带来的新的极端化思想冲击，以复仇和更强烈的排他为主要特征，要**深化国内的去极端化工作**。

恐怖主义的思想和活动在不断国际化，"伊斯兰国"更是把它大大地推进了一步，这一趋势目前仍在发展，没有受到有效遏制。在此情况下，恐怖主义会对我国的反恐斗争带来哪些新的影响，会造成什么后果？这些问题都亟须做进一步的研究并制定对策，这关乎国家安全与稳定的大局，应予以足够的重视。

（兰州大学中亚研究所所长　杨恕）

当前国际反恐形势及中国的应对思考

本文要点：当前，在国际社会联合打击下，以"伊斯兰国"为代表的国际恐怖主义势力虽有所削弱，但暴恐"外溢"不断冲击欧美和亚非多国，"独狼"恐怖威胁上升，"圣战"分子跨国流动性增加，网络恐怖主义威胁增大，恐怖威胁加速向全球扩散。国际恐怖和极端势力在战乱、动荡和地缘复杂地区盘踞坐大，国际反恐进入治乱新周期，"伊斯兰国"暴恐后遗症逐步显现，各种潜在恐怖威胁增加，"伊斯兰国"加速向亚洲扩张，"东突"暴恐势力国际化发展威胁增大，致使中国面临的国际反恐压力增大。为此，中国应加强国际反恐合作，以防范和打击"东突"暴恐势力为焦点，结合海外利益保护推进国内外安全。

一 全球恐怖活动的新特征

从表象上看,美国领导的68国打击"伊斯兰国"军事联盟、俄罗斯和叙利亚政府军分别在伊叙战场取得重要战果,国际社会打击"伊斯兰国"的进程进入决战阶段。"伊斯兰国"恐怖组织在伊叙两国的根据地缩小,主要控制城市相继丧失,兵源、财源陷入窘境,其所谓的"哈里发"暴政风雨飘摇。然而,被逼到墙角的"伊斯兰国"加快向域外发展,近来连续在欧、亚和非洲多国开展恐怖袭击,暴恐活动出现一些新的特征。

一是**"独狼"恐怖威胁上升,法国、德国、英国等欧洲国家连续遭受"独狼"式恐怖袭击**。其中既有被"伊斯兰国"认领或支持的案件,也有受该组织极端思想洗脑后的个案。早在2006年,"基地"组织就在网上发布两本有关"独狼圣战"的书籍《抵抗占领的新策略》和《如何独立斗争》,煽动极端个体以刀砍、斧劈、车撞和投毒等方式实施袭击。目前,"伊斯兰国"也效仿此道,利用其更具有蛊惑性的宣传煽动潜伏在各地的极端分子就地"圣战",以策应伊叙战场和打击异教徒。

二是**"独狼"不独,系列案件背后反映的极端化威胁突出**。相较于"基地"组织,"伊斯兰国"的极端意识形态影响更大,吸引投奔的各国极端分子更多。据美欧反恐智库统计,截至2014年,已有超过4万极端分子投奔"伊斯兰国",各地同情支持者更多,威胁远远超过了鼎盛时期的"基地"组织。欧洲由于地缘毗邻中东,外部有中东北非难民因素冲击,内部有伊斯兰社会问题影响,更容易成为其矛头所指的重点报复目标。

三是**"圣战"分子跨国流动威胁增大**。目前,随着国际反恐联盟在伊叙战场加大对"伊斯兰国"的军事打击,前期投奔此地的"圣战"分子竞相外窜,有组织、有预谋地在欧、亚、非国家发展成员、建立据点和开展"圣战"。"伊斯兰国"已成立专门机构指导欧、亚、非有关国家的恐怖分子跨境流动和作案,新形势下的"圣战"分子跨国流窜洪流正在加速形成,他们相互声援策应,联手从"伊斯兰国"拿订单、听指令,纷纷开辟域外暴恐战线来维持"伊斯兰国"极端暴政,扩大组织影响,对当地安全的冲击越来越大。

四是**网络恐怖主义威胁增大**。"伊斯兰国"和"基地"组织明目张胆地在互联网开展教唆、宣传和招募行动,网络恐怖威胁不断上升。一方面,"伊斯兰国"加紧网络宣传,发布大量视频和声明,煽动支持者搞暴恐袭击;另一方面,恐怖分子的极端化过程和暴恐技术学习多在网上完成,凶手多通过网络观看暴恐视频从而遭受洗脑,并通过网络掌握暴恐技术。

二 国际恐怖主义突出威胁的几个方面

恐怖活动更加隐蔽多样,随意性、突发性更加突出。大批恐怖作战分子流窜世界各地,全球恐怖活动频度、热度上升,国际恐怖与反恐怖将进入新的治乱周期,今后一段时期,突出的威胁可能集中在以下几个方面。

一是**"伊斯兰国"暴恐后遗症显现**。其所代表的极端恐怖思想已在全球传播渗透,未来可能催生恐怖主义新形态。20世纪80年代阿富汗战乱后国际恐怖猖獗发展的历史覆辙可能再现。国际社会需做好应对新一轮国际暴恐恶浪来临的准备。目前,"伊斯兰国"在欧、亚、非吸引了大批支持者、同情者和追随者,各地宣誓效忠和支持的暴恐组织达40多个,该组织已成为极端势力唤醒"圣战"意识、发展"圣战"成员和锻造"圣战"力量的旗帜,一大批思想更极端、手段更残忍、组织更严密的暴恐组织在各地相继出现,国际社会面临反恐形势空前严峻。

二是**国际恐怖主义可能出现各种潜在的新问题**。当前国际反恐过度聚焦"伊斯兰国",对潜在威胁重视不够,可能引发新问题。"基地"组织也在利用叙利亚内战之机发展坐大,其分支机构"征服阵线"躲避在反对派武装中不断改旗换号以规避打击,发展成纠集了中亚、高加索和俄罗斯等地恐怖分子的国际暴恐组织,而美国和土耳其等国却出于复杂的地缘政治考虑对其选择性忽视,未来可能成为国际反恐面临的新挑战。

三是**"伊斯兰国"有意加速向亚洲的扩张步伐,中国面临的威胁增大**。2015年1月,"伊斯兰国"在阿富汗建立"呼罗珊省";2016年6月又宣布在菲律宾建"省"并鼓动东南亚支持者集结发展。近来南亚及东南亚地区恐怖袭击频发,菲律宾南部的恐怖团伙甚至打着"伊斯兰国"的旗号在马拉维市与政府军反复冲突,印度尼西亚首都雅加达也恐袭连发。"伊斯兰国"可能联手地区极端势力,逐步在南亚、中亚、东南亚等中国周边地区形成暴恐活跃带,增加中国"一带一路"倡议在相关国家实施的安全风险。此外,"伊斯兰国"在中国周边坐大成势,也使中国境内面临的反恐压力增大。

四是**"东突"暴恐势力国际化发展威胁增大**。目前,"东突"暴恐势力在叙利亚和阿富汗都有根据地,在东南亚等地区有流窜通道,与国际恐怖势力和极端势力相互勾结,并在中国境内外策划实施了多起恐怖袭击,严重危害民众安全。2016年8月30日,中国驻吉尔吉斯共和国使馆遭该组织策划实施的自杀式袭击,充分说明"东突"的暴恐本质。随着国际"圣战"分子跨国流窜加剧,"东突"暴恐势力也在东南亚、南亚、中亚和中东等地"搭窝建点",与国际恐怖势力联手作案袭击我海外目标的风险增大。

三　中国的应对思考

中国是国际反恐事业的重要参与者和贡献者。中国坚决打击一切形式的恐怖主义，致力于加强同国际社会的反恐合作。目前，恐怖组织滥用全球化、信息化的发展，不断传播暴力极端思想和制暴技术，变本加厉地危害人类社会，成为国际安全领域最棘手的难题，反恐国际合作成为全球治理和各国互动的重要议题。面对国际反恐新变局，中国需要以防范和打击"东突"暴恐势力为焦点，加强国际反恐合作，结合海外利益保护推进国内外安全。

一是**继续坚持联合国在反恐国际合作中的中心地位和主导作用**。中国要谨慎参与美国主导的打击"伊斯兰国"国际联盟，防止美国把国际恐怖祸水向中国周边引流。中国还要反对"双重标准"，推动落实联合国《全球反恐战略》及安理会反恐决议，建立以合作共赢为核心的国际反恐体系，扩大与相关国家在防范恐怖分子跨国流动、恐怖融资、网络反恐和反极端等方面的合作，推动国际社会支持中国打击"东突"暴恐势力。

二是**坚持推广综合施策、标本兼治的理念**。我们要善于运用政治、经济、社会、文化、外交、军事等各种手段，加强源头治理，防患于未然。我们在解决问题时应突出重点，推动政治解决地区热点问题，促进发展中国家的经济社会发展，结合"一带一路"倡议推进提出符合中国利益的地区危机解决方案。

三是**推行有别于西方的反恐对话和交流**。中国明确反对将恐怖主义与特定国家、民族和宗教挂钩，要推动不同文明对话交流，加强人文沟通，增进政治互信，特别是争取伊斯兰世界对中国打击"东突"暴恐势力的理解和支持，营造有利于开展反恐国际合作的大环境。过去几年，中国积极参与联合国、全球反恐论坛等多边机制的国际反恐合作，充实和强化上海合作组织框架下的地区反恐合作，加强与东南亚国家的执法安全合作，在推动打击恐怖融资和网络恐怖主义等方面做出了重大贡献。

四是重点推进与周边国家的反恐联防机制建设。我们可以与相关国家加强情报交流、执法合作和反恐联合演习，严防"东突"回流中国周边地区及联合当地极端势力肇事。

（中国现代国际关系研究院安全与军控研究所所长　傅小强）

日本灾害管理体制改革新动向

本文要点：2011年"3·11"东日本大地震发生之后，日本政府在反思灾害应对教训的基础上，对原有防灾体制进行了诸多改革，出台和修订了一系列政策法规，将切实可行的《灾害对策基本法》和可操作的防灾基本计划有机结合，从而增强了全社会应对灾害的能力。借鉴日本灾害管理的理论和实践经验，对建立具有中国特色的防灾减灾应急体制机制具有重要的现实意义。

纵观历史，每次重大自然灾害危机过后，受灾国家或地区都会出现新一轮灾害管理体制机制的变革，而且都比先前的任何时候要好，这是一个客观的规律。以日本为例，从1959年的伊势湾台风到2011年"3·11"东日本大地震，每当灾害发生，就会进行一系列的改革和调整，使防灾体制得到进一步完善。本文拟以"3·11"大地震为视角，全方位扫描日本政府在深入检讨和反思经验教训的基础上对原有灾害管理体制机制进行的诸多改革，以期为我国应急管理体制机制建设提供参考。

一　日本灾害管理体制的形成

日本灾害管理体制一般是指政府、相关省厅、企业、民间组织及其他灾害管理主体所构建的体系和制度。它包括"硬件"和"软件"两方面的内容，"硬件"指防灾减灾经费的投入、防灾设施的设计、规划、建设等；"软件"则指防灾运作机制和理念、防灾文化、防灾意识和技能等。日本灾害管理体制在日本综合性国家危机管理体制中占据着最重要的位置，其形成大体经历了以下三个时期。

（一）初建起步时期（1961年之前）。当时，由于日本用于防灾的硬件设施比较薄弱，难以抵御大规模自然灾害的侵袭。资料显示，从1945年到1961年，每年发生的自然灾害几乎都会造成上千人的死亡。为此，政府灾害管理的重点不得不放在灾后救助上。如1946年日本发生南海地震（里氏8级）后，1947年政府颁布了战后第一部关于应对灾害的法律《灾害救助法》。1959年9月，日本中部地区遭到"伊势湾台风"的袭击，造成五千多人遇难及失踪，经济损失超过7000亿日元。面对惨痛的现实，日本政府开始反省这种被动和滞后的灾害管理方式，并以此为契机将过去的灾后救助与灾害预防等应急对策加以整合，于1961年出台了

《灾害对策基本法》，明确了防灾组织、防灾计划、灾害预防、灾害应急以及灾后重建的各项标准。可以说，《灾害对策基本法》的实施为日本灾害管理体制的初建打下了坚实基础。

（二）生成发展时期（1961—1995年）。这一时期的特点是防灾法律密集出台，因灾致亡（失踪）人数大幅下降。为了配合《灾害对策基本法》的实施，日本政府相继出台了一系列有关防灾救灾的法律，如《豪雪地带对策特别措置法》（1962年）、《关于地震保险的法律》（1966年）、《关于防止滑坡灾害的法律》（1969年）、《关于完善活火山周边地区避难设施等的法律》（1973年）、《大规模地震对策特别措置法》（1978年）、《地震防灾对策强化地区有关地震对策紧急整备事业国家财政特别措置的法律》（1980年）等。另外，这一时期平均每年用于防灾方面的经费达到2万亿日元。如1962年度防灾预算为2.5万亿日元，占当年政府预算的8.12%。随着防灾基础设施的不断完善，抵御自然灾害的能力也有明显提升。在1961年至1995年的24年里，平均每年因灾致亡或失踪的人数仅为124人。

（三）拓展完善时期（1995年之后）。1995年1月17日，日本发生了里氏7.3级的"阪神·淡路大地震"，死亡及失踪者达6437人，房屋倒塌约25万间。阪神大地震给日本造成了10万亿日元的损失，但同时也成为其拓展完善灾害管理体制的契机。首先，两次修订《灾害对策基本法》。主要内容包括：遇到明显异常且剧烈的非常灾害时，即使没有发布"紧急事态"警告也可以设置紧急灾害对策本部；紧急灾害对策本部长（内阁总理大臣）可以向指定的行政机关首长发出命令；在非常灾害对策本部及紧急灾害对策本部里可以设置当地对策本部；国家及地方公共团体要特别重视培养自主防灾组织、完善志愿者参加防灾活动的环境以及关心高龄者和残疾人；地方公共团体之间必须签订互相支援的协定；市町村长可以向都道府县知事提出派遣自卫队的要求等。

其次，作为强化灾害信息传递以及灾害初期应对体制的具体措施，日本政府分别设立了内阁危机管理总监、可以24小时收集信息的内阁情报集约中心以及官邸危机管理中心等职位和机构。总之，这一时期的特点是健全防灾机制，明确各防灾主体的职责。

二 "3·11"大地震之后日本灾害管理体制改革新动向

2011年"3·11"大地震过后，日本政府在认真总结经验教训的基础上，对现行灾害管理体制存在的问题进行了多维度审视，提出了一些建构新型灾害管理体制的新路径和新理念。

（一）**深刻总结"3·11"大地震教训**。"3·11"大地震之后，日本政府从"迄今为止对灾害的估计是否恰当；应对海啸和地震剧烈摇晃的对策是否完善；应对大规模跨地区灾害的对策是否充分；对受灾者的支援是否到位"四个方面对应对"3·11"大地震的过程进行了深刻反思，并总结和归纳出以下教训。

一是关于灾害的估计及灾害对策基本思路的教训。2012年度日本《防灾白皮书》分析认为，迄今对地震、海啸的估计都是以该地区数百年应对地震、海啸的经验为基础，而这次"3·11"大地震出乎预料，特别是地震、海啸、核泄漏事故引发的复合型灾害更是世所罕见。因此，必须重新认识灾害，研究应对复合型灾害的对策，以减少意外情况的发生。此外，白皮书针对以往的"灾害对策基本思路"进行了反省，认为"过去的各种防灾硬件设施都是基于'防得住'的观念而建造的，它使人们对征服自然灾害过于乐观和自信，从而导致防灾意识低下"。

事实上，"3·11"地震海啸受害范围已远远超出政府的预想，造成了惨重的人员伤亡。因此，"从尊重生命的角度着想，灾害对策的思路应该从'防灾'转向尽可能将损失降到最低的'减灾'"。

二是关于大规模跨地区灾害应对能力的教训。

首先,"3·11"大地震发生后,海啸冲毁了部分行政机关,很多市町村行政机构陷入瘫痪,导致受灾情况的收集及救援活动无法有效开展,而这种情形在以往的防灾对策中是未曾出现过的。

其次,在救灾过程中,后方支援据点的救灾物资储备不足,不具备开展进行长期救援活动的能力。

再次,有必要探讨如何保障灾害发生时的生命线工程以及应急物流配送体系等课题。

三是关于灾民援助机制不完善的教训。"3·11"大地震发生后,日本政府虽然响应迅速,但救助不力,导致灾民雪上加霜。例如,随着避难时间的延长,避难场所的卫生状况不断恶化,加上频繁转移避难场所以及生活必需品短缺等原因,导致"灾害相关死亡"人数不断增加。又如,由于日本政府的援助物资接收机制不完备,加上有关部门与灾区协调不畅,造成国内外救援物资迟迟运不进灾区。白皮书深入分析了在灾民救助中凸显的难点问题,其中还包括跨区避难、应急临时住宅、对援助者的关心、心理干预、受灾者援助制度、震灾垃圾的处理、灾区志愿者的管理等。

通过对"3·11"大地震教训的总结和梳理,白皮书给出了以下结论:(1)要不断汲取教训,将教训贯穿于制定灾害对策的全过程。(2)即使不能准确地预测灾害的发生,也不要把灾害视作"出乎意料"的事情。(3)对灾害决不能盲目乐观,而要"悲观地"制定灾害对策。(4)为了实现将灾害风险降到最低,损失减到最小的"减灾"理念,要坚持"硬件"和"软件"两手抓。(5)基于将教训传给后代并有助于未来防灾减灾的视点,通过各种防灾教育形式,努力做好经验教训的传承工作。

(二)完善灾害管理法律制度。针对"3·11"大地震中暴露出的问题,日本政府将完善防灾法律制度作为"突破口",在强调

"针对性、适用性、可操作性以及要管用、实用、能解决实际问题"的同时，驱动立法和修法两个轮子，以确保灾害管理体制机制的运行有章可循、有法可依。

第一，设立专门机构，明确立法重点。为了加快立法和修法的进程，2011年10月，日本政府专门设立了"防灾对策推进检讨会议"，该会议于2012年3月7日，形成了题为"汲取东日本大震灾的教训，重建不动摇的日本"的中间报告。报告从建立受灾地区支援体制、适应需求的避难场所运营、建立高效的灾民救援体系、顺利完成灾后重建的机制建设等七个方面，提出了防灾减灾对策建议。为尽快将报告中的有关建议内容上升固化为法律制度，3月29日，中央防灾会议通过了有关《充实、强化防灾对策的目前方针》。政府在认真总结、梳理各方面的意见和建议后，决定将"快速、高效、及时应对大规模自然灾害（特别是复合型灾害）"作为重点，加快灾害对策法制化的修订步伐。

第二，立法进程加快，修法力度空前。据统计，自2011年以来，日本政府先后颁布了《海啸对策推进法》（2011年）、《创建海啸防灾区域法》（2012年）、《原子力规制委员会设置法》（2012年）、《大规模灾害复兴法》（2013年）、《大规模灾害的受灾地区借地借家特别措置法》（2013年）以及《首都直下型地震对策特别措置法》（2013年）等6部法律。以《大规模灾害复兴法》为例，该法规定了"大规模灾害"发生后的重建程序，并对日本政府设置重建对策本部、制订重建方针及特别措施等事项进行规范。该法还放宽了大规模灾害后占用农用地的限制，简化了搭建临时建筑的手续。此外，日本政府在加快立法进程的同时，还修订了《灾害对策基本法》（2012年、2013年、2014年）、《建筑物耐震改修促进法》（2013年）、《水防法》（2013年）、《河川法》（2013年）、《土砂灾害警戒区等土砂灾害防治对策推进法》（2013年）和《推进南海海沟地震防灾对策特别措置法》（2014

年）等6部法律。可以说，"3·11"大地震后，日本防灾法案出台和修订的数量之多、频率之高、力度之大，均前所未有。

第三，三次修订《灾害基本对策法》。作为日本防灾体系根本大法的《灾害对策基本法》颁布于1961年，该法明确了国家、都道府县、市町村以及居民在有关灾害预防、灾害应急对策及灾后重建等防灾活动中的具体内容。同时还规定了国家、地方公共团体等的权限和责任。"3·11"大地震后，日本政府连续三次对《灾害对策基本法》进行了大幅修订。2012年6月修订的内容包括强化灾害发生时的信息收集与传递、地方公共团体之间援助对象的扩大、救灾物资运送体系的创建、跨地区接收灾民规定的调整以及关于教训传承与防灾教育规定的制定等；鉴于在"3·11"大地震中残疾人的死亡率较高的情况，修改后的《灾害对策基本法》规定，市町村必须制作"灾害时需要援助人员名单"；为顺利向灾民提供援助，修订案明文规定市町村要及时发放显示住宅等受灾情况的"受灾证明书"，同时针对每名受助者记录受助明细。2013年6月，针对可能发生的首都直下型地震和南海海沟地震，日本内阁会议再次通过了《灾害对策基本法》修正案，内容包括强化应对大规模灾害的能力、确保居民顺利且安全的避难、改善受灾者的保护对策以及平时加强培养防灾意识等；修订后的《灾害对策基本法》规定，在"灾害紧急状态"下，由日本政府确定基本应对方针；为稳定物价，首相可以发布公告要求国民不要抢购生活物资。为确保避难场所，将由中央政府代替灾区的地方政府协调接收灾民的工作。

2014年7月，日本政府又一次提出新的《灾害对策基本法》修正案草案，规定在地震和暴雪等灾害发生时，如道路上放置的汽车妨碍急救车、消防车的救援行动，国家和地方自治体可以不经本人同意清理私人车辆。至此，日本已基本建成了具有普遍适用性和较强可操作性的防灾法律体系。

（三）着力提高综合防灾能力。 日本政府针对"3·11"大地震中存在的灾害初期应对不及时、应变能力不足而导致救灾不得力的问题，通过加强政府减灾能力建设，使综合防灾减灾能力逐步增强。

一是组建自卫队、警察和消防部队迅速参与灾害初期应对的"快速救援分队"。2013年9月1日，自卫队组建了以"自然灾害初期应对"为主要任务的"快速灾害救援部队"。2012年5月，警察厅成立了约1万人的跨区县"警察灾害派遣队"，当大规模灾害发生时，将迅速组织非受灾地区的警官赶往灾区参加救援行动。另外，组建于1995年阪神大震灾之后的"跨地区紧急援助队"也由4700人扩编至5600人，同时还增添了航空、通信、警备三支部队。他们平时在各都道府县警察局工作，灾害时将在第一时间赶赴灾区。总务省消防厅则着眼于应对南海海沟等大规模地震灾害，计划将其"紧急消防援助队"的数量由现在的约5000支增加到6000支。

二是重视防灾用品的研究与开发。作为提升防灾减灾能力的重要一环，日本在研发防灾抗灾硬件装备方面下足了工夫。比如，截至2014年5月，有1692个地方公共团体（占全国93%）安装了全国瞬时警报系统（J-ALERT）接收装置，增强了全社会抵御各种灾害的能力。J-ALERT是日本政府（内阁官房、气象厅经由消防厅）通过人造卫星将地震、海啸以及导弹发射等紧急信息迅速传递给地方政府的系统。又如，为了解决福岛核电站核污染问题，日本防卫省开始研发用于清理被污染垃圾的无人驾驶远距离遥控车，通过车辆传感器和摄像装置传回的数据，可以三维再现核污染现场的状况。再如，2011年东日本大地震导致千叶县市原市石油工厂发生火灾，耗时10天才扑灭，给当地经济生活造成巨大损失。为此，日本计划为12支"能源、产业基础灾害响应部队"配备远距离大型喷水车。

（四）加大防灾经费投入。"3·11"大地震后，日本政府不仅在防灾法律、行政组织的建设方面下了很大功夫，而且在防灾资金的投入上舍得花本钱。据统计，2011—2015年日本的防灾预算平均超过4万亿日元，为2006—2010年经费预算的2倍，约占一般财政预算总额的5.2%。日本的防灾预算主要用于科学技术研究、灾害预防、国土保全以及灾后重建四个领域。其中"灾害预防经费"的支出主要包括开展国民防灾教育活动，培养防灾减灾专业人才队伍，推进和充实地震、火山、大规模水灾、泥石流等灾害对策的制定以及灾害发生时人员的避难等业务。"3·11"大地震之后，日本灾后重建成为资金投入的重点，其比重约占防灾减灾预算的2/3强。加大对防灾减灾的投入，是近年来日本提升灾害管理能力和水平的主要特点之一。如2015年12月日本政府通过了总额33213亿日元（约合人民币1867亿元）的2015年度补充预算，其中5169亿日元用于推动"灾后重建和防灾事业"。充足的防灾资金使日本在防灾科学技术研究、加强灾害预防措施、促进国土综合开发、完善灾害紧急应变设施、迅速实现灾后重建等方面均取得了显著成效。

（五）推进灾害对策标准化研究。 灾害对策标准涉及灾害初期应对程序的启动、处置方式的选择以及各防灾主体协作的效果，也是应对灾害能力的充分体现。针对媒体反映政府在"3·11"抗震中"救援行动拖延""决策部署迟缓"以及"指挥系统不灵"的问题，日本政府在2013年6月制定的关于"经济财政运营与改革的基本方针"中提出"为了顺利实施救灾行动，必须认真研究灾害对策标准化问题"。同年10月，在内阁府设立了"灾害对策标准化研究会"，2014年3月该研究会发表了"灾害对策标准化研究报告"。2013年，国际标准化组织制定了《ISO22320：2013 社会安全—危机管理事件—响应要求》国际标准。

与之相适应，2013年8月，日本出台了《业务持续指导方针

(第三版)》，从防灾减灾角度推进政府和企业的业务持续计划及业务持续管理建设。所谓业务持续计划（Business Continuity Planning，BCP），是目前国际上流行的一种企业危机管理新模式，它是为防止因自然或人为造成的故障或灾难导致正常业务中断而建立的计划。2015年5月，日本内阁府编制了《市村町制定业务持续计划指南》，以充实和强化地方公共团体业务持续管理体制的建立。业务持续管理（Business Continuity Management，BCM）是指一套整体化的管理过程，它通过识别威胁组织的潜在冲击，构建具有灾难恢复和应对能力的标准框架，保护利益攸关方的利益、信誉、品牌以及价值创造活动。一个有效的BCM管理框架能够让组织有足够的弹性来应对不同类型的突发事件。据统计，截至2014年3月，日本有70%的大型企业已经引进业务持续管理模式和制定了业务持续计划，而中型企业达到40%。

（六）借助国际舞台，扮演防灾领域"主导者"角色。"3·11"大地震使日本参与国际防灾减灾合作的意识达到前所未有的程度。无论是作为受灾国，还是作为援助国，在国际防灾合作的舞台上不乏日本的身影。2011年6月在"3·11"大地震后仅仅三个月，联合国千年发展目标后续会议在东京召开，时任日本首相菅直人在致辞中表明全力进行灾后重建的决心，并呼吁各国提供合作。2011年7月日本政府公布了《东日本大震灾复兴基本方针》，提出"开放式复兴"的原则。强调日本的抗震技术、防灾管理和灾后重建都处于世界领先水平，将这些经验对世界各国公开，有利于经验的推广与交流，也有利于世界对日本品牌的信任。2012年世界银行年会特别活动在"3·11"大地震的主要受灾地之一仙台召开，会议形成了以"灾害风险管理主流化"为主旨的《仙台报告》。

2013年3月，第三届世界减灾大会在日本仙台举行，会议通过了《仙台减轻灾害风险框架（2015—2030年）》和《仙台宣言》，设定了包括到2030年大幅降低灾害死亡率、减少全球受灾人数及直接经济损失等全球性目标。日本首相安倍晋三在致辞时强调，日本经历了诸多灾害，积累了有关知识及技术，日本愿意在这方面加强对国际社会的贡献。并宣布对发展中国家提供40亿美元的防灾资金，还要提供防灾经验和防灾配套。总之，日本政府致力于参与全球灾害治理以及对国际防灾领域的重视得到了一定的国际支持，也为日本扮演"主导者角色"创造了一定的条件。

综上所述，笔者认为，目前日本灾害管理体制仍然处于拓展完善时期，但"3·11"大地震之后，其灾害管理体制改革的速度加快，显示出一些阶段性特征，包括防灾法律的进一步完善、防灾经费保障持续稳定、推进防灾标准化研究，防灾减灾国际合作势头明显增强等方面。准确地讲，日本灾害管理体制改革目前正处在转型升级的加速期。

（中国社会科学院世界经济与政治研究所副所长、研究员　王德迅）

中美关系的变化、走向与对策思考

本文要点：特朗普上台后，中美关系基本保持了平稳发展，同时也发生了一些比较明显的变化。从不变的角度看，中美两国在国际权力结构中的相对地位没有变，中美两国的外部国际环境没有大的变化。从变化的角度看，特朗普刻意忽视和降低两国在价值观和意识形态上的分歧，特朗普对国家利益的认知和重视加强了中美关系的基础，中美两国领导人的个人性格、价值偏好对中美关系具有积极意义，美国拉印度平衡中国影响、用"印太"概念取代"亚太再平衡"需要引起中国的重视和提前布局。总体来看，中美关系一定会继续平稳发展。还是以前常说的那句话，中美关系好不到哪里去，也坏不到哪里去，只能是沿着正常的大国关系的轨道前行。

2017年11月3—14日，美国总统特朗普开启了上任以来最重要的外交之旅，为期12天的亚洲五国之行，也是冷战后历任美国总统时间最长的亚洲之行。特朗普用"完全成功"总结了自己的亚洲之行，并声称"一个伟大的美国回来了"，他重塑了美国在全世界的地位。他表示，此次亚洲之行成果颇丰，无论是在美国的国家安全方面，还是世界的安全与贸易事务方面，都有了"不可思议的进展"。然而，一向对特朗普不睦的美国媒体却一如既往地沿袭往日的论调，对特朗普这次亚洲之行报以尖酸的批评和刻薄的讽刺，认为没有取得什么实质成果，其亚洲政策仍然模糊不清，看不出战略布局和远景。

出访前，白宫曾透露特朗普此次亚洲行主要聚焦三大目标：应对朝鲜的威胁，强化对朝施压、解决朝核问题；加强联盟建设，推动建设自由和开放的印度洋—太平洋地区；强调公平的贸易规则，通过公平互惠的贸易和经济交往推动美国的繁荣。在回国后的总结中特朗普再次强调了这三大目标。由此观之，不管美国和西方媒体如何发难，特朗普的这次亚洲行应该说是比较成功的。更应该注意的是，这三大目标都与中国密切相关，需要我们今后给予持续的重视和审慎的应对。

一　中美关系中的不变因素

（一）中美两国在国际权力结构中的相对地位没有变

无论在世界体系内还是在一个地区体系内，处于第一位的国家总是担心和提防第二位的国家超过自己并形成霸权，因而在各个领域都会采取防范和限制性措施来破坏或者迟滞它的发展，并与其他国家寻求合作共同压制它的上升势头。这是一种规律性的国际政治现象，对当事国的对外战略而言，是一种长期性的硬约束，具有不可变更性。面对中国快速崛起的现实，不管特朗普的说法与前任有何不同，美国的所作所为已经并将继续印证这一点。

（二）中美两国的外部国际环境没有大的变化

特朗普上台前后，国际社会没有发生足以改变国际关系走势的重大事件，比如类似"9·11"事件、2008年美国次贷危机引起的国际金融危机等，因此，**从外部环境来讲，中美关系不太可能发生重大的方向性的变化**。一方面，中美两国在全球层面的竞争将持续发展并有加剧的可能；另一方面，全球化的发展、全球问题的紧迫、全球和地区安全问题的紧张，都需要中国和美国的务实合作。

二　中美关系中的变化因素

（一）特朗普刻意忽视和降低两国在价值观和意识形态上的分歧

政治制度和意识形态是否一致对双边关系具有重大影响，一致自然有利于两国关系的稳定和发展，反之则会对两国关系产生很大的制约乃至破坏作用。这是国家之间发展关系的思想基础。这方面的斗争一直是美国自以为对付中国的王牌利器，但是特朗普上台后彻底改变了这种不切实际、费力不讨好的做法，起码在首脑层面上很少提及这个问题，对缓和两国关系、改善外交气氛、推动务实合作产生了良好的效应。

针对特朗普这次亚洲行，《华盛顿邮报》批评特朗普一路上都没提出亚洲的人权问题，美国一些政客宣称特朗普在亚洲被"玩弄"，《纽约时报》等媒体则担忧特朗普正在帮助中国站到国际舞台的中央。西方精英抱怨特朗普向中国让步太多、过度示软，直接葬送了美国多年来积累的对华博弈优势和在亚洲的影响力。特朗普在亚太经合组织（APEC）会议等提倡美国优先主义和反对多边贸易，结果遭到了与会国的孤立。《纽约时报》则称，"特朗普正把全球领导权拱手让给中国"。但是特朗普对这些批评向来是熟视无睹、我行我素,估计以后也不会有什么太大的变化,这对中美关系的稳定发展是有利的。

(二)特朗普对国家利益的认知和重视加强了中美关系的基础

国家利益包括安全和发展两方面的利益。两国之间利益的重合度越大,越有利于两国关系的发展;反之,两国的利益重合度很小,两国的利益不同甚至处于相互竞争的状态,则不利于两国关系的发展。特朗普对国家利益的认知带有明显的实用主义色彩,对国家安全和经济利益的极度强调,一方面可能会给中美关系带来一些具体的摩擦,另一方面也会加强中美两国的经贸关系和务实合作,从而夯实两国关系发展的"压舱石"。

经贸关系是美国亚太政策的核心之一。特朗普认为,要重振美国国力,必须从经济入手,而恢复经济活力、提升美国就业、扩大美国出口,亚太地区是关键。美国对亚太国家的外贸逆差是最重要的外交课题之一。特别是中国一国就占美国外贸逆差总额的一半左右。特朗普此行的收获颇丰,带回去3000亿美元的交易,仅中国就超过2500亿美元。不仅如此,特朗普更看重的是他向所有到访国家的政策宣示,用他的话说就是,"所有与我们贸易的国家都明白规则已改变,美国必须得到公平而互惠的对待","巨额贸易赤字必须快速降下去"。

朝核问题是中美两国共同的最迫切的安全关切。特朗普政府认为,朝核问题的发展已近乎失控,不仅对美国在亚太盟友的安全构成威胁,还可能对美国在亚太的军事基地及本土安全构成现实威胁,美国必须严肃对待。此次两国元首会谈再次确认了实现朝鲜半岛和平与无核化的承诺,以及两国执行联合国安理会有关决议并寻求通过外交途径解决问题的决心。这是一个非常重要积极的信号,希望能够找到解决这一复杂敏感问题的办法。最起码,两国在对朝核问题的解决上,共同点在逐渐增多,合作力度有可能继续加大。

（三）中美两国领导人的个人性格、价值偏好对中美关系具有积极意义

习近平总书记志存高远，追求中华民族伟大复兴的"中国梦"，在党的十九大上"新时代中国特色大国外交"思想进一步明晰；特朗普总统的个性非常鲜明，那就是务实、讲求实际的好处和利益，奉行"美国第一"的理念。两人性格比较投缘，个人关系较好，有助于中美关系保持良性发展。

很多精英都认为特朗普总统"不靠谱"，但是在中美关系问题上，特朗普总统表现出了足够的理性与合作态度。尽管特朗普竞选中及当选之初，曾对中国发出了诸多不友好的言论，也令外界对中美关系的未来感到担心，然而经过几次会面，两国领导人建立了良好的个人友谊与工作关系，并在经贸及朝核等问题上进行了紧密磋商和坦诚交流，为中美关系的平稳健康发展指明了方向。

（四）美国拉印度平衡中国影响、用"印太"概念取代"亚太再平衡"

到目前为止，特朗普政府还没有宣布一个完整的、清晰的亚洲政策。但从他就职以来其政府的一系列言行分析，印度在特朗普的亚洲政策中将日益占据重要地位。蒂勒森国务卿已经在多个场合大谈所谓的"自由开放的印太地区"，并将印度视为"自由开放的印太地区"的关键支点国家。2017年11月10日，在APEC工商领导人峰会上发表讲话时，特朗普多次提到"印度洋—太平洋地区"，而没有一次提及"亚太"。这是否意味着美国的"亚太战略"将转变为"印太战略"？

美国、印度、日本和澳大利亚四国外交部门的官员在越南APEC领导人非正式会议期间举行了正式会议。此前，美国和日本多次提及"印太战略"构想，表示希望推动美日印澳四国构建首脑级战略对话机制。在特朗普政府看来，随着中国的迅速崛起和近年来奋发有为的外交姿态，除了传统的亚太双边军事同盟外，美国尤其需要像印度这样的地区大国平衡中国的地区影响。特朗普政府继续赋予印度重大防务合作伙伴国地位，鼓励印度在中亚及东亚发挥"积极作用"，是其亚太政策新思路和发展新趋势的具体政策步骤。

当然，目前来看，由于四国各有自己的算盘，特朗普强调"美国第一"，其他国家也有自己的核心和优先利益考量，恐怕只是说得热闹而已，具体操作层面上可以干的事情不多，要想以此制约中国的发展只能是一厢情愿的幻想。但是，我们对此也不能忽视，也许随着形势的发展，四国的合作加强，真的对中国的发展产生实际的负面影响，我们不能不防，必须提前做好面对困难的准备和战略布局。

三　对中美关系走向的基本判断

特朗普访问期间，习近平主席和特朗普总统深入交谈，达成多项重要共识，为中美关系确定了基调、指明了方向。双方同意扩大各领域互利合作，在相互尊重基础上管控分歧。双方同意共同应对全球性挑战及包括朝核问题在内的国际和地区问题。

中国对中美关系的定位和期待十分清楚，即中美关系是最重要的双边关系，在相互尊重和互利互惠的基础上建立牢固的中美伙伴关系。这种伙伴关系将使双方能够更好地实现各自的国内目标，更有能力应对当今世界的诸多挑战。从美国方面来说，无论是解决国内问题还是处理全球性和地区性问题，都离不开中国的真诚合作。尽管精英阶层和某些媒体还会充斥着对中国的偏见，但是历史一再证明，**任何一个负责任的美国总统都必须正确处理好与中国的关系**，这是不以任何个人的意志为转移的。

综合以上的分析和特朗普访华的实际情况，总体来看，中美关系一定会继续平稳发展。还是以前常说的那句话，中美关系好不到哪里去，也坏不到哪里去，只能是沿着正常的大国关系的轨道前行，其间会有合作也会有斗争，有对话也会有摩擦，这是很正常的事情，不能情绪化地因一时一事而丢掉了正确的战略判断。

四　中国的着力方向

为了推动中美关系的健康发展，我们需要做的事情很多，这里没有篇幅多谈，只讲一个简单的思路。在思考中国的着力方向时，我认为美国的商业管理界公认的"竞争战略之父"迈克尔·E. 波特（Michael E. Porter）的思想值得借鉴，虽然他讲的是市场竞争中的公司战略，但是引申到国家之间的竞争层面也是适用的。

波特认为，在与五种竞争力量的抗争中，蕴涵着三类成功型战略思想：总成本领先战略；差异化战略；专一化战略。

从这个思路出发，在处理中美关系时，中国应该遵守一些基本的要求：

第一，无论是在国内的社会改革、经济发展还是在国际上推动建立"人类命运共同体"和"一带一路"倡议，都要**树立总成本越低越好的概念**，要继续坚持科学发展观，要坚决地按照市场经济规律办事，任何盲动和运动式的做法都会带来可怕的后果。**在两国的竞争中，成本低的一方肯定是最后的赢家。**

第二，**真正体现"中国特色的社会主义"思想**，国内建设要稳步发展，有中国特色不是比别人差，而是应该比别人好，更适合中国的国情；**对外战略要有让别国接受的观念、政策和措施**，注意树立中国独有的国家形象，在满足中国人民幸福需要的基础上，在自己优势的领域为全球和平、发展、治理做出独特的贡献，真正达到合作共赢、共同繁荣的目标。这与美国一向推行的全球霸权战略构成鲜明的差异化。

第三，无论是国内还是国外事务，**战略不能提得过多，一旦确定就要持续坚决推进**，不能轻易改变，这才符合专一化和坚持战略重心的原则。目前我国在对外事务上，"和谐世界"和"人类命运共同体"都是可以大力推广的人类共同理想，而"一带一路"倡议则是具体举措，今后一个时期，我们主要的资源和精力都应该围绕它们来统筹规划、调整改进，保持稳定性，确保中国外交目标的实现。

（中国社会科学院世界经济与政治研究所研究员　邵峰）

"后美国时代"的中东格局

本文要点：从奥巴马到特朗普，美国在中东持续推行战略收缩政策。这不仅给中东地区带来巨大权力真空，也使后冷战时代美国一手打造并由其主导的中东秩序面临巨大冲击，中东正进入"后美国时代"，其鲜明特征是：新旧热点层出不穷、地区持续动荡；重回全球反恐主战场，极端主义和恐怖主义肆虐；旧秩序瓦解但新秩序尚未形成；大国竞争呈现新常态，即"美退俄进""西退东进""一降两升"的竞争态势；地区格局由"一超"向"准多极"加速转变。特朗普的中东政策是以美国安全优先，在进行战略收缩的同时打击极端主义和恐怖主义，并着力解决伊朗问题、叙利亚问题和巴以问题等。

一 中东地区的局势发展特征

当前中东局势发展总的特征是大动荡、大分化、大调整,地区失衡与失序,发展方向不明。其中,五大特征最为明显:

第一,**地区政治和安全秩序的"双解体、双真空"**。中东正处于新旧秩序交替期,但新秩序短期恐难形成。"双解体"是指旧的中东政治秩序和地缘政治格局正面临解体,传统的官民关系、政府与军队、世俗与宗教、不同民族与部族、不同教派以及国家间关系被打破。"双真空"是指地区出现权力和安全的真空,美国从中东战略收缩,对地区事务强力干预意愿和能力下降,同时地区国家中央政府的权威普遍失效和缩减,地区国家的国家机器和军警机构失灵,打击恐怖主义和维护社会稳定能力骤降,极端分子和恐怖势力空前活跃。当前中东正处于旧秩序崩溃,新秩序重塑的过渡阶段。

第二,**地区动荡长期化,发展方向不明朗**。中东地区正陷入新一轮大动荡之中。目前,埃及、利比亚、也门、突尼斯等发生"革命"国家不仅未实现发展与稳定,反而陷入政局动荡、经济停滞、社会撕裂、分裂主义和恐怖主义肆虐的困顿境地。叙利亚内战正走向长期化,并明显外溢,向地区性冲突演变,西方军事干预可能仍未排除;也门处于内战;索马里失控;利比亚失控;埃及局部失控(西奈半岛);伊拉克在美军撤离后动荡与分裂状况加剧;沙特(萨勒曼国王82岁)、阿尔及利亚(布特弗利卡80岁、中风,且三次蝉联总统)、巴林和苏丹(巴希尔)等国蕴藏潜在动荡风险。当前这场乱局远未结束,并可能长期化。中东将向何处去?中东能否实现和平?什么是新中东?新中东是旧中东的重复还是重生?新中东何时建立?这一切都是未知数。当前中东危机实质上是国家治理危机,是传统国家治理模式失灵,发展与改革长期滞后所致。但新模式探索道路曲折艰难，实现政治民主化和治理现代化任重道远，前景尚不明朗。

第三，**新旧热点层出不穷，导致多重危机叠加，地区转型艰难**。中东是全球最持久的热点地区，地区世俗与宗教、民族和部族矛盾、教派冲突日益激化。进入21世纪以来，巴勒斯坦第二次大起义、伊拉克战争、伊朗核问题、西亚北非政治动荡、利比亚战争、叙利亚危机、也门战争接踵而来，旧危机没解决，新的热点又发生，多重危机叠加。当前，巴以和平日益失去势头，"以土地换和平"不断遭到质疑，巴勒斯坦问题呈现边缘化趋势，导致巴以冲突再次激化。西亚北非政治动荡以来的一系列地区危机，冲突与战争在地区范围内蔓延，世俗主义与伊斯兰主义冲突激化。旧有民族与教派关系被打破平衡，被长期压制的矛盾开始激化。库尔德人在地区影响力日增，欲独立建国。教派主义已广泛渗透到地区政治斗争与冲突中，并使得地区矛盾和恐怖主义问题更加复杂化。以沙特为首的阿拉伯逊尼派与以伊朗为首的什叶派联盟之间的竞争日益激烈，并在整个地区爆发大规模冲突。

第四，**美国一家独大地位日益被撼动，地区格局加速向多极化方向发展**。西亚北非动荡爆发以来已有五载，极大颠覆了原有的中东秩序。其中，地缘政治格局变动最突出的特点是，已经延续20多年的美国治下的中东格局正发生严重动摇，地区格局由单极加速向多极化方向演化。地区主导力量发生大分化，角色大换位是当前地区格局演化发展的重要特征。当前地区主要行为体正面临"一降两升"的新变化：一降是指美国干预和主导地区事务的意愿和能力下降，地区影响力下降。两升是指一方面俄罗斯、中国和印度等新兴大国在中东影响力增大，另一方面沙特、伊朗、土耳其和卡塔尔等地区大国在地区事务中发挥的作用不断上升，开始在地区格局再塑造中扮演新角色。同时，西方在中东退却，俄罗斯以及亚洲大国积极填补真空，地区国家日益推行自主和多元外交，不再完全依赖美国。

美决心战略重心东移，在中东实行战略收缩，对中东掌控能力下降，原来由美主导的中东秩序，正逐步向"后美国时代的中东秩序"演化。俄罗斯重返中东，捍卫既得利益，大力发展与叙利亚、伊拉克、埃及、伊朗、阿尔及利亚和以色列等国的关系，在伊朗核问题、叙利亚问题、巴勒斯坦问题以及打击"伊斯兰国"等地区热点问题上扮演重要角色，彰显大国作用。尤其是俄罗斯决定军事介入叙利亚冲突，不仅改变了叙利亚战局以及国际反恐格局，也在一定程度上扭转了美国主导中东地区事务的局面，在地区政治与安全事务上的发言权明显增大。伊朗、沙特与土耳其作为当今中东的三驾马车，其一举一动对地区稳定影响重大。当前地区大国的博弈也主要集中在土耳其、沙特和伊朗三国在地区的博弈上，其中又以伊沙竞争为关键。沙特与伊朗在地区范围内展开全面竞争，从巴勒斯坦到黎巴嫩，从伊拉克到叙利亚，从巴林到也门，双方不仅爆发"冷战"，甚至还出现局部"热战"，开打"代理人战争"。

第五，**中东重回全球反恐主战场，极端主义和恐怖主义肆虐加剧地区动荡**。当前，中东正处于近 30 年来反恐形势最为严峻的时期。冷战结束以来，全球恐怖主义威胁不断上升，迄今共形成过三大中心：20 世纪 90 年代，中东为全球恐怖主义的活动中心和主要策源地；21 世纪第一个 10 年，阿富汗和巴基斯坦成为新的中心；2011 年以来，由于中东陷入地区性大动荡，中东重新成为新的全球恐怖活动中心。由于中东传统政治和安全秩序坍塌，地区陷入权力真空，政局动荡，各种矛盾与冲突加剧，极端主义和恐怖主义乘虚而来，在中东地区全面蔓延、扩散，并在该地区形成六大策源地（伊拉克、叙利亚、也门、利比亚、索马里、埃及西奈半岛）和四大中心力量（马格里布"基地"组织、阿拉伯半岛"基地"组织、"伊斯兰国"和"支持阵线"）。中东正成为全球极端分子"圣战"的主战场。随着叙利亚危机逐步演化为大规模内战,来自全球范围的极端分子开始涌入叙利亚参加"圣战",使叙利亚成为新的全球"圣战"主战场。据美情报机构估计,目前在叙利亚的全球"圣战"者约1.5万人,来自100多个国家。短期看,四位一体的"伊斯兰国"作为一个政治实体很可能即将消亡,但其作为一个恐怖组织、一种极端主义意识形态、一个社会运动恐怕短期很难被消灭。

二 特朗普的中东政策趋向

特朗普上任以来,一方面与十多位中东领导人通话与会面,另一方面在伊朗问题、伊拉克问题、叙利亚问题、巴以问题、也门战争、反恐、非法移民、重建与地区盟友关系等方面出台了一系列新举措。

第一,**其指导思想是"美国第一",总基调是战略收缩**。特朗普虽然批评奥巴马在中东的"不作为",但也批评其两届前任(小布什和奥巴马)在中东发动战争,更迭政权,造成了中东的大动荡,"浪费了美国6万亿美元"。总体上,特朗普以美国的利益与安全为先,对中东兴趣不大,中东在特朗普全球战略中地位不高,其政策基本延续了奥巴马政府从中东实施战略收缩的思路,无意继续陷入中东,不愿再在中东开启新战端。

第二,美国外交政策中的"**一个中心,两个基本点**"。"一个中心"是特朗普强调以美国的安全为中心。"两个基本点"则是指:一是打击极端主义和恐怖主义,以维护美国的安全,特朗普视"伊斯兰国"的威胁是当前美国面临的最紧迫安全威胁;二是遏制伊朗在地区的扩张和"破坏地区稳定的行径",不仅在核协议上提出质疑,同时还在导弹、恐怖主义问题上向伊朗发难。

第三,**四大政策优先的最紧迫挑战**。一是彻底击败极端组织

"伊斯兰国",这是美当前在中东的最优先任务。2017年3月22日,国务卿蒂勒森指出,虽然美国在中东面临很多挑战,但当前最优先任务是击败"伊斯兰国"。特朗普上任不久就下令国务院和国防部在一个月内拿出击败"伊斯兰国"的计划。目前该计划已制订完毕并得到特朗普批准。该计划主要分三阶段实施:军事行动阶段、稳定阶段、正常化阶段。预计军事行动阶段将持续一年左右,目标是清除"伊斯兰国"在伊拉克和叙利亚的物理存在。美将向伊拉克和叙利亚小幅增兵,并在叙利亚建立安全区。与小布什相比,特朗普的反恐政策很少有理想主义色彩,聚焦于反恐,无意于改造中东国家政治制度。与奥巴马相对保守谨慎相比,特朗普的反恐政策又具进攻性和冒险性,带有强烈的文明冲突色彩。二是**伊朗问题**。特朗普政策重回小布什时期的对伊强硬路线,遏制和"推回"伊朗在地区的扩张是政策重点。竞选期间,特朗普抨击奥巴马的接触政策,反对伊核协议,强调上任后要"撕毁"伊核协议,并要有力回击伊朗在地区的扩张。目前,特朗普已不再提要撕毁核协议,而强调"严格监督协议执行"。同时,美开始重建奥巴马时期已基本解体的遏制伊朗地区联盟,安抚以色列和沙特。三是**叙利亚问题**。特朗普在叙利亚问题上侧重于反恐。化武事件后对叙政策有所调整,但未来还不清晰。四是**巴以问题**。巴以问题非当前特朗普政府的优先工作。虽然特朗普对巴以达成和平不抱希望,兴趣不大,但鉴于巴以问题的重要性,特朗普必须投入一定资源和精力。据悉,特朗普有意利用其女婿库什内作为犹太人的优势来推动巴以和谈。在2017年2月以色列总理内塔尼亚胡访美时,特朗普公开放弃巴以和平的基石——"两国论",此言一出震动世界。他还提出要将美国驻以色列大使馆从特拉维夫迁往耶路撒冷,这在阿拉伯和伊斯兰世界掀起轩然大波,招致强烈反对。

第四,**五个基本特点**。一是现实主义。美在中东利益的定义进一步狭隘化，重安全，轻民主，突出反对极端主义和恐怖主义，强调地区稳定。放弃在该地区强行移植美式民主，强调不再搞"颜色革命"和"国家建设"，减少相关援助。二是孤立主义。继续收缩路线，不愿过多介入中东事务，强调不愿扮演代价高昂的世界警察角色。在地区安全、反恐、重建问题上要求地区盟友分担责任，出钱出力。三是反伊斯兰主义和反伊朗色彩浓厚。特朗普本人以及主要国家安全班子成员都对伊斯兰教以及伊斯兰国家持强烈的负面看法，视之为美国国家安全的主要威胁源之一。上台后很快出台针对中东国家的"禁穆令"。四是单边主义。五是牛仔作风。敢于冒险，行事难以预料。特朗普在对叙利亚动武、伊朗核协议、耶路撒冷问题上的退缩以及在"两国论"、安全区等问题上的态度都很好地体现了这一点。

（中国社会科学院西亚非洲研究所研究员　唐志超）

拉美政局演变趋势及中拉关系调整

本文要点： 自2015年年底以来，拉美地区政治格局持续演变，左翼力量接连失势，右翼政党相继上台或把控议会，但双方博弈仍处于胶着状态，并可能在未来相当长时间里难分高下。以"21世纪社会主义"为代表的左翼思潮未必会重新让位于新自由主义，但左右翼均表现出向中间道路靠拢的趋势。与此同时，地区政治格局右转，将加重亲近西方价值观的右翼政权对美国等西方国家的借重，但在特朗普上台背景下，无论左翼还是右翼执政，均将以国家利益为根本遵循，多元平衡地推进对外务实合作，优先发展对华关系都是其现实选择。

2016年，在国际政治格局深度调整、全球经济复苏艰难的背景下，拉美政治格局持续演变，"左降右升"态势明显，成为全年地区形势主线。自2015年年底开始，阿根廷连续执政12年的左翼在大选中落败，丧失政权；巴西总统罗塞夫遭弹劾下台，劳工党下野；委内瑞拉统社党丧失议会控制权后面临反对派发起的对总统马杜罗的罢黜性公投；玻利维亚总统莫拉莱斯谋求再选连任的公投失利；厄瓜多尔总统科雷亚被迫放弃2017年再度参选；智利总统巴切莱特支持率持续走低且执政左翼在市政选举中失利。反观右翼，则接连在阿根廷、巴西、秘鲁等国重新上位，且阿根廷和秘鲁两国右翼新政府执政开局顺利。这一现象说明了什么？拉美政局未来大致走向如何？会不会给中国同拉美地区的关系带来不利影响？这些问题都颇为引人关注。

一　左翼虽衰未败但左右翼博弈仍相持不下

除古巴外，代议选举制度至今在拉美一统天下。在此制度下，政坛左右翼力量此消彼长，轮替上台，实属正常。此轮政治格局调整，是在地区经济低迷、左翼执政多年损耗加大背景下的必然趋势，但此趋势并不等同于左翼从此彻底走衰。目前来看，左右翼博弈仍将持续着，在未来相当长的时间里恐将保持这种对决僵持的状态。

第一，右翼将强未强，其回潮得益于民众惯常的求新思变诉求，一定程度上是对前期左翼上升的修正，也就是人们常说的"钟摆效应"。但右翼上台执政，也面临国际经济不景气、地区经济下行的压力，推动结构改革，扭转经济颓势，说易行难。如右翼过度削减前左翼政府大力采取的增加社会福利政策，必将引起广大民众的不满，触发社会反弹。鉴于此，右翼在效率与公平之间亦面临两难选择，难以"大刀阔斧"地让经济迅速、全面地

"鲤鱼翻身"。

第二，**左翼虽衰未败，在大国失势，但在厄瓜多尔、乌拉圭、尼加拉瓜、萨尔瓦多、玻利维亚等国执政地位仍较稳固**。尼加拉瓜总统奥尔特加于2016年11月再度毫无悬念地胜选连任；厄瓜多尔执政党主权祖国联盟运动对赢得2017年大选蝉联执政志在必得；墨西哥国家复兴运动保持上升强势；秘鲁广泛阵线和智利"自治左派"异军突起。这些都再次证明，拉美左翼思潮并未"过气"。而且左翼执政10多年来，推行社会公平正义的巨大成绩难以抹杀，即使下野，仍拥有不容小觑的民意基础，在议会和地方政府保持相当实力，依旧是左右时局的重要因素。

第三，**左翼痛定思痛，深刻反思、外察内省**。在2016年6月和9月，分别于萨尔瓦多首都圣萨尔瓦多和厄瓜多尔首都基多召开的第二十二次圣保罗论坛年会和第三次拉美进步力量大会上，左翼政党组织就拉美当前形势与任务进行了求真务实的研讨，并就未来行动方向与目标形成了重要共识。如左翼能汲取经验教训，调整政策，抱团取暖，仍然存在发展空间。

二 严峻的现实问题迫使各派向中间道路靠拢

第一，**拉美左翼积极探索新自由主义替代模式，并取得了显著的改革成效**。左翼执政十余年来，委内瑞拉、厄瓜多尔、玻利维亚三国分别提出"21世纪社会主义""美好生活社会主义"和"社群社会主义"，谋求建立人道、平等、公正的社会，大力推进改革并取得一定成果，使得贫困率大幅下降，民生大为改善，获得了中下层民众的广泛认可。

第二，**左翼政府确实存在一些政策偏差和失误**。例如社会投入同发展阶段脱节，一些经济政策未能妥善处理好"做蛋糕"与"分蛋糕"、干预与市场的辩证关系，降低了生产活力。各国普遍未抓住经济的"黄金十年"及时坚决地推动结构性改革,致使增长缺乏长效内生动力,在国际金融危机后连年下滑,社会项目难以为继。

第三,**谋求社会公正、推进社会收入分配改革,是左翼区别于右翼的立足之本,当前该主张的社会基础仍然存在**。上述拉美社会主义思潮虽然有这样那样的缺陷,但其兴盛十余年中,改变了拉美近百年形成的社会结构和阶层分布,深刻影响了地区政治生态和民意导向。当前,拉美左翼领导人一致认为,改革虽遇困难,但今后仍会继续推进。当前,贫富分化、社会不平等等地区痼疾并未得到根本解决,在经济不景气背景下重又加剧。因此,左翼政策主张的社会基础仍在,若假以反思调整,仍可广泛赢得民心。

第四,**左翼思潮受挫确实在一定程度上给右翼思潮让渡了空间**。以保守主义和自由主义、基督教民主主义为代表的传统右翼思潮继续走衰,而一批新兴右翼思潮成为目前地区当权右翼的主体。他们普遍依循新自由主义核心主张,重启市场化改革,力促经济恢复健康与活力,同时亦注重高扬社会公正旗帜,对左翼社会政策不采取全盘推翻的态度,而是"积极"调整甚至保留,以最大限度改变传统保守形象。目前,相对温和的社会民主主义在多元取向中蓬勃发展,因其在智利、乌拉圭、墨西哥等国成功实践的示范效应,受到更多青睐,有可能成为未来一段时间地区主流思潮。

总体来看,**无论左翼还是右翼,都在淡化意识形态,言行向中间立场靠拢**。在经济和民生、政府和市场、本国产业和外来投资之间寻求适度平衡,温和务实的中间道路恐将是多数政府的现实选择。

三 政治格局右转加重有关国家对外关系"西倾"

拉美国家右翼普遍亲近西方价值观，上台后即刻打出"平衡外交"牌，表示要对前左翼外交政策进行"纠偏"，加重借重美国等西方国家，推升西方在本国外交中的地位。但此轮"西倾"不同于以往，其要旨实为修复部分国家在左翼执政时期同西方发达国家恶化了的关系，使之重归正常，从而多元谋求经贸利益。在美国新旧政府过渡、特朗普对拉美重视程度很可能进一步下降的情形下，**拉美右翼政府会以国家利益为根本遵循，开展多元平衡的对外务实合作**，重视发展与中国、俄罗斯、印度及非洲、阿拉伯等重要发展中国家的关系。此外，出于历史记忆，拉美无论左翼还是右翼执政，均普遍对外来霸权主义和干涉主义保持警醒，继续坚决秉持独立自主、不受制于人的外交方针。

四 中拉关系迈入新的调整期和开拓期

地区政治格局右转，中拉关系迈入新的调整期和开拓期，机遇仍在，现实挑战也会多种多样。**中国作为世界第二大经济体和拉美多国重要经贸伙伴，无论左翼还是右翼执政，优先发展对华关系都是拉美的现实选择**。正如拉美一体化协会秘书长阿尔瓦雷斯所言，在世界经济复苏艰难、地区经济低迷的背景下，无论谁上台，对华依赖不会减弱，中拉友好合作大势不会改变。秘鲁右翼总统库琴斯基上任后首次出访选择中国就很能说明问题。

2017年11月，习近平主席任内第三次访问拉美，亮点纷呈，成果丰硕，在该地区再度掀起"中国热"，中拉合作之船风帆强劲，破浪远行。此访不仅巩固了中国同有关国家的传统友好关系，还完善了中拉合作布局。在习近平主席结束拉美之行之际，中国政府出台第二份对拉政策文件,为推动平等互利、共同发展的中拉全面合作伙伴关系再上新台阶指明了方向。下阶段,中国应着眼长远,深化战略互信,坚持交流互鉴,大力夯实中拉关系发展的政治和社会基础,确保不论拉美政治格局如何变化,中拉友好合作大势不变,让双方人民在携手打造命运共同体的事业中不断收获实在利益。

(中共中央对外联络部拉美局综合处处长　曾祥伟)

构建"五位一体"中国海外利益保护体系

本文要点：国际形势的复杂多变和海外利益面临的风险日益多元化，使中国传统上以政府为主的海外利益保护模式越来越不能满足海外利益发展的需要。建议在国家安全委员会的统筹下建构"五位一体"的海外安保体系，以领事保护机制为核心，以企业、私营安保公司、保险公司、海外侨团为支柱，形成一个官民结合、体系完备、运转有序、反应快速的协力型互动架构，从而实现海外安全供给的长期性、稳定性和连续性。由此，可以保障"一带一路"建设有效推进，拓展我国海外护侨的手段，并为海外维和行动提供有力的后勤保障，维护中国海外的长久利益。

随着"走出去"战略的深化，中国政府鼓励企业利用国内和国外两个市场、两种资源，积极开展对外交往，不仅国家政治、经济利益在全球拓展，企业法人与公民个人的海外利益急速壮大。然而，国际形势的复杂多变和海外利益面临的风险日益多元化，使中国在境外的市场化投资行为面临"高风险、低安保、损失重、救济弱"的困境，建立和完善我国企业和公民的海外安全保护体系势在必行。

一 中国领事保护工作成效显著但仍供不应求

中国海外利益的广泛出现、大量延伸和急剧增长推动了中国领事保护制度的跨越性发展。进入21世纪以来，我国的领事保护制度逐步实现了由"主体单一、保护被动"阶段向"多方参与、主动预防、积极处置"阶段的转型，取得了积极的成效。

虽然近年来我国领事保护工作取得了显著的成绩，维护海外企业和公民安全与正当权益的意识更加自觉，意志更加坚定，但也应看到能力和手段总体上仍较为有限。从能力上看，我驻外使领馆人员有限、精力有限、预算有限，这"三个有限"必然制约海外安全保护的深度、广度与力度。从手段上看，外交、警务、商务和军事部门现有的保护措施"短板"明显，缺乏处置境外安全事件的长效机制。因此，中国的领保工作目前无法独立解决海外安保"高风险、低安保、损失重、救济弱"的困境。

二 中国海外利益保护体系的架构设计

在国家主导下构建"五位一体"的海外安保体系，设置国家安全委员会为"海外安全指挥中枢"，以领事保护机制为核心，以私营安保公司、企业、保险公司、海外侨团为支柱，"一个核心"

与"四大支柱"相互配合、相互支撑,从而形成一个官民结合、体系完备、运转有序、反应快速、职责清晰的良性互动机制与架构,协力保障中国公民和企业的海外安全与权益。具体如下:

(一) 以国家安全委员会为"海外安全指挥中枢"

考虑到中国海外利益的"超大规模"特性,建构中国海外安保体系需要动用与之相匹配的各种力量和资源,并建立一个强有力的"海外安全指挥中枢"。目前,参与中国海外利益保护的部门数量众多,包括外交部、商务部、公安部、军队等。这些部门保护海外公民和安全的行动并没有想象中的协调一致,部门之间的利益难免会出现冲突,有可能产生行动上的障碍,从而增加应对海外安全问题的成本。相比之下,新成立的国家安全委员会适合承担"海外安全指挥中枢"的角色,为跨部门协调提供可能性。

建议在国务院体制下建立相关国家安全制度,应对海外重大安全事件。在"国家总体安全观"的整体目标与框架之下,国家安全委员会可以在最高层级上对外交、经济、军事、安全、情报等职能分立部门进行集中统筹与全面协调,打破和超越部门或局部利益,理顺政策制定与执行上的分歧与冲突,以求实现决策的一体化、效率的最大化、行动的最优化,从而更好地满足维护中国海外利益的需要。

(二) 扶持民间安保力量"走出去"

受到诸多条件和因素的限制,仅依靠东道国政府和我国的领事保护是远远不足以满足海外企业的安全需求。而私营安保公司作为一种具有诸多优势的市场工具,能够有效地填补安全需求与供给之间的"安全鸿沟",中国企业和公民可以诉诸市场向私营安保公司购买安全服务。因此,中国可以借鉴西方发达国家的经验,支持中资私营安保公司"走出去"参与中国海外安全治理。

当然,中国民营安保公司"走出去"也面临诸多制约因素,比如安保行业规范缺失、无行业培训标准,因而无法与国际接轨。同时，中国安保人员派出渠道尚未解决，只能以劳务派遣的身份进入驻在国，如果跨行业工作，相当于"三无三非"人员。为此，当前政府应从政策上予以积极扶持，由政府相关部门负责协调整合安保行业力量，制定行为标准和行业规范，形成强有力的协调机制；与此同时，希望商务部、外交部能够为提供海外安保服务的专业人员设置办护照、签证专项通道，实现向全球迅速派遣安保人员的能力。

（三）引导中资企业内设安保机制

中国企业应尽快建立内部安保机制，将安保制度"内化"到企业的海外经营管理中。具体而言，企业应设立专属安保部门或安全官，在高风险国家参与项目时，专属安保部门或安保官应在谈判和论证阶段就予以介入，负责对企业所处地区的社会安全进行风险评估、收集安全形势情报、研判企业安保环境等；在项目运营过程中，专属安保部门或安保官应监督企业安保工作标准化的执行，及时平衡企业安全需求和安全供给之间的关系，部署企业的本地安全保卫工作。

（四）借助商业保险转移海外劳工风险

中资保险公司应该按照《2014年国务院关于加快发展现代保险服务业的若干意见》的要求，提升保险业对外开放水平，尝试多形式、多渠道"走出去"，为我国海外企业提供"特殊安全防护险"。中国平安保险公司已迈出了重要的一步，于2015年11月与英国危机管理公司合作，率先推出"绑架与赎金险"。此外，外资跨国保险公司也开始抢滩中国市场，诸如美国国际集团旗下的美亚保险公司等纷纷在中国开展"绑赎险"业务。面对不断增大的海外绑架风险，中国企业应学会"借网出海"，即借助本土和外国大型跨国保险网络为自身员工安全保驾护航，这是通过商业工具转移海外风险的一个有益尝试。

（五）发挥海外侨团的"安全杠杆"作用

我国侨务工作应该围绕凝聚侨心、汇聚侨智、发挥侨力这条主线，借助侨团平台将广大华侨华人有序动员和组织起来，发挥"安全杠杆"的特殊作用。具体可重点从以下几点着手：一是**搭建开源情报共享平台**。从实践看，许多侨领在当地有较高威望和知名度，侨领所得到的情报往往是最及时可靠的，而当地的侨团往往比大使馆拥有更为灵敏的消息渠道。因而，中国可借鉴英美等发达国家的经验，由使领馆牵头定期举办安全形势研讨会，邀请侨领、中资企业、驻外记者等参加，就东道国当地安全形势进行系统性分析和研判，形成在"全信息、全语种、全时段"环境下获取信息的能力，并及时将安全信息汇总、发布给海外企业与公民。二是**推广海外安全联防机制**。近年来，我国部分驻外使领馆已经在试点建立领保联络员及安全联防机制，旨在借助海外社会力量拓展领保服务网络，丰富领事保护的手段和工具。未来，应把海外安全联防机制进一步推广至中高风险国家，以增强处置境外突发事件的应对能力，实现对境外安全风险的系统化管控。三是**完善"华助中心"服务平台**。维护侨胞权益、解决好各类诉求是调动侨团积极性的前提与基础。除相互帮扶外与支持外，"华助中心"还能有效地加强侨团之间横向联动，以及侨团与政府机构之间纵向协调，有利于扩大影响，展现族群力量。

三 构建海外安全保护体系的战略意义

当前，海外安全需求日益扩大与安全供给相对不足之间的矛盾是我国海外安保实践发展的主要矛盾，这一矛盾的解决有赖于建构与保障海外安全相匹配的海外安保体系。因此，构建"五位一体"的海外安保体系，具有"大、深、远"的战略意义：

第一，**保障"一带一路"建设有效推进**。"一带一路"大背景下，中国在经历原材料输出、工业产品输出后，已经进入资本净输出的新阶段，成为对外投资大国。从海外项目类型上看，中国目前的资本输出,基本上还是以基建工程和资源开发为主,比如铁路、港口、矿山、油气开发等。这些大型工程项目具有投资大、工期长、风险高、回报率低的特点,项目的成败与当地稳定的政治环境、安全环境密切相关。企业"嵌入式"安全机制的建立、商业保险以及侨团力量的运用,能够有效改变过去海外利益保护过多依赖政治与外交手段的弊病,更多地覆盖"走出去"的企业。与此同时,私营安保公司作为"准军事力量"的介入,恰好可以弥补企业在安保经验上的欠缺,为企业提供全方位的风险评估、预警、防范、应对与处置的服务,增强企业和雇员的安全感,不但能够大胆"走出去",更能安全地"走回来"。

第二,**拓展海外护侨手段**。在一些不发达国家,部分华侨居住分散,生活相对封闭,使得使领馆难以及时掌握他们的情况和动向,导致常规性的领事保护方式面临挑战。而海外安保体系的建立可以依托社会力量来缓解上述矛盾。一方面,在紧急情况下,政府可以通过购买公共服务的方式聘请中资私营安保公司介入海外撤侨行动当中,相对于调动军队而言,安保公司有着经济成本低、政治影响小、派遣方式灵活等优点,可在撤侨等国家行为中发挥积极的作用。另一方面,在日常工作中,驻外使领馆可借助海外安全联防机制与"华助中心"平台的情报共享、资源整合、群防群治功能,充分调动中资企业、中资私营安保公司和当地侨团的积极性,有效减轻使领馆在人力、资金方面的压力,更好地维护侨胞的安全与正当权益。

第三,**为海外维和行动提供后勤保障**。近年来,一些联合国的成员国积极推动联合国引入市场化的解决方案来提高维和行动效率、减少成本开支,私营安保公司作为一种便利的市场化"安全外包"工具与联合国维和行动之间的关系日益紧密。一般而言,私营安保公司参与联合国维和行动有两种方式:一种是被联合国总部直接聘用,另一种是被参与维和行动的联合国成员国间接聘用。从非洲维和实践看，中国在非维和行动受到后勤问题的严重困扰，而私营安保公司在后勤保障层面的积极运用有望缓解这一问题。由于维和行动通常在局势不稳定的高危国家开展，且维和官兵人数有限、任务繁重，在当地聘用的物资运送人员与外聘安保人员往往因身份背景复杂而带来安全风险，有时甚至反噬雇主。若中国维和部队能聘用中资私营安保公司承担运输、警戒、情报、交通、通信等后勤保障服务，则能够有效防范遇袭事件的发生，保障我国海外维和行动的顺利开展。

当前，中国已经成为一个全球性国家，中国海外利益的迅速拓展与广泛延伸是中国日益融入全球体系之中的必然结果，切实维护中国海外公民、企业的安全和权益已成为外交与国家安全工作的重要内容。在中国国家利益大举向外扩散的同时，全球安全局势变得日益严峻，冷战后以美国霸权为基础的全球安全框架正面临新兴大国崛起、非传统安全威胁、恐怖主义泛滥等多重挑战而趋于解体和重构。海外投资并不是简单的资本输出，而是一项极为复杂的系统性国家战略设计，需要有与海外利益布局相匹配的安保能力，全球化的资产配置需要有全球化的安保体系作为支撑。若不从全球化和市场经济背景出发重构海外风险防控体系，我国驻外使领馆即便增加再多的人员编制和经费，也只能起到"救火"的作用，无法从根本上应对"此起彼伏"的海外安全事件。面对碎片化和零散化的全球安全版图，在继续发挥政府主导作用的同时，还应充分调动社会和市场主体的积极性，打破各个单元之间的限制，实现多个部门、多个组织和多个机构之间的高效协作，从而形成一种协力型的海外安保实践，切实维护中国海外的长久利益。

（清华大学国家战略研究院副研究员　刘阳子）

中国海外利益维护与对策

本文要点： 2015年，在我国公民和机构不断"走出去"的背景下，我国面临的境外安全风险不断增加。我国境外安全风险源主要表现为社会治安、恐怖主义、政局动荡。我国政府采取了各种措施切实加强境外安全风险保障力度，有效维护了我国不断扩展的海外利益。新形势下，我国亟须进一步加强境外安全保障机制与能力建设，应建立国家层面的海外利益保护专门机构，推动领事保护和境外安全保障专门法的立法工作，推动企业加强安保投入并促进我国海外安保产业的发展，加强与当地治安体系的执法安全合作，推动我国企业海外合规运营和履行社会责任。

一 中国海外利益安全形势回顾

随着"走出去"战略和"一带一路"建设的大力推进,我国海外利益规模和范围得到空前拓展。我国对外投资规模不断扩大,投资主体和形式日益多元化,覆盖领域和范围更加广泛,海外安全风险暴露增加。

2015年,我国海外安全总体形势日趋严峻,且呈现常态化、复杂化趋势。部分地区地缘政治冲突、政局动荡、恐怖主义和社会犯罪的升温,进一步加剧了我国公民和企业面临的海外安全风险。中国外交部领保中心数据显示,外交部领保中心和中国驻外使领馆在2015年共受理领事保护和协助案件86678件,同比增加27152件,增幅达45.61%。其中,共涉及95860名中国公民,造成1928人死亡。而且,我国境外安全案件的发案率也在连年升高,从2013年的4.25件/万人上升至2014年的5.1件/万人,并在2015年进一步升至6.77件/万人。

我国境外安全风险源的分布日益广泛,但**刑事犯罪、恐怖主义和政局动荡类安全事件的发生频次和危害程度更高,成为我国公民和机构海外安全的主要威胁**。首先,我国海外公民和机构受东道国社会治安威胁较大。2015年,中国领保中心发布刑事犯罪类安全提醒占总提醒数的32.1%,为次数最多的安全提醒类别。从2014年到2015年,我驻外使领馆处理的社会治安类案件翻了一番,从3109件升至6487件。其次,恐怖袭击对我国海外公民和机构安全威胁继续上升。2015年,我国共处理45起恐怖袭击和劫持人质类领事保护案件。2016年8月30日,我驻吉尔吉斯共和国使馆遭自杀式恐怖袭击,使馆3名中方人员受伤。最后,东道国政局动荡引发的政策变动和社会动乱严重威胁我国海外利益。2015年,中国领事保护中心发布的"出国安全提醒"中,政局动荡类提醒占到14.1%。各领馆共处理政局动荡类领事保护案件36件。

此外,"一带一路"沿线成为我国境外安全风险集中地区。2015年,我国企业对"一带一路"相关国家投资快速增长,投资流量为189.3亿美元,同比增长38.6%,直接投资存量为1156.81亿美元,占中国对外直接投资存量的10.5%。"一带一路"沿线国家的政局动荡、地缘政治风险和恐怖袭击日益威胁到我国海外公民和企业的安全。2015年,我国在亚洲发生的领事保护与协助案件共47513件,达到全年总案件的55%。

二 中国海外利益维护的政策实践

第一,**强化部门协调机制,建立"五位一体"的境外安保工作联动网络**。2004年11月,经国务院批准,我国成立由外交部牵头的"境外中国公民和机构安全保护工作部际联席会议"机制,包括26个成员单位,负责境外安全保护工作的决策和协调,以及处置涉我境外重大突发事件。在部际联席会议机制的带动下,广东、浙江、福建、广西、北京等18个省(区、市)也建立了省级跨部门协调机制,大大推动了地方参与境外的本地公民和机构的安全保护工作。经历多次海外撤侨和涉我重大境外突发事件的磨炼,我国海外利益保护工作逐渐形成以部际联席会议为基础的中央、地方、驻外使领馆、企业和个人"五位一体"的境外安保工作联动网络。

第二,**加强前期预警工作,提升公民防范和应对风险的能力**。我国政府积极采取预防与处置并重的境外安全保障措施。外交部领事司对中国领事服务网进行升级,并通过举办领保宣传活动、编发领保手册等方式宣传海外安全知识。此外,领保中心还通过手机短信、微信公众号"领事直通车"等新技术手段发送安全提醒（全年发布500余条），加强海外安全预警。商务部专设"走出去"公共服务平台，发布《对外投资合作国别（地区）指南》和《国别贸易投资环境报告》，及时警示有关国家的政治、经济和社会重大风险。商务部还发布《境外中资企业机构和人员安全管理指南》，指导企业科学建立境外安全风险管理体系。此外，商务部对我国企业前往战乱国家、未建交国家或者高风险敏感国家的对外投资实行核准管理，其余实行备案。

第三，**强化应急处置，妥善处理各类领事保护案件**。2015年，我国公民和机构重大领事案件爆发频次和分布范围都明显扩大，对领事部门海外维权工作要求提高。全年外交部领保中心和中国驻外使领馆受理的领事保护和协助案件数量达86678件，其中包括上百起重大领保案件，撤离战乱和自然灾害地区中国公民6000余人，安全营救遭绑架劫持人员50多名。中国领事保护中心继续完善"外交部全球领事保护与服务应急呼叫中心"系统，将该系统覆盖范围扩展至全球270个驻外机构，使之成为我海外公民与祖国之间的一条全天候、零时差、无障碍的领保应急绿色通道。

第四，**积极商签双边投资保护协定，通过法律形式维护我国海外利益**。随着我国从资本输入国转变为资本输出国，我国在投资保护协定谈判中正在从以确保防守利益为主转变为保护海外企业的合法权益。商务部积极推动对外投资多双边保障机制的完善，已经同130多个国家签署了投资保护协定，并正在和一些重点国家开展双边投资保护协定谈判。中国公司已经开始拿起法律武器，在双边投资协定框架下通过提起国际投资仲裁保护海外投资利益。

第五，**推动政治风险保险行业发展，运用市场手段维护我国海外利益**。我国正在大力推行海外投资保险制度建设。2015年中国信保实现承保新增中长期出口信用保险金额238亿美元，海外投资险承保金额409.4亿美元。此外，中国信保已承保中国企业向60个非洲国家（地区）的出口和投资，覆盖铁路、公路、电力、矿产、电信、石油、农业和机械设备等几十个行业，累计支付赔款13.9亿美元。中国信保将大力发展政治风险保险业务，继续为中资企业"走出去"保驾护航。

第六，**参与国际维和行动与执法安全合作，维护和平稳定的国际环境**。维持世界的和平是营造我国海外安全环境的根本途径。我国积极参与维和行动，建设性地参与解决地区热点问题，有效地促进了世界和平与安全，客观上有利于缓解中资企业"走出去"面临的海外安全形势。中国决定设立为期10年、总额10亿美元的中国—联合国和平与发展基金，部分用于支持联合国维和行动。此外，我国还加强执法安全合作，维护海外利益安全。公安部积极通过外派警务联络官和国际执法合作等形式，打击涉及中国公民的违法犯罪活动，维护我国境外利益安全。

三 加强中国海外利益保护工作的政策建议

第一，**加强机制建设，建立国家层面的海外利益保护专门机构**。我国领事保护工作量不断增加，但相关部门的人员编制和预算增长有限。同时，部际联席会议统筹协调二十多个同级部门非常困难，人、财、物落实层面的协调执行能力显现不足。本文建议，一方面，政府可考虑将领事保护中心升级为国家层面的领事保护机构，专门负责处理领事保护工作，并对领事保护中心财政预算和人力资源提供进一步支持。另一方面，政府可考虑将现有的外交部牵头的部际联席会议机制升级为由国务院领导负责的协调机构，提高协调效率，强化各部门履行工作职能。

第二，**加强法制建设，推动领事保护和境外安全保障专门法的立法工作**。我国海外利益保护的具体工作仍然缺乏明确的法律依据。国家还未通过明确的立法，明晰领事保护和境外安全保护工作的责权。同时，国家层面的《国家涉外突发事件应急预案》

仍未出台，而《境外中资企业机构和人员安全管理规定》也只是行政规章，缺乏具有可操作性的规定。国家要通过领事保护专门法，调动外交、经济、军事等方面的资源，对领事保护工作中各部门承担的责任进行明确划分，切实落实安全保护中的人、财、物的配置问题。

第三，**推动企业加强安保投入，促进我国海外安保产业的发展**。我国海外安保产业目前还处于起步阶段，而且存在法律兼容性问题，海外执行行动能力相对较低。政府有必要对国有企业海外项目提出义务性安保投入要求，指导和监管国有企业规避和应对海外政治风险。同时，积极为中国安保企业在海外发展创造良好的法律和市场环境。

第四，**进一步加强执法安全合作，利用当地治安体系保护我国人员和机构境外安全**。随着"一带一路"建设的深入开展，我国在沿线基础设施建设和产能合作过程中，对当地政府的治安保障能力的要求提高。在重点国家、港口、工业园区和沿路可以尊重对方主权的执法合作形式，加强海外安保能力。

第五，**强化对境外安全风险的评估和情报收集工作**。政府要通过增加境外力量部署，深入融入当地社会内部，加强获取东道国政情舆情的能力。对于境外安全风险的评估工作，除了考虑企业层面的项目风险，还应加强对全球和地区的地缘政治、国家政治风险的评估工作。

（中国社会科学院世界经济与政治研究所助理研究员　刘玮）

美欧关系"再平衡"与中国对策

本文要点:"特朗普冲击"并未损害美欧同盟的基础,当前美欧"冲突"的实质是双方在防务、贸易、气候等诸多领域重新调整相互间的权利、责任和利益,而非"分裂",双方的战略共识和合作机制依然牢靠。"再平衡"后的美欧关系会朝着共同推动和形成"大西方"的方向发展,这对中国是一个实际的挑战。应对"大西方",最好的办法是通过分化其内部的共同利益,使各方在对华政策上不能形成共同的政策目标与外交合力。这意味着不能对其"咄咄逼人"的攻势"全线出击",而是要"重点突破",欧洲是一个可能的突破口,切入点则是中欧双边投资协定。

美欧关系"再平衡"与中国对策

特朗普在竞选期间以及当选总统后一系列针对北约以及欧盟的不友好言辞，引发了跨大西洋两岸的紧张关系。德国总理默克尔也直言不讳地说："那个完全可以信赖其他伙伴的时代某种程度上地成为过去，我们欧洲人必须将命运掌握在自己手中。"由此，美欧同盟的稳固性受到质疑，国内外不少分析人士认为跨大西洋同盟出现裂痕，美欧会渐行渐远。分析美欧同盟稳固与否，不能仅从"挑衅性"的言辞出发，更要看"争吵"是否动摇了双方的战略共识和合作机制。本文认为，特朗普在言辞上对欧洲的"敲打"，实际上是在延续奥巴马政府时期就已启动的美欧关系"再平衡"，当前美欧"冲突"的实质是双方在防务、贸易、气候等诸多领域重新调整相互间的权利、责任和利益，而非"分裂"，双方的战略共识和合作机制依然牢靠。"再平衡"后的美欧关系会变得更加稳固，共同推动"大西方"的形成，这对中国是一个实际的挑战。

一　北约框架下美欧军事同盟没有弱化

特朗普带给美欧关系的最大冲击莫过于其安全防务政策。特朗普竞选时称北约已经"过时"，并且威胁欧洲国家，如果不增加军费开支，美国将放弃对欧洲的安全承诺。特朗普这一咄咄逼人的表态确实挑战了美欧关系的底线，**但其真实目的是要让欧洲在世界安全事务中发挥更为重要的作用，增加军费和各种资源的投入，为北约的全球行动做出更大贡献**。从而加速在北约框架内实现美欧力量的"再平衡"，减轻美国的责任和负担，而非弱化、甚至放弃美欧军事同盟。这与奥巴马的北约政策是一致的，只不过特朗普不像奥巴马那么"温文尔雅"，而是用更加"蛮横"的威胁性语言和"步步紧逼"的高压态势来敦促欧洲履行防务义务。

欧洲对于美国要求的防务"再平衡"也是认同的。因为欧洲人也很清楚，美国对北约防务开支的贡献比例长期地维持在70%左右的水平是不可持续的，特别是乌克兰危机让欧洲人切实地感受到了地缘政治风险的存在，意识到了加强美欧军事同盟的必要性和紧迫性。在2014年举行的威尔士北约峰会上，欧洲国家第一次承诺将遵守军费开支不低于国内生产总值的2%，保证军费中装备和研发开支不低于20%的义务。威尔士峰会标志着欧洲国家开始改变长期以来在安全领域"搭便车"的策略，形成了重整军备的战略共识。

欧盟在2016年6月发布的《全球战略》文件中，一改之前对自身"软实力"的自信和推崇，认为在当前充满对抗性的世界中要提升"硬实力"，这就需要增加安全与防务领域的可信度，为自己的安全承担更多责任。在《全球战略》文件中，欧盟再次确认了威尔士北约峰会的共识，要求各成员国将足够的经费投入到防务中，并且认为更可信的欧洲防务是与美国建立健康的跨大西洋关系的基本前提。**与美国更加平衡地分担防务负担，已经成为欧洲国家的共识**。作为当前欧盟事实上的"盟主"，德国在2016年7月发布的《2016年安全政策与联邦国防军未来白皮书》中也表示，在北约框架内，欧洲承担共同防务中的比例越大，跨大西洋安全伙伴关系就会越紧密、越有成效。可见，由于地缘安全形势的恶化，早在特朗普上台之前，欧洲已经决定要更多地分担美国的防务支出，并且要进一步加强跨大西洋的军事同盟。

特朗普对欧洲发出的夸张性"安全威胁"，更多的是对既有共识的"另类"强调，仅仅停留在外交辞令层面，没有成为实际的行动，**北约框架下的美欧军事同盟并没有弱化**。欧洲不满的是特朗普要求美欧防务"再平衡"的"粗暴"方式，而非"再平衡"本身，欧洲对美欧军事同盟仍然是有信心的。2017年6月1日法国新任国防部长古拉尔（Sylvie Goulard）出访德国，在与德国国防部长冯德莱恩（Ursula von der Leyen）会面之后双方均表示，法德两国毫不怀疑美国在北约上采取的团结精神。古拉尔认为，特朗普到访布鲁塞尔本身就释放出他对北约的兴趣并没有减弱的信息，并且表示"毫不怀疑美国人民和领导人会忠实于协防条款"。德法两国的国防部长也再次确认了欧洲加大防务支持的必要性，认为欧洲出于自身利益必须加强防卫。冯德莱恩还特别强调，"这将需要很大的开销，但这些开销是有必要的"。

二 美欧贸易政策的共识大于分歧

特朗普是商人出身，显然更加明白国际贸易的重要性。他反对的不是自由贸易本身，而是美国没有得到"足够收益份额"的自由贸易，用特朗普的话来说就是"我们没有得到公平对待"。所以，**特朗普贸易政策的核心是"公平贸易"**，通过观察特朗普在贸易政策方面的具体行动，可以大致明确：**"公平贸易"本质上就是要为美国企业打开海外市场**，通过谈判或者施压的方式要求贸易伙伴更多地向美国开放市场，要求贸易伙伴遵守对美国有利的国际经济规则，甚至要重新设定能够确保美国得到"足够收益份额"的国际规则。具体而言，就是要改变之前具有"照顾"性质的对贸易伙伴单向市场开放的做法，而是要求贸易伙伴按照对等原则双向开放，确保美国企业能够自由进入任何国家的市场。为实现这一政策目标，特朗普不惜挥动关税、制裁等大棒，不再拘泥于多边贸易谈判，为了更有效地制定有利于美国商业利益的规则而使用双边的方式。

特朗普的"公平贸易"政策并不新鲜，欧洲人早已着手实施，并且对"公平贸易"内涵的阐释更加明确、系统化，在政策工具的使用上也更加细腻、成熟。2006年10月4日，欧盟委员会公布了题为《全球的欧洲：参与世界竞争对欧盟增长和就业战略的贡献》的新贸易政策文件，确立了为欧洲企业打开海外新市场和确保公平竞争的贸易战略。时任欧盟经济贸易委员曼德尔森在文件前言中对新贸易政策的本质做了阐述：开放市场不仅仅是降低关税，它应该是一个欧洲企业得到公平交易、自由竞争和法律保护的市场。从2007年开始，欧盟官员在各种场合不断强调"我们必须时刻坚持公平贸易"，包括结束出口产业的不公平的国家干预、坚持世界贸易组织关于市场准入的承诺和尊重知识产权等诉求，认为"通过反对其他国家不公平的出口补贴来保护欧洲产品是市场开放的题中之意"。欧盟当时的做法与现在特朗普政府一样，没有仅仅局限在主流的多边贸易谈判中，而是"使用双边和多边的讨论和协议来达到此目的。当需要之时，求助于贸易保护措施"。2007年11月曼德尔森对欧盟"公平贸易"政策进行了进一步的诠释，认为"由于全球化正在改变我们的经济和产业，欧洲领导人必须表明我们的开放是与其他国家互惠的，而其他国家必须按照规则行事。欧洲的基本对外经济政策应该是抵制内部保护、打开海外市场、保证公平贸易"。也就是说，越来越强调用互惠和规则来要求其他国家，在对外经济关系中主动进击。

通过对比可以看出，特朗普版的"公平贸易"政策实际上就是欧盟"公平贸易"政策"更具进攻性"的新版本，两者的政策理念和目标指向是一致的——**打开广大发展中国家，特别是新兴经济体的市场，用国际规则来约束其竞争力，从而确保自身的竞争优势**。因为欧洲和美国本身就互为重要的贸易伙伴以及投资来源地和目的国，彼此间的贸易壁垒和投资障碍要少很多，要扩大本国企业的海外市场份额，短期内潜力有限，扩大在发展中国家特别是新兴经济体的市场份额，才是其真正的目标。所以，**在贸易政策上，美欧是真正的利益共同体**。

这就是为什么特朗普在竞选时威胁对欧洲国家采取贸易保护措施，对《跨大西洋贸易与投资伙伴关系协定》（TTIP）大加批判，导致谈判搁浅，而现在又主动提出要重启。2017年4月24

日,美国商务部部长威尔伯·罗斯会晤欧盟贸易专员马尔姆斯特伦,正式讨论如何推进TTIP谈判,美欧之间发生贸易战的概率大大降低。在贸易议题上,双方的利益远大于分歧。2017年5月27日闭幕的七国集团(G7)峰会因为特朗普的贸易保护主义倾向,在会前被普遍认为很难达成贸易政策的共识,但实际上,美欧再次确认了一致支持"公平贸易"和"开放市场"的原则,会议联合声明强调:"我们一致认同,自由、公平和互惠的贸易是经济增长和创造就业的关键动力,因此我们强调保持市场开放和打击保护主义的义务。"欧洲实际上对此次峰会在贸易领域取得的成果还是满意的。德国总理默克尔认为:"七国集团在这次峰会上至少就'建立在规则基础上的世界贸易体系'达成了共识,重申支持开放市场、反对保护主义和不公平贸易——这就是对于我们来说重要的成果,因此我认为这是一个进步。"

三 欧洲是应对"大西方"的突破口

美欧精英阶层对维护跨大西洋同盟关系具有高度的共识,分歧在于"以何种方式"和"多大程度"上。跨大西洋同盟近些年在贸易、金融、防务等领域的合作实际上是在不断加强,因为美欧意识到它们面临的重大挑战是**如何管理以中国为代表的新兴大国的崛起,也就是发达国家需要一个"再平衡"**,约束和管控中国的崛起对发达国家既得利益格局的冲击。

这个"再平衡"的关键就是积极推动发达国家间更紧密的合作,特别是要巩固和加强跨大西洋关系,通过权利、责任和利益的重新调整,以美欧为核心打造出一个制度化、机制化的发达国家间政治、经济和金融集团,同时联合一些价值观相似的发展中国家,重建对西方有利的国际经济政治新规则、新机制。

美国前国家安全事务助理布热津斯基曾对此有一个深刻的分

析，他认为西方的衰落并非就意味着中国可以主导世界，如果美国和欧洲加强团结，就可以塑造出一个更广大和更具活力的西方。他认为这个"大西方"的地盘将从北美一直延伸到欧洲，然后再进入欧亚大陆拥抱俄罗斯和土耳其，接着跨越地理距离达到亚洲第一个成功实现西方民主制度的国家日本，然后是韩国，中国可以超越任何一个西方国家，但却无法超越整个"大西方"。

"大西方"的形成在全球经济领域表现得尤为明显。虽然目前以 TTIP 为代表的区域多边贸易谈判陷入僵局，但美、日、欧、加等发达国家之间的双边贸易协定谈判其实早已有条不紊地向前推进，并取得重要成果，比如欧盟与加拿大之间已经完成谈判，与日本的谈判也有可能在 2018 年完成，TTIP 重启的可能性在增大，美、日、欧更在加速形成一个巨型的排他性贸易联盟。

全球虚拟经济层面规则的变化虽然异常低调和悄无声息，但其正在根本性地改变着国际货币体系的运行机制和治理平台。2013 年 10 月 31 日，美联储、欧洲央行、瑞士央行、英国央行、加拿大央行和日本央行这全球六大央行同时宣布，它们将把现有的临时性双边流动性互换协议转换成长期协议，而且，任何当事央行都可在自己司法辖区内以另外五种货币中的任何一种提供流动性。这意味着，在主要发达经济体之间，一个长期、多边、多币、无限的超级储备货币网络已编织成型。发达经济体央行之间在货币互换平台上的协同一致，很有可能替代以国际货币基金组织为代表的原有治理机制，但是这个全球超级储备货币网络依然把中国排除在外。

当今中国正处于一场寂静的西方"包围"之中：面对国际格局的深刻变革，**发达国家正在加速形成一个对内开放、对外封闭的"大西方"**，制定和推广新的国际规则，以期最大限度地利用对自身更为有利的、非中性的国际规则来约束或限制竞争对手。这一情形被称为"再全球化浪潮正在涌来"。正是在这一点上，特朗普政府与欧洲并无根本性的分歧,它们都是"大西方"的支持者和推动者。

"大西方"的形成是对中国的新挑战,其对中国的"合围"之势愈加明显。以"互惠""公平"为旗号,特朗普下令要对中国在技术转让等知识产权领域的政策行为进行审查;欧盟也决定在2017年9月出台对外资收购欧洲公司的审查措施,这主要是针对中国在欧盟高科技制造业、能源和基础设施行业的投资。

应对"大西方",最好的办法是通过分化其内部的共同利益,使各方在对华政策上不能形成共同的政策目标与外交合力。这意味着不能对其"咄咄逼人"的攻势"全线出击",而是要"重点突破",**欧洲是一个可能的突破口,切入点则是中欧双边投资协定**。当前,中美和中欧之间在进行双边投资协定谈判,美欧之间在试图重启TTIP,这三个同时进行中的谈判将决定中美欧大三角的权力关系以及未来的全球经济格局。相比美国,欧洲对中国的"战略恶意"和地缘政治考量要弱一些,如果中欧双边投资协议能先一步达成,可以大大缓解来自欧洲的压力,会促使欧洲逐渐成为中美博弈的"旁观者"甚至是"调解者",并且其示范作用还会对美国等其他西方国家产生压力,起到杠杆作用。所以,有必要重新审视中欧双边投资协定的谈判清单,理清哪些方面必须坚持,哪些方面可以让步,以加快其进程。

(中共中央党校国际战略研究院助理研究员 赵柯)

热点问题研究

当前西方国家"集体性"乱象探源

本文要点：近年美欧等西方主要国家出现"集体性"乱象，经济持续低迷、民粹主义大行其道、社会动荡、恐怖袭击有增无减、主要国家间龃龉不断、相互关系复杂化。这是其长期积累的经济、政治、社会矛盾和国际矛盾集中爆发所致。西方国家的"民主、法治、市场"三支箭失灵，从根本上说是其在运用科技、经济先发优势的过程中，不公正地主导着世界经济政治和国际秩序，其后果是遭遇世界历史的"报复性反弹"，这些乱象的发生具有历史必然性。由于西方国家很难解决这些矛盾，短期内很难走出乱局。对此中国应理性、客观认识。一方面增强中国理论自信、制度自信、政治自信；另一方面要看到西方仍享有经济、政治优势，其衰退是一个漫长的过程。西方国家在未来相当长的一个历史时段，仍将是国际政治中的主要力量中心，我们仍应准备与一个强大的西方交往。

近年来，西方国家乱象纷呈，美欧日等西方主要国家不同程度地陷入经济、政治、社会及安全乱局，西方国家之间的相互关系也呈紧张状态。认识当前西方国家乱局的性质、根源及其前景，有助于我们把脉世界，进一步认清当前国际乱象丛生的总根源，进而看清未来国际大趋势。

一　西方国家"集体性"乱象面面观

当前美欧日等西方主要国家出现的各种乱象堪称是一种"集体性病征"，在空间上涉及冷战结束以来一向自诩为世界"稳定岛"的美英法德意日等西方主要国家，在内容上涉及经济、政治、社会、安全与外交等多个维度。

首先，在经济方面，自2008年国际金融危机以来，**美欧日等主要西方国家**采取种种举措，包括"量化宽松"以及奉行形形色色、不惜以邻为壑的贸易保护主义政策等，但其仍然**深陷经济低迷**，低增长、低就业、低利率（三低）以及贸易与投资不振、债务高悬并不断累积等挥之不去，成为其痼疾。据国际权威经济机构统计：美欧日等主要国家的债务普遍超过维持经济正常运转的"红线"，日本债务甚至超过其GDP的250%；经济增长率普遍低于2%，其中2016年欧盟各国仅为1.5%左右，日本更是低于1%；失业率则居高不下，法国等国失业率甚至高达10%左右。

其次，**政治与社会方面积累的多种矛盾集中迸发**，以反精英、反建制、反移民、反全球化、反自由贸易和反环保等"自闭症"为主要特征的"民粹主义"尤其大行其道、泛滥成灾，上演了一幕幕政治、社会闹剧，引起一系列政治、社会动荡。正是在民粹主义思潮高涨、甚至已形成一场社会运动的背景下，英国"公投"脱欧成功、美国特朗普赢得2016年大选、法荷奥意德等国的"右翼势力"也声势高涨，朝着撕裂社会、撕裂欧盟、甚至撕裂"大西方"的方向演变和发展。2017年8月14日，美国弗吉尼亚州小城夏洛茨维尔发生的白人种族主义骚乱导致人员伤亡和美国社会动荡，不但震惊美国、震惊西方，也震惊世界。

再次，**在社会安全领域，恐怖袭击以及带有恐袭特性的各类暴力犯罪活动已经成为常态**，成为破坏美欧等西方国家社会安全与稳定的不定时炸弹。据统计，从2015年1月到2016年6月，美欧共发生恐怖袭击46次，死亡人数达573人。甚至一向自认为是西方发达国家"安全岛"的日本，近年也不安宁。2016年7月26日，有歹徒在东京街头行凶，导致15人当街死亡。在美国，每年死于枪击的死亡人数甚至超过车祸死亡数，仅芝加哥一地，2016年就发生不下4000起枪击事件，以至无日不响枪。最近一年来，以2016年7月4日法国国庆日为起点，法、德、英以及瑞典、西班牙等国更是大规模恐袭事件此伏彼起，造成的重大伤亡及社会恐慌屡创新高，恐袭形式更加花样翻新，其中最突出的是利用民用汽车冲撞人群、制造平民大量伤亡，这成为恐怖分子的最新手段。2017年8月17日，恐怖分子在西班牙巴塞罗那驾车碾压人群，直接造成百余人死伤。次日，荷兰、德国又发生具有恐怖主义特性的街头凶杀案。总之，这些国家恐情更加严峻，更加无日不惊。

最后，**美欧日等西方国家的对外政策及其相互间关系也乱象纷呈**，戏中有戏。2016年英国以全民公投方式实现"脱欧"、特雷莎·梅政府决定"硬脱欧"，随即以德法为首的欧盟剩余27国以"集体决议"方式要求英国尽快完成"脱欧"程序、对"脱欧"而去的英国搞经济重罚，极力想造成是欧盟"驱逐"英国的氛围。

在英国对欧搞"单边主义"、英欧关系紧张之际，美国则对其所有西方盟友搞起了"单边主义"。特朗普当选总统前后一度宣称"北约过时"、宣称支持英"脱欧"而不支持欧洲一体化、要求其欧日韩等盟国承担更多的军事及安全费用，并宣称美不再做"世界警察"、不再无条件"保卫"其盟友。上台不久，特朗普就宣布废除TPP、宣称要建"墨西哥墙"、要重新谈判北美自由贸易协定，最近又不顾其西方多数盟友反对而执意退出有关全球气候治理的《巴黎协定》。

凡此种种，导致西方国家内部，尤其是主要西方大国内部长期积累的各种矛盾集中爆发，美欧日有关对俄政策、对中东政策，有关经贸投资、气候环境、国际安全、国际反恐、全球治理及其他一些全球议程上的分歧增大，更加不同步、不同调。2017年5月下旬举行的七国集团罗马峰会虽然发表了一个形式上的联合声明，但不欢而散是基调。特朗普与默克尔的"互不待见"则是西方国家内部关系空前紧张、有可能各行其道的突出标志。

二 西方国家为什么会"集体性"乱象丛生？

经济决定政治、经济基础决定上层建筑，这是马克思主义分析法的一条基本原理。虽然当前西方国家的"集体性"乱象中经济、政治、社会、安全及外交等诸种乱象看似并列存在、平行发展、无分主从，但究其根本，**经济乱象是起点、是关键、是根源所在**。

自2008年国际金融危机以来，西方主要国家的经济状况，无论是相对意义上的横向国际比较、还是绝对意义上的纵向历史比较，都可用江河日下来形容。就相对意义的横向国际比较而论，冷战结束时，美欧日等西方国家的经济总量一度在全球占比达于峰巅，例如，其GDP总量在1999年占全球GDP总量的比例约为80%。但到了2008年，其GDP世界占比已降至全球总量的一半稍多（53.3%），目前更降至50%以下。此间西方国家全球贸易占比的变化曲线也大体如此。就绝对意义的纵向历史比较而论，由于长期经济增长低迷、贸易不振,导致美欧各国,尤其是欧洲各国失业率高企,在岗工人工资难以增长,一些"蓝领"劳动者的收入出现绝对下降现象。凡此种种,正是英国"公投"脱欧成功、美国特朗普上台、"民粹主义"在主要西方国家大行其道的经济背景。

导致西方主要国家"集体性"乱象丛生的**另一个主要根源在于其政治领域出了问题**:数百年来,被西方国家奉为"圭臬"的所谓"民主、法治、市场"三大治国法宝弊端丛生,越来越不适应日益全球化、信息化的新世界和"后西方"世界,越来越违背世界发展模式、发展道路的多样性规则。以反精英、反建制、反全球化、反贸易自由化、反移民、反环保以及疑欧主义等为主要诉求的"民粹主义"在美欧等西方国家之所以一再高涨并形成社会运动,正是对其"民主、法治、市场"等西式发展模式、发展道路的反思、怀疑甚至调整的必然,也是对其"民主价值观"及其体制的反思、怀疑甚至调整的一种必然反应。美国特朗普上台及其所奉行的一系列"另类"主张,则可以理解为其对西方各国长期奉为圭臬的"民主、法治、市场"三支箭进行政策性调整。

曾以发表"历史终结论"而名噪一时的美国政治学者福山最近曾在接受电话采访时忧心忡忡地预言:"25年前,我不知道民主制度会如何倒退,也没有理论来谈这个问题。现在我认为,民主制度显然可能倒退"。福山的"民主倒退论",是当前西方国家出现政治、社会乱象的真实写照,反映了西方精英们对当前西方经济、政治与社会乱象的焦虑以及"无可奈何花落去"的悲观情绪。

导致西方国家"集体性"乱象丛生的**第三个根源则需要超越西方国家自身,从全球政治与大历史观视角寻求答案**:西方国家越来越难以适应广大非西方国家群体性崛起及由此引起的西方在全球经济、政治领域相对优势急剧下降的新现实。

自15世纪末"新航路开辟"以来，西方国家倚仗经济、政治、技术和军事优势，强行把亚非拉广大非西方国家纳入西方式全球化进程，通过投资、贸易及赤裸裸的殖民掠夺等方式，从广大非西方国家榨取大量财富，在喂肥自己的同时，也使广大非西方国家长期处于贫穷落后状态，造成西方与非西方经济、政治发展的极度不平衡，以及造成西方长期奴役非西方、寄生于非西方的国际政治、经济与安全架构。进入21世纪，随着全球化的推进、经济技术及财富等向非西方国家扩散、非西方国家尤其是新兴国家的经济发展、实力提升以及政治与民族大觉醒，再加上互联网等高新技术的发展，必然导致这些国家"非西方化""去西方化"情绪日益高涨，而西方国家经济、政治与社会矛盾不断增多，且其不再能从非西方国家任意榨取、掠夺财富以弥补其国内不足。由此，西方国家既不能在国内顺畅地玩"民主、法治、市场"游戏，也不能再以"民主、法治、市场"话语忽悠全世界，更不能在国际上像过去数百年间那样肆无忌惮地剥削、掠取非西方国家的财富、对非西方国家予取予求、通过支配非西方国家而主导全球化及全球事务。

1989年东欧剧变后，福山曾提出"历史终结论"，宣称资本主义制度将一统天下。时至今日，"历史终结论"已经成为历史笑料，西方国家要以"民主、法治、市场"等西式发展模式一统江湖的梦想正在走向"终结"，其在经济、政治发展模式方面的所谓"优越感"和话语优势迅速消退，其对非西方国家予取予求及对国际事务的支配性影响已经不再。如何适应这些新变化，不仅是对西方经济、政治、外交及其安全应变能力的考验，也是对其战略文化、国际理念及民族与社会心理的考验，更将对未来国际关系如何演变、东西方关系如何演变以及对未来世界和平、安全与发展产生重大影响。

三 西方"集体性"乱象能否终结、如何终结？

近代数百年间，西方国家一直因握有经济、政治、技术与军事优势而对非西方国家居高临下，把广大非西方国家视为"白种人的负担"。冷战后西方国家一度继续握有实力优势、继续对非西方国家居高临下，把广大非西方国家，尤其是把以伊斯兰世界为主体的中亚、中东和非洲等广大地区视为国际政治"断层线"和"地缘政治黑洞"，而把西方国家视为国际"稳定岛""稳定源"。现在，西方国家自己乱象丛生，成了国际不稳定地区，这是前所未有的。

进入21世纪以后，尤其是"9·11"事件后，美欧战略界有学者陆陆续续提出所谓"后西方世界""后美国世界"等概念，其内涵大体是指美欧等西方国家近代数百年来的经济、政治和技术优势及其国际主导权正在丧失。他们不无焦虑地预言21世纪世界将是"后西方的""后美国的"，或者说"非西方的""非美国的"，并为如何应对、如何阻止或推迟所谓"后西方世界"来临而出谋献策。

从根本上说，导致西方国家出现"集体性乱象"的根源，一是因非西方普遍崛起导致西方国家的相对经济政治优势急剧下降，其国际竞争力和富裕度也在下降，并必然要引起国内经济政治矛盾上升，并导向经济政治与社会不稳定；二是全球化、信息化及新技术扩散导致国际权力分散化、国际政治与经济的运行模式出现新变化；三是西方引以为豪的"民主、法治、市场"三支箭失灵，其所力倡的国际制度失灵、其对国际政治的主导力下降。以上三者皆是历史性力量所致，反映了历史发展的大趋势，是世界历史对于数百年来西方国家运用其率先进行工业革命而抢占的经济、科技与军事先机，以区区少数人口控制、统治世界绝大多数人口这一不公平历史现象的"报复性反弹",因而具有必然性。更有甚者,这三大历史趋势尚在"进行时",并没有完结。就此而论,西方国家如果不能适应这些历史趋势,其乱局就难以平定,其乱象不但难以终结,甚至有可能继续延展,并成为未来世界动荡的基本根源。

四 如何应对"西方之乱"?

当前西方国家出现的"集体性"乱象丛生如何演变、发展?如何影响国际稳定与安全及如何影响世界繁荣与发展?这些问题是未来国际政治的巨大未知数,还需要继续观察。中国应及时追踪、评估并把握"西方之乱"的发展趋势、本质及其影响。我们既要看到其中所包含的挑战,更要看到其中所包含的机遇,采取措施及时应对。

(一)**进一步树立建设社会主义现代化强国、实现中华民族复兴之"梦"的政治自信、理论自信、道路自信、制度自信**。当前西方之乱源于其长期自吹自擂的"民主、市场、法治"三支箭"失灵",更源于世界历史对数百年来西方少数人长期控制世界经济、政治及国际制度这一不公平现象的"报复性反弹"。认清当前"西方之乱"的总根源,有助于我们认清西方经济、政治体制及其"价值观"的局限性,进一步廓清其所谓"西方民主优越论""市场万能论""法治万能论"等陈词滥调;也有助于我们坚定社会主义信念,继续坚持社会主义发展道路和发展模式。

(二)**"百足之虫,死而不僵"**。尽管西方出现了"集体性"乱象,其遭遇世界历史的"报复性反弹"、从数百年来所积聚的不适当高位跌落、回归历史常态有其必然性,但这将是一个相对缓慢的、相当长的历史过程,其间可能还会有反复。在未来一个相当长的历史时段,西方仍将维持总体稳定、在总实力和影响力方面仍将维持相对优势，美国仍然将保持全球唯一超级大国地位。因此，我们一方面要看到西方衰退、衰落的长期趋势，增加对我们发展道路、发展模式与发展前景的自信；另一方面，我们也不可以从此就过分轻视西方而自大。

（三）利用西方陷入"乱局"和步入衰退的过程，逐步加强在国际范围内的经济和政治布局。在西方陷入乱局并步入经济、政治衰退的过程中，西方一定会逐步收缩其在世界上经营数百年的经济、政治霸权和国际主导权，包括空间收缩和内容上的收缩。中国应把握机遇，有计划、有步骤地增大中国国际主导权和话语权，尤其要在西方必然要逐步收缩的广大非西方世界，应加强我们在国际舞台上的经济和政治影响力。加紧推进"一带一路"建设尤其正当其时。

（四）适当利用西方衰退的"不同步性"，加大与欧洲各国的合作力度。当前西方"乱象"及其衰退在美欧的表现有很大差异，其中欧洲乱象严重、衰退较快，美国则相对稳定一些。美欧乱象及其衰退的不同步性，使其经济、政治与安全政策以及其对华政策的"不同步性"加剧，矛盾加大。我们应充分利用其内部差异性与矛盾，在目前阶段加大与欧洲各经济、政治合作力度，尤其是加大与英法德等欧洲大国的双边合作力度。对美国，我们仍应坚持以两手对两手的策略：一方面在经贸、促进世界经济稳定和全球化、解决各种全球性问题和亚太安全问题上要与美保持合作姿态；另一方面，针对美在全球搞霸权主义以及在中美关系中坚持美方优越地位等，我们要继续与之进行有理、有利、有节的斗争。

（北京国际关系学院国际政治系主任、教授　林利民）

人工智能在军事领域应用的思考与建议

本文要点：人工智能的诞生与发展是20世纪最伟大的科学成就之一，人工智能技术自20世纪50年代产生以来，被广泛应用于人类社会的方方面面。世界主要军事大国已经开始将其应用于军事领域，尤其是美国，很早就开始了在这方面的探索，在军事装备领域部署了一系列人工智能技术研究项目，且对人工智能的未来发展充满了野心。对此，我们要紧跟人工智能技术变迁，加紧搞好技术创新的战略性布局，科学应对战争形态可能发生的演变。我们要加快推进我军智能化在变革战争形态中的基础主导作用，敏锐把握人工智能快速发展的契机，打破固化思维，促进智能化向军事领域进行深度扩散与渗透。

一 人工智能发展分析

（一）人工智能的含义

人工智能是研究、开发用于模拟、延伸和扩展人的智能的理论、方法、技术及应用系统。从智能化水平上来看，人工智能可以分为三个层次：一是运算智能，即快速计算和记忆存储能力。旨在协助存储和快速处理海量数据，是认知和感知的基础，以科学运算、逻辑处理、统计查询等形式化、规则化运算为核心。在此方面，计算机早已超过人类，但集合证明、数学符号证明一类的复杂逻辑推理，仍需要人类直觉的辅助。二是感知智能，即视觉、听觉、触觉等感知能力。旨在让机器看懂与听懂，并据此辅助人类高效地完成"看"与"听"相关工作，以图像理解、语音识别、语言翻译为代表。由于深度学习方法的突破和重大进展，感知智能开始逐步趋于实用水平，目前已接近人类。三是认知智能，通俗讲是"能理解、会思考"。旨在让机器学会主动思考及行动，以实现全面辅助或替代人类工作，以理解、推理和决策为代表，强调会思考、能决策等。因其综合性更强，更接近人类智能，认知智能研究难度更大，长期以来一直进展缓慢。

（二）人工智能战争时代

人工智能技术是在20世纪50年代产生的。当时世界的科学技术已经进入一个新的发展阶段，信息量急剧增加，信息传递日益加快，人类的自然智能已经无法迅速处理如此巨大数量的信息，于是人们开始探索通过计算机来执行需要使用人的智能才能完成的任务。近年来，随着大数据、云计算和深度学习等新技术和新概念的出现，人工智能在感知智能领域和认知智能领域取得了重大进展，可能使未来的战争场景发生翻天覆地的变化，"智能化战争"指日可待，并可能成为战争史上继火药、核武器之后的"第三次革命"。

目前，世界主要大国正在构想建成仅由人工智能武器组成的武装机构（部队），人工智能武器在武力纠纷和战争中占有较大比重的未来正在来临。为了避免"未打先输"，**世界军事大国必然全力争夺这一未来战场的"新制高点"**。

2016年10月，美国国家科技委连续发布了两个重要的战略文件《为人工智能的未来做好准备》和《国家人工智能研究与发展战略规划》，将人工智能上升到了国家战略层面，为美国人工智能的发展奠定了宏伟计划和发展蓝图。2017年年初，美国公布的《2016—2045年新兴科技趋势报告》明确了20项最值得关注的科技发展趋势，其中就包括人工智能、云计算、量子计算、大数据分析等新兴技术。足见在未来的30年，这些技术都将成为影响美国国家力量的核心科技，以确保其在未来战场上的战略优势。

美国很早就开始探索人工智能技术在军事领域的应用。美国国防高级研究计划局（DARPA）于2007年启动了"深绿（Deep Green）"计划，其目的是将仿真嵌入指挥控制系统，从而提高指挥员临机决策的速度和质量。2009—2014年，DARPA先后启动了大量基础技术研究项目，探索发展从文本、图像、声音、视频、传感器等不同类型多源数据中自主获取、处理信息、提取关键特征、挖掘关联关系的相关技术。近年来，美国在军事装备领域部署了一系列人工智能技术研究项目。

美国对人工智能的未来发展充满了野心，企图以工业革命颠覆军事，而人工智能则已成为巩固其全球霸主地位的一个重要筹码。美国国防部的行动计划指出，人工智能技术使五角大楼重新调整了人和机器在战场上的位置，新的人工智能武器将拥有人力无可匹敌的速度和精确度，同时又能减少士兵伤亡。同时，美国五角大楼也已将人工智能置于维持其主导全球军事大国地位的战略核心，以应对未来可能的"反介入/区域拒止"威胁，并将自主技术、人工智能及先进导弹视为支撑美国反制未来数十年威胁的关键。

二 人工智能在我国军事领域应用的思考

当前，世界科技正酝酿着新突破的发展格局。以人机大战为标志，人工智能发展取得了突破性重大进展，并加速向军事领域转移，这必将对信息化战争形态产生冲击甚至"颠覆性"的影响。为此，我们要紧跟人工智能技术变迁，加紧搞好技术创新的战略性布局，科学应对战争形态可能发生的演变。

（一）应敏锐感知人工智能的发展趋势

对战争的理解程度，本身就是敌对双方对抗的重大内容。我军在信息化军事变革中的最大收获就是，顺势强化了技术敏感性，对人与武器之间关系的认识更加科学辩证，将技术与装备因素提高到了应有高度，军队建设对先进技术的吸纳能力更强。当前以智能化为代表的军事技术群的发展，推动战争形态处在实时流变之中。从军事变革史看，军事技术在历次变革中发挥了源头促发性、基础支撑性作用，**谁具有技术变化的敏感性并首先实现技术上的突破，谁就能掌握新的战争规则、控制打赢未来战争的制高点。**

当前人工智能是技术发展的最新成果，在智能、神经、思维等领域，对信息化具有"范式"突破意义。对军队而言，如果不能正确预判军事科技的突破方向、把握战争形态变化，则不仅会导致"技术代差"，更会导致核心能力和国家安全等危机。作为战争的主体、技术的主人，我们必须要有高度敏感性，洞悉战争形态演变规律。从人工智能的思想认知域与行动控制域的双重维度，实现智能技术对信息化、机械化的重大突破。

美国"第三次抵消战略"就是利用人工智能和自主性等"颠

覆性"技术发展,将这些技术嵌入美国国防部的作战网络中,使美国的传统威慑能力登上一个新的台阶,创设下一场战争的制胜规则。因此,我们不仅要着眼于信息化技术发展,更要放眼于人工智能等"颠覆性"技术发展,谋求战略超越、"弯道超车",在后信息化战争形态上掌握先机,以取得未来战争的制胜权。

(二)须把握和识别人工智能的战争属性

军事智能化是军事信息化的继承与发展,成为推动信息化战争形态逐步演变的强大技术力量。评价一种军事技术的战争属性强不强,关键看向军事领域全面渗透、转化为战争决胜能力的强弱。智能化具有控制思想与控制行动的双重能力,可以渗透到军队指挥决策、战法运用、部队控制等活动中,亦可以直接运用到武器装备中,以智能方式控制机械化、信息化装备,以"智慧释放"替代"信息主导",激发最大作战效能,具体包括:

第一,**智能化军事指挥**。指控系统是作战体系的中枢神经,是战争制胜规则的核心部分,指挥控制方式智能化,能克服人性弱点困扰,提升指挥决策的正确性。

第二,**智能化军事装备**。主要是各种无人化武器的运用,打造立体无人作战体系。将人与机器深度融合为共生的有机整体,让机器的精准和人类的创造性完美结合,并利用机器的速度和力量让人类做出最佳判断,从而提升认知速度和精度。如美军发明的"意识头盔",能感应人的脑电波,具有识别敌我的"读心术"功能。

第三,**智能化作战方式**。从搜索发现目标,到威胁评估,到锁定摧毁,再到效果评估,都不需要人参与,作战中实现无人化。此外,还能以思想、心理为打击控制目标,通过智能化方式手段,遵循思想认知规律,进行思想控制和精神"软打击"的作战行动,其中也包括"文化冷战"和"政治转基因"等意识形态渗透破坏行为。

(三) 要重视和完善人工智能的基准与标准

标准、基准、测试平台及人工智能在军事领域的应用，对于引导和促进人工智能技术的研发来说是必不可少的。标准的制定必须加快跟上人工智能在军事领域应用的快速发展，为智能化战争水平的评估提供基础和可靠依据。

第一，**制定人工智能标准**。标准包括可以持续使用的要求、规范、准则或特性，以确保人工智能技术满足军事领域功能性和互操作性等关键目标要求，并能够可靠安全地运行。

第二，**建立人工智能技术基准**。由测试和评估组成的基准，为制定标准和评估标准遵从性提供了量化措施。为了有效地评估人工智能技术，必须制定并标准化相关的且有效的测试方法和指标。标准测试方法将规定评估、比较和管理人工智能技术性能的协议和程序，并通过指标来量化人工智能技术水平。

第三，**建立人工智能测试平台**。测试平台是至关重要的，研究人员可以使用实际运行数据，在现实系统和良好测试环境下的想定中进行建模并实验。军事领域拥有大量独有的任务敏感型数据，应当建立安全且精准的测试平台环境，为人工智能研究人员提供独特的研究机会等来分享和验证人工智能模型和实验方法。

(四) 应加强并确保人工智能安全防护

从技术层面看，将人工智能应用于军事领域，有利于减少专业军事人员的人数，降低培养和维护成本，可以最大限度地避免人的生命危险；而且，人工智能不会感到疲倦，也不受感情因素影响，可以避免人为失误，从而准确完成任务。但其也存在一些不足：

第一，**技术复制**。人工智能在开发和制作方面不需要高端技术，所以可能被恐怖集团所掌握，用于制造自杀性恐怖袭击等。此外，由于小国也较容易制造出更有威力的武器，因而可能引发新的纠纷和扩军竞争。

第二，**黑客攻击**。无法排除系统遭黑客攻击、程序被修改而导致人工智能武器错误行动等的可能性。

第三，**复杂的和不确定的环境因素**。在很多情况下，人工智能系统被设计为可以在有大量的不能被详尽检查或测试的各种潜在情况的复杂环境中工作，一个系统甚至可能会面对设计期间从未考虑过的环境。

第四，**突发行为**。对于部署后再进行学习的人工智能系统来说，系统的行为在很大程度上是由无监督情况下的学习阶段来决定。在这种情况下，很难对系统的行为进行预测。

第五，**目标误设**。由于很难将人类目标转化为计算机指令，所以为一个人工智能系统设定的目标可能无法与程序员的预期目标相匹配。

第六，**人机交互**。在很多情况下，人工智能系统的性能在很大程度上受到人机交互的影响，由此，人类反应的变化可能会影响系统的安全性。

为解决上述问题及其他可能存在的问题，需要加强人工智能的安全和防护，包括改进可解释性和透明度、建立信任、加强验证和确认、制定防攻击安全策略等，使人工智能系统最终实现"递归自我改进"，从而确保人工智能长期的安全性和价值一致性。

三　人工智能应用于我国军事领域的建议

人工智能的诞生与发展是20世纪最伟大的科学成就之一，也是21世纪引领未来发展的主导学科之一。我们应加快推进我军智能化在变革战争形态中的基础主导作用，敏锐把握人工智能快速发展的契机，打破固化思维，促进智能化向军事领域内深度扩散与渗透。

第一，人工智能的快速发展使得新的战争形态——"智能化战争"指日可待，我军要**敏锐把握并布局人工智能技术在军事指挥、军事装备、作战方式等方面需突破的关键核心技术**，控制打赢未来战争的制高点。

第二，人工智能技术的发展是技术群的发展，在促进智能化向军事领域渗透的过程中，要**注重基准和标准的建立及安全防护的整体统筹**，确保人工智能技术群的协调发展及在军事领域中的规范与安全使用。

（中国电子科学研究院高级工程师　王莉）

特朗普政府退出《巴黎协定》能否重振美国能源产业

本文要点：特朗普政府颁布"美国优先能源战略"，签署"促进能源独立和经济增长"的行政命令，退出《巴黎协定》，意在推动美国化石能源产业的复兴，实现能源独立目标，并从中创造工作机会。能源新政的一系列举措，受益最大的是石油天然气行业，尤其是废除过严的规制以后，页岩气革命会持续，页岩气和页岩油的产量会大幅增长，出口份额增加。煤炭产业的复苏尚待时日。尽管特朗普政府对可再生能源政策并不感兴趣，但由于其在经济发展和创造就业中的重要作用，预计未来的发展会稳步推进。对中国而言，应继续大力发展可再生能源，加强与美国在页岩气及液化天然气领域的合作，拓宽能源进口渠道，保障能源安全。

特朗普政府退出《巴黎协定》能否重振美国能源产业

2017年6月1日，美国总统特朗普宣布退出《巴黎协定》，并表示将开始新的谈判，建立对美国相对公平的标准后再重新进入《巴黎协定》。这份声明即刻生效，美国将会停止行使一切与《巴黎协定》有关的内容，包括结束美国自主的排放标准，停止向绿色气候基金支付款项等。这一幕与16年前新上任的小布什总统以"减少温室气体排放会影响美国经济发展"和"发展中国家也应该承担减排义务"为由，宣布单方面退出《京都议定书》如出一辙，都是为了美国本身的经济发展而置全球形成的共识于不顾。但这样做真的对美国有益，能够拯救美国能源产业吗？

一 退出协定是特朗普能源政策的延伸

上任伊始，特朗普政府颁布了"美国优先能源战略"作为其能源政策的核心，未来一系列刺激能源发展的政策都会围绕这一核心展开。"美国优先能源战略"的核心是废除不必要的规制，最大限度开发美国本土化石能源。通过页岩油和页岩气革命及发展清洁煤为数百万美国人带来就业和繁荣，并将能源开采收益用于道路、桥梁、学校等基础设施建设，减少对国外石油依赖，实现能源独立。同时要关注空气、水等环境保护的基本使命，保护自然栖息地和自然保护区。

2017年3月28日，特朗普总统签署"促进能源独立和经济增长"的行政命令，指出美国要清洁和安全地开发能源资源储备，废除一些不必要的限制能源生产、阻碍经济发展和减少就业机会的规制。特朗普政府认为此举将开启新的能源革命，即在美国的土地上生产能源。主要内容有两点：

第一，重新评估清洁电力计划相关法律。要求环境保护署即刻开始评估清洁电力计划相关法律，内务部重新审核联邦土地煤矿租赁、联邦或印第安土地上石油天然气水力压裂的规制、非联邦油气权管理、废弃物保护生产权限和资源保护等与国土油气开发相关的法律和规制,最终确定是否将这些法律悬置、修改或取消,并在180天之内拿出最终方案。

第二,取消奥巴马政府的多项政策。取消奥巴马政府关于"美国为气候变化的影响而准备"的行政法令,2013年的《电力领域的碳污染标准》和《气候变化和国家安全》的总统备忘录。废除《总统气候行动计划》和《减少甲烷排放的总统气候行动计划战略》两本报告。解散温室气体排放的社会成本联合工作组,其有关碳排放的社会成本规制影响分析等系列技术支持文件被取消,不再作为政府政策的代表。

此前,特朗普还命令重新评估清洁水法是否妨碍经济发展和就业;签署水域保护条例,减轻煤炭产业发展的负担;签署总统备忘录,重新开启基石XL和达科他准入两条输油管道建设,这两条管道因为空气和水源问题而被奥巴马政府搁置。

这项行政命令清晰表明**美国有意逐步退出清洁电力计划**,而清洁电力计划是奥巴马政府完成《巴黎协定》承诺的核心。特朗普政府经过两个多月的权衡,认为可以在经济发展及创造就业机会的同时兼顾环境的保护,特别是空气和水资源保护,最终决定正式退出《巴黎协定》。这一决定可以说是意料之外,情理之中。意料之外,主要是指根据美国智库战略与国际研究中心(CSIS)的观点,实际上《巴黎协定》对美国是有益的。一是《巴黎协定》在美国牵头下,把中国、印度等发展中国家的排放标准和美国等发达国家一视同仁,尽管抛弃《京都议定书》起初使欧盟、中国和印度等国家极为不满,但最后还是有195个国家签订了协约,并于2016年11月4日生效,其实正中美国下怀。二是与《京都议定书》"关起门来的讨论"给各个国家直接定下减排任务的方式不同,《巴黎协定》采取的是"各国自主决定"机制,各国的减排目标自己决定,大大增加了各国的灵活性。三是经过数

特朗普政府退出《巴黎协定》能否重振美国能源产业

十年的技术发展、商业模式创新和政策进步，美国经济的发展已经和能源消费及碳排放脱钩，处于历史上消费能源最低的时代。从 2007 年到 2016 年，美国的 GDP 增长了 12%，同期能源消费却减少了 3.6%。2016 年美国的温室气体排放达到 25 年的新低，比 2005 年水平减少了 11.6%。这使得美国在《巴黎协定》中承诺的到 2025 年减排比 2005 年水平减少 26%—28% 的承诺几乎实现了一半。这其实为特朗普政府处理温室气体排放问题奠定了很好的基础。因此大都判断美国不会轻易退出《巴黎协定》。情理之中，则表现为一是《巴黎协定》的承诺在美国一直存在争议，始终没有经过国会的批准，特朗普政府认为美国为这一协定做出了过多牺牲，将会使美国经济减少近 3 万亿美元的产出，失去超过 600 万个产业就业机会和 300 万个制造业就业机会，损害美国的竞争力；二是《巴黎协定》从本质上说是一个协调的行动机制，最后通过汇总各国的承诺来处理全球气候变化问题。对于没有完成国家承诺或贡献，也缺乏惩罚机制，不具有较强的约束性。美国的退出也在情理之中。

但《巴黎协定》规定禁止在三年内退出，并有一年的通知期，因此，在完成相关的法律程序后，美国正式退出的时间是 2020 年 11 月 4 日，特朗普的首届任期将满。从这个角度看，其实这次宣告，更多的是一种政治表态，没有多少法律意义。作为世界上排放量第二大的国家，美国退出《巴黎协定》，其国际影响是极其恶劣的。法国、意大利、德国马上发表联合声明，表达欧盟三大国家对这一决定的反对，表示《巴黎协定》对全球社会和经济发展至关重要，是不能违背、没有协商空间的。美国部分州也表示将会继续执行《巴黎协定》的承诺。退出《巴黎协定》**将严重损害美国在其他国际事务谈判中的影响力**。尤其是那些需要得到多方支持的国际事务。此举也可能意味着美国的清洁能源发展有可能离开主流，丧失其在该领域的领先优势，但并不会影响能源转型的全球化趋势。

二 煤炭振兴遥遥无期

（一）煤炭产业持续萎缩。虽然特朗普政府承诺未来煤炭将要使用最清洁的环境友好技术，同时废除对煤炭的相关管制措施，以重振美国煤炭行业活力。但现实是无情的。美国的煤炭消费已经从2005年的10.2亿吨下降到2016年的7.39亿吨，是近四十年的最低。同期煤电占电力的比重从50%降到25%，表明美国的发电来源已发生了根本性的转变。煤炭面临的窘境是消费群越来越小、融资困难、大多数企业面临破产。加之能源结构的清洁化是全球性趋势，国外需求不振导致美国煤炭出口疲软。

（二）就业机会增加无望。从历史上看，美国煤炭从业人员数量1924年为最高峰达86.25万人，此后一直处于下降过程，到2016年9月只有7.6万人。工作机会由于先进的机械、生产效率提高和自动化而逐步失去。2016年布鲁金斯研究会的一项研究发现，自动化可能替代一个新矿井40%—80%的工人，而那些老矿井对自动化更加敏感。

（三）清洁煤不具竞争力。2017年年初，美国南方公司宣布位于坎帕县耗资71亿美元历时7年建起来的清洁煤电厂将会全部运行。但有关经济分析显示，这个美国最贵的化石能源电厂却面临着低价的天然气和高于预期的运营成本的挑战，严重影响了电厂的经济可行性。只有在天然气价格足够高的时候，清洁煤的经济性才能显示出来。如果建一座同等规模的天然气发电厂，成本只有7亿美元，是清洁煤电厂的1/10。密西西比电力公司的"整体煤气化联合发电"项目也依然前景不明，连续九次延期，被穆迪下调等级。成本从24亿美元增加到70亿美元，管理成本也居高不下。成本劣势使得所谓的清洁煤应用饱受争议。

（四）替代能源发展迅猛。美国联邦数据显示，从2013年5月开始，美国已经关闭了246个燃煤电厂。同期，由于天然气价格较低，有305个燃气电厂开始运营。近几年，太阳能光伏发电和风电的安装价格大幅下降，风电每百万千瓦的安装价格2009年为60美元，目前不到30美元。由于没有燃料成本，电网优先发展大规模的风电和太阳能光伏发电，技术的改进使太阳能光伏发电和风电也可以发挥调峰的作用。美国从事煤炭行业的人士也开始认为天然气和可再生能源发电是大势所趋和全球性的，对煤电行业的压力是长期性的。

特朗普政府或许确实想重振煤炭产业，从短期看，由于规制的放宽，煤炭可能会迎来一个恢复发展期。未来如果没有清洁煤技术的突破和推广，使成本大幅下降，煤炭需求逐步下降的趋势不会改变，产业衰退不可避免。即使采取税收减免及补贴这种极端政策，也可能收效甚微，煤炭产业的前景并不乐观。

三 石油和天然气从中获益

特朗普政府意在废除对水力压裂的限制，放宽排放标准，这无疑会增加油气等化石能源的产量。

（一）有助于美国能源独立。规制的解禁，会进一步刺激美国页岩油和页岩气等非常规油气产量的增加，降低能源对外依存度，实现真正意义上的能源独立。能源独立对美国具有重大意义，不仅减少对外部石油的依赖，还可以使特朗普政府在处理相关地缘政治问题上更具灵活性。随着石油出口禁令解除和液化天然气出口设施建设加强，美国能源信息署预测到2026年美国将成为能源净出口国，天然气和石油的出口会不断增加，煤炭的出口则会逐步减少。行业数据显示，到2020年，美国原油日产量将比不解禁前多130万桶至290万桶，年均带动美国新增就业岗位20万个。

液化天然气净出口量2020年达到近700亿立方米，2030年达到1400亿立方米。

（二）石油天然气获益颇多。页岩气革命的成果仍在发酵，美国的天然气产量自2005年以来一直保持稳步增长。这一增长势头在2016年戛然而止，由于低价和管制的加强，使得天然气产量自2005年以来首次下跌。但特朗普的新政策有可能使石油天然气行业重现光明。许多分析认为，管道建设、页岩气开发和非常规油气将受益最多。尤其是作为相对清洁能源的页岩气开发会带来大量的机会，其下游的化工产业也会相对受益；天然气在发电领域的比重会继续增加；液化天然气出口可以凭借较低的价格满足亚洲市场巨大的需求，在欧洲市场也可以和俄罗斯天然气进行竞争。

（三）不确定性仍存。尽管政府的规制放宽会利好油气产业，但石油天然气的复兴，价格是关键。只有价格上涨，才能激励油气公司提高产量，创造就业机会，而不是放松政府的规制。不利的是，美国国内石油和天然气产量的上升，会给全球油价带来下行压力。同时由于自动化的发展，创造的就业机会可能低于预期。因为几乎各项技术都在自动化，原来需要20个人的油井，现在只需要5个人就够了。

四　可再生能源平稳发展

尽管退出《巴黎协定》，但美国表示将会继续保持其在可再生等清洁能源领域的领先地位。特朗普政府对待可再生能源的政策是在市场中去充分竞争，但因为两党都有人支持可再生能源的发展，不会因为支持化石能源复苏就撤销对风能及太阳能的税费减免制度。这项减免制度在2016年由国会发起，将分别延续到2020年和2021年。

（一）可再生能源可以提供大量就业。奥巴马政府对可再生能源发展的重视，创造了大量的就业机会。到2016年11月，美国太阳能光伏领域创造了26万个就业岗位（另有11万左右的兼职人员），同比增长25%，连续4年以超过20%的比例增长，而同期美国劳动力市场只增长了1.45%。2016年美国每50个新的工作中就有1个是在太阳能销售或安装领域。目前美国的太阳能产业雇佣的工人数量已经超过天然气产业，比煤炭行业雇佣工人的2倍还多，已经和石油产业雇佣的人数差不多。风电涡轮技术人员同样也是美国劳动力市场发展最快的部分。风电和太阳能光伏已经成为美国经济发展和创造就业机会的成熟和重要的市场力量。美国劳工部的预测显示，从2014年到2024年，风电涡轮技术人员就业岗位将增加108%，太阳能光伏安装就业岗位将增加24%，远高于7%的平均工作岗位增加比例。特朗普政府不太可能阻碍太阳能和风电这些相对成熟的产业的发展。但如果特朗普要把公司税减到15%的话，太阳能税收减免政策可能会受到冲击。

（二）大型公司极力支持可再生能源。美国可再生能源的发展得到了苹果、谷歌、亚马逊、道氏化学和3M等大型跨国公司的支持，纷纷购买风电和太阳能光伏发电，这已经成为当下一个时髦的新现象。2009年企业购买风电数量只有100兆瓦，2015年超过2000兆瓦，2016年达到3440兆瓦。谷歌在全球购买了2548兆瓦的风电合同和141兆瓦的太阳能光伏合同，并有望在2018年实现其100%可再生能源的目标。如果能够克服筹资、合同安排和理解电力行业管理规则等方面的障碍，那么会有更多的企业购买可再生电力。

（三）商业模式不断创新。微软已经做到利用现有的风电和太阳能光伏系统花费低于让电力公司增加其电网电量的投资。预计大商场等商业连锁公司太阳能光伏的装机容量到2020年将会增加近3倍，达到38亿美元的规模。此外，社区太阳能也是发展迅猛的新模式。谷歌、苹果、巴塔哥尼亚（Patagonia）等公司通过申请获得联邦售电许可，它们与太阳能公司合作，出资在居民屋顶铺设太阳能板或建造小型太阳能光伏电场为周边的社区服务。居民可以购买这些项目的股份或者签订长期的协议购买太阳能电力，多余的电量通过当地电网销售。这种做法可以为居民每月节省150美元的电费，居民只为电力交钱，不拥有这些太阳能光伏板，也不必为维修等操心。未来社区太阳能会增加数倍，原因在于越来越多的州颁布法律，允许这种做法。许多著名公司也都在进行谈判，共同开发这一领域。

（四）各州对发展可再生能源兴趣大增。尽管共和党有支持化石能源发展的传统，但资料显示，在美国可再生能源装机容量大增的州，多数都属于共和党执政。风电和太阳能光伏能够创造就业机会是无法辩驳的事实，这尤其适应于那些特朗普特别关注的衰退地区，有些煤炭采掘业的失业人员在太阳能光伏的制造、零售和安装领域重新找到了工作，那些对生产和安装优惠幅度大和刺激程度大的州就业机会更多。太阳能安装工资中位数为21美元/小时，工厂生产为18美元/小时，均高于美国平均工资中位数17.04美元/小时。

美国对于可再生能源的兴趣更多的是基于对经济发展的诉求，甚至超过了对气候变化的要求。因此，包括伊利诺伊州、密歇根州、俄亥俄州、佛蒙特州的共和党政府正在考虑刺激可再生能源发展而创造更多的就业机会。目前美国共有29个州及哥伦比亚特区拥有可再生能源组合目标，还有8个州有自愿计划。由于各州把再生能源组合标准置于优先地位，这也使得各州支持可再生能源发展政策与联邦政府的政策割裂开来，而不必管是谁在白宫执政。尽管存在共和党在各州有权对可再生能源组合标准进行否决的风险，但仍有许多共和党立法者支持可再生能源分布，这是大势所趋。

五　中国的对策

对中国来讲，应密切关注美国能源政策对中国能源供应和结构调整的影响，积极采取应对措施，趋利避害，保障能源安全。

首先，**要稳步推进能源清洁化进程**。发展清洁能源是世界潮流，不会以美国的意志为转移。中国能源政策应以自我需求为主，调整能源结构，减少环境污染。我国清洁能源发展迅猛，风电、太阳能光伏、水电的装机容量列世界前茅，积累了大量的技术和管理经验，在全球清洁能源发展中起着举足轻重的作用。美国退出《巴黎协定》，欧盟已经表明加强和中国的合作共同致力于清洁能源的发展。这无疑会增加中国在清洁能源领域的话语权。

其次，**保持油气行业的健康稳定发展**。要通过政策引导，提高油气勘探、生产及加工的技术创新能力，适当调低生产成本较高的老油田产量，以利其可持续发展。同时，美国石油产量的增加和石油出口的解禁，会增加国际原油市场供给，中国应充分利用目前国际石油价格低位徘徊的有利时机，增加原油进口，完善石油储备，对我国能源结构调整及未来能源安全仍然具有重要的意义。

最后，**加强与美国能源合作**。引导我国石油企业在做好项目评估和风险防范的前提下，加强与美国石油公司在页岩气和液化天然气领域的投资与贸易合作的同时，积极争取进口美国煤炭、原油及液化天然气，不断拓宽油气的进口渠道。

（中国社会科学院世界经济与政治研究所副研究员　魏蔚）

中国对印度能源投资的状况、风险与对策

本文要点： 印度能源需求潜力巨大且资源贫乏。中印在能源的技术、设备制造、基础设施建设和投融资领域，具有较强的互补性。中国对印度的能源投资高度集中于发电行业。中国企业在印度的能源投资，不仅面临着投资环境、电力和煤炭供应、基础设施、政策稳定性和社会治安等共性挑战，而且存在着双边政治互信高度不足和边境对峙事件时有发生的个性风险。考虑到边境问题难以在短期内解决，且中国对印度有较大规模的投资存量和贸易盈余，当前中国应客观冷静评估边境对峙局势发展，做好投资风险应急预案，宜将边境问题与经贸合作分开处理，在经贸领域不率先对印度发动制裁，在金砖合作机制、上海合作组织等多边合作框架下继续推进与印度的能源合作。

一 中印能源产业的差异性或互补性

作为两个最具发展潜力和经济规模最大的新兴经济体，中印两国的能源需求增长潜力巨大，是未来全球能源需求增长的主要驱动力量。根据英国石油公司2017年发布的能源展望报告，中印两国将占据全球能源需求增长的半壁江山；印度的能源需求增长速度将快于中国，并在2035年取代中国成为能源需求增长最大的市场。同时，中印两国的能源资源禀赋贫乏，能源供给缺口大，油气进口依赖度高，从而，寻求安全稳定的国际能源供应渠道，是两国解决国内能源短缺问题的重要途径。

除油气资源禀赋贫乏的共同特征外，**中印能源产业结构的差异较大**。中国在能源的设计技术、设备制造、基础设施建设、投融资能力等领域占据优势，而印度在能源信息化管理领域处于领先地位。中印能源结构差异来源于经济结构的差别。中国制造业发达，生产和设备制造技术较先进，基础设施较完善，积累了巨额外汇储备，资本较充裕，但服务业发展相对滞后。印度软件服务业发达程度令世人瞩目，但制造业较薄弱，基础设施落后，建设资金短缺明显。

具体而言，中印能源的互补性或差异性体现在：中国在燃煤火电、核能、太阳能、风能、电网（特高压）等能源的技术和设备制造领域领先印度，且资金实力和工程施工能力显著强于印度；而印度在能源信息化管理和企业国际化程度方面具有优势。在太阳能和风能领域，中国的技术先进，设备成本低，而印度具有丰富的太阳能和风能资源，但光伏与风电的设备制造业发展较薄弱，中印可通过合资、技术转让等方式，增加对光伏、风电行业的投资；在燃煤发电设备制造、大型电站的设计和制造、水电成套设备制造、电网的建设与管理等方面，中国具有成熟的技术和丰富的经验，而电力供应短缺与电网建设滞后却一直是制约印度经济发展的重要掣肘。因此，**中印在发电项目的投资和建设领域具有巨大的合作空间。**

二 中国对印度能源投资的状况

中国对印度投资的起步较晚，增长速度较快，波动幅度大，易受双边政治和东道国政策因素的影响。根据 FDI Intelligence 和 Dealogic 的数据，截至 2016 年年底，中国对印度的合同直接投资规模达 430.7 亿美元，其中跨境并购投资 42.4 亿美元，占投资额的 9.85%，绿地投资规模 388.3 亿美元，投资份额为 90.1%。中国对印度的跨境并购主要涉及软件、医药制造行业，而绿地投资集中于能源、计算机技术及电子产品、工程建设、运输设备等行业。并购投资集中于印度有竞争优势的软件和医药行业，说明中国对印度投资的一个主要动机是技术寻求型，目标是获取印度先进的软件和医药技术；而绿地投资主要分布于印度不具备竞争优势的能源、工程建设和运输设备行业，主要动机是市场寻求型，试图在印度有巨大增长潜力的市场中占有一席之地。

中国对印度的能源投资基本采取绿地投资模式，高度集中于发电行业，煤炭等化石能源行业投资规模较小。截至 2016 年年底，中国对印度能源行业的合同投资规模达 144.1 亿美元，其中电力行业投资规模 134 亿美元，所占份额为 93%，煤炭等化石能源行业投资规模 10.2 亿美元，占比为 7.0%。这一投资结构与印度的化石能源禀赋贫乏、莫迪政府鼓励外资进入电力行业密切相关。

中国对印度能源行业投资的波动幅度大。2015 年，中国对印度电力行业的合同投资规模出现了井喷，达 103.6 亿美元，但 2016 年的投资量大幅下降至 13 亿美元。2016 年年末，中国对印度光伏发电、风电项目的合同投资额分别为34亿美元、32.4亿美元,占中国对印电力投资的份额依次为25.3%、24.2%。这显然与莫迪政府于2015年访华的激励效应与印度鼓励外资进入清洁能源行业的政策相关。

目前,中国对印度的一些大型能源投资项目涉及清洁能源发电、设备制造、电网和基础设施工程。三一集团在印度已拥有400万千瓦风资源,并计划2016—2020年在印度投资30亿美元,滚动建设2000兆瓦的风力发电站,预计将为印度年均新增发电48亿千瓦时,创造1000个就业岗位。协鑫集团与印度工业公司Adani在Mundra经济特区建设光伏综合产业园区。阿特斯(中国)公司与印度Sun Group合作建设5GW光伏电站并生产光伏组件。中国华能集团将在古邦投资30亿美元,建立4000兆瓦的燃煤电厂。中电集团2015年计划斥资180亿印度卢比(27亿港元),在印度新增200兆瓦风电项目。特变电工在印度投资额达1.45亿美元,在印度拥有特高压研发、生产基地,是其首个境外科技研发制造基地。中国石油管道局先后承建了印度1366千米的东气西输管道工程和302千米沙普管道工程,在印度能源基建工程市场树立了良好声誉。

三 中国对印度能源投资面临的挑战与风险

中国企业在印度的能源投资,不仅面临着投资环境、电力和煤炭供应的充足性、基础设施的可获得性、政策稳定性和社会治安等共性挑战,而且存在着双边政治互信高度不足和边境对峙事件时有发生的个性风险。且后者更为严峻。近年来,印度自恃国际环境有利和国内经济形势较好,大国沙文主义和民族主义情绪膨胀,将中国作为主要竞争对手,频频与中国争夺区域影响力和控制权,甚至采取一些冒进措施,挑战中国的领土主权红线,这对中印双方的经贸合作构成了严重障碍，对中国企业在印度的正常生产经营与生命财产安全构成了严重威胁。

印度的投资环境和国别投资风险排名较靠后，总体投资风险较高。据中国社会科学院世界经济与政治研究所发布的《2017年中国海外投资风险评级报告》，印度的综合投资风险级别为BBB，在35个参与评级的"一带一路"沿线主要国家中排名第21位。该评级体系主要从经济基础、偿债能力、政治风险、社会弹性和对华关系等五大视角，对东道国的投资风险进行综合评估，认为印度基础设施供给尤其是电力设施的严重不足，对中国怀有警惕心理，投资阻力较大。另据世界银行的全球营商环境（营商便利度）排名，印度在190个国家中位居后列，2014年位列第142位，2015年和2016年的排位升至第130位。世界银行的全球营商环境排名考察开办企业、办理施工许可证、电力可获得性、财产登记、信贷可获得性、保护少数投资者、纳税、跨境贸易、合同执行、破产办理十项指标，具有较大的国际影响力。印度近年来在保护少数投资者和电力可获得性方面获得一定的进步，但是其他指标的得分全都落后于全球大多数国家。

总体上看，**中国企业在印度的投资风险不容小觑**。体现在：一是总体投资环境不佳，对外资开放度不高，官员腐败问题较严重，政策的透明度和稳定性较差。二是印度是一个多种族、多宗教和多种姓的社会，宗教差异经常引发教派冲突，恐怖主义和分离主义带来安全隐患，社会治安声誉不佳，性暴力事件频发，社会总体稳定程度不高。三是基础设施不足，电力供应短缺，能源资源运输能力较差，企业生产经营所需原料供应的稳定性难以得到保证，如一家中资燃煤发电企业因煤炭供应不足问题而陷入经营困境。四是中印的边境争端会引发印度国内的民族主义行为，导致抵制中国商品的事件时有发生，这对在印度投资的中资企业的生产经营、生命和财产安全构成了严重威胁。

四 对策建议

目前，中印政治互信不足和边境对峙对两国经贸合作构成了严重的负面影响。鉴于中印两国都需要一个和平的外部发展环境，在政治经济领域具有诸多的互补性和合作领域，且中国的经济和军事硬实力显著强于印度，印度应无实力和胆量挑起大规模的中印政治、经济和军事对抗，中印的边境对峙应不会升级为边境战争，最坏结果是小规模边境冲突。中国企业应审慎评估边境对峙局势，及时做好投资风险应急预案。同时，考虑到边境问题难以在短期内解决，作为硬实力强势的一方，中国应将边境问题与经贸合作分开处理，在经贸领域不率先对印度发动制裁，在金砖合作机制、上海合作组织等多边合作框架下继续推进与印度的能源合作。

首先，**中国应客观冷静评估边境对峙局势发展，做好投资风险应急预案**。中印边境对峙已导致两国政治互信降至冰点，印度国内一些势力甚至发起"禁买中国货"的运动，已对两国贸易构成了严重的负面冲击。目前，中资企业在印度的生产经营暂未受到明显影响。但若边境冲突再发，印方可能在税收、环保等方面对中资企业采取一些刁难措施，甚至不排除印度一些组织暴力冲击中资企业，威胁中资企业的生命财产安全。中资企业应积极做好风险防范预案，暂停一切对印度的增资计划，尽量不增派人员赴印度工作，应特别注意守法经营，加强企业办公生活区域的安全防护和戒备，员工行为应低调谨慎，以维护企业的生命和财产安全。

其次，**中国宜将边境问题与经贸合作分开处理，不率先发动对印度的经济制裁**。在经贸领域，中国占据明显优势，如贸易顺差较大、对印净投资规模较大，从而中国从双方经贸合作的获益可能大于印度。同时，印度经济增长和能源需求潜力巨大，中国企业通过深耕印度市场可以获取其增长收益。若中国率先对印度进行经济制裁，势必引起印度的报复，这对中国向印度的出口、中资企业在印度生产经营将构成严重的负面冲击，不利于维护中国的经济利益。若印方率先挑起对中方的经济制裁，中国应基于对等原则，坚决予以反击。

再次，**中国应继续在金砖合作机制和上海合作组织等多边平台上推进与印度的能源合作**。在金砖合作机制下，中印同为能源需求方，利益一致，在与俄罗斯、巴西等能源供给方谈判时，可协调立场，争取构建有利于需求方的金砖能源合作机制。在上海合作组织内部，中印同样可发挥需求方的协同效应，在与俄罗斯、中亚国家在进行能源谈判时，争取有利的合作条件。同时，中国应推动金砖国家之间投资利益保障制度的建设工作，维护中资企业在印度等金砖国家的合法权益和生命财产安全，通过多边机制缓解中印边境争端对中资企业的负面影响。另外，在油气运输通道建设方面，中国可适当支持印度的陆上油气运输管道建设，以换取印度在印度洋海域对中国油气海上运输安全提供帮助。

最后，**在国际油气资源领域，中国政府应继续支持国内企业与印度企业进行良性竞争**，不竞相抬价，多进行竞标合作，以充分发挥中印作为主要需求方的协同效应，尽早消除油气领域的"亚洲溢价"现象。在全球气候和碳减排谈判方面，中国应继续维持"基础四国"合作机制，与印度协调合作，为发展中国家争取应有的权益。

（中国社会科学院世界经济与政治研究所研究员　王永中）

美国"印太战略"雏形与中国对策

本文要点：特朗普执政以来，美国的亚洲政策逐渐开始明晰化，"印太战略"逐渐发展为美国政府的新亚洲战略。这一新战略延续了过去"亚太再平衡"战略的基本思想，将美国外交重点转向亚洲地区。只是区别在于，"印太战略"更强调了印度在美国亚洲政策中的作用，希望构筑出以美国为主导，美日印澳四方横跨太平洋—印度洋的紧密协调机制。这一战略目前仍处在发展之中，未来的发展仍然存在着不确定性。其中印度是最大的变数，澳大利亚也可能发生变化。与此同时，"印太战略"也促使东南亚国家对美外交的离心力。对中国而言，除了要积极维护发展好中美关系，努力防止将印、日、澳推向"集团化"的做法，同时加大对东南亚国家的经营，才能有效规避"印太战略"的消极影响。

一 呼之欲出的美国"印太战略"

2017年1月20日特朗普宣誓就任美国第45任总统以来,美国新政府的亚洲战略逐步明晰化。随着特朗普于11月展开对日本、韩国、中国、越南、菲律宾的国事访问,美国政府的亚洲战略也在逐步浮现。2017年5月初,美国五角大楼就曾透露,美国政府将支持一项5年内向亚太地区投入近80亿美元的"亚太稳定计划"(Asia-Pacific Stability Initiative)。虽然目前尚不明确特朗普政府可能用什么词汇来表述这一战略,但是透过一段时间以来美国政府高官的言论和表态,可以知道,特朗普的亚洲战略的核心仍旧是要搞战略"再平衡",尽管可能用的是"稳定"这样的字眼。其中,这一战略最大的变化则体现在地缘范围从亚太扩大到印太地区。

10月18日,美国国务卿蒂勒森在美国战略与国际研究中心(Center for Strategic and International Studies, CSIS),做了题为"确定下一个世纪我们与印度的关系(Defining Our Relationship with India for the Next Century)"的演讲。在这一演讲中,可以部分窥见美国"印太战略"的基本思想和内容。

结合蒂勒森演讲与美国高层的表态,**美国之所以提出"印太战略",主要原因还是基于应对中国的需要**。他们认为,中国正在破坏亚洲地区秩序,越来越不负责任,所谓"以规则为基础的国际秩序"正在遭到中国的挑战和破坏,主要的例证就是中国在南海修建岛礁和对2016年7月南海仲裁案的态度。蒂勒森认为,中国的对外行为造成了未来亚洲的不确定,因此美国需要承诺给印太地区其他国家和平、繁荣与稳定。换言之,美国要给印太地区的国家提供平衡中国的信心。

具体而言,**美国的"印太战略"包含三个方面内容**:第一,发挥印美经济的比较优势，促进印太地区（尤其是南亚地区）的互联互通和经济增长。对于中国正在推行的"一带一路"，美国同样持消极看法，认为"一带一路"可能给周边国家带来不可持续的债务负担和环境污染等问题。因此，美国支持印度对中巴经济走廊"侵犯"其领土主权的主张，要同印度、日本一起发挥各自优势，共同形成一个"基础设施建设"的联盟。

第二，促进印太地区的安全与稳定。最重要的途径就是加强这一区域内国家的安全与防务能力建设，尤其是提升印度的防务能力。这一点与特朗普执政以来不断要求盟友分担更大责任也是相一致的。美国既要维护自己的霸权地位，又希望日本和印度能在地区层面上更多地分担防务责任，而向印度出售先进武器装备是提升印度防务能力的重要途径。

第三，构筑出印太地区的同盟体系，将所谓"志同道合"的国家都拉入美国主导的印太安全架构中来。印度被定位为这一战略的"支柱"，澳大利亚则是这一战略中的另一个明确目标。

简言之，特朗普已经抛弃了奥巴马总统时期的"重返亚太"（Pivot to Asia）和"亚太再平衡"（Rebalance to Asia）战略，但是"亚太再平衡"战略的基本思想内涵仍旧保留了下来。而且，呼之欲出的"印太战略"，其地缘视野将更加宽广，涵盖太平洋和印度洋，印度将在美国的新亚洲战略中扮演更加重要的地位。

二 印度在"印太战略"中扮演"支柱"角色

提升印度在美国外交战略中的地位，这是特朗普"印太战略"区别于奥巴马"亚太再平衡"最大的地方。事实上，2017年8月21日晚，特朗普就阿富汗及南亚局势发表的讲话中，在其"南亚新战略"中也已经大大提升了印度的角色。

特朗普就职不久，就让国防部长马蒂斯对于美国在阿富汗和南亚的战略选择进行全面回顾，随后特朗普政府得出三个关于美国在阿富汗核心利益的重要结论：第一，美国在阿富汗的行动必须得到一个体面而持续的结果；第二，美军的迅速撤退将为恐怖分子留下空间；第三，美国在阿富汗和广泛的区域内的威胁是巨大的。

这就意味着，按照美国的南亚新战略，美军不会轻易撤离阿富汗，不设定撤军时限，同时会加大对阿富汗的投入。与此同时，美国在印巴关系中，要着力发展与印度的战略伙伴关系，要印度在阿富汗问题上扮演更加积极的角色，甚至希冀印度能够派兵，同时美国指责巴基斯坦反恐不力，庇护恐怖分子，施压巴基斯坦与美国相向而行。

在"印太战略"中，印度被提到核心的角色。在外交表态上，美国过度渲染中国崛起给亚洲造成的不确定性，尤其是对印度未来安全构成战略挑战，以促使印度进一步向美国靠拢。同时，美国在对外表态上，极力拔高印度的国际地位，满足印度一直以来觊觎大国地位的虚荣心，获得印度的好感。

另一方面，印美将着重在战略与防务方面加强合作。美国要加强印度独立的防务能力建设。除了两国共享情报之外，美国逐步消除阻碍向印度出售各类先进武器的法律障碍，力图向印度出售的武器达到美国盟友的程度，例如包括 P-8 海上侦察机、无人机、航母等技术，最终将使印美防务合作由买卖关系转变为共同生产的关系。2017 年 6 月莫迪首次会晤特朗普时，双方就已经达成了共同生产 F-16、F-18 战斗机的合作计划，目前正在积极推进之中。

同时在战略上，印美对彼此的"印太战略"进行协调。印度的向东行动政策（Act East Policy）将与美国、日本的"印太战略"进行深度对接，逐步形成以印度、日本、澳大利亚为主轴的同盟体系。为此，在日本的积极努力下，四方的工作层已经在亚太经合组织(APEC)峰会期间进行了对话,目前正努力推进四方领导人对话机制的形成。与此同时,美、日、澳、印四方内部也将分别建立深度的对话机制,例如美印初步商谈建立外长+防长的2+2对话机制,以及日印磋商多年寻求建立的2+2对话机制等。

三 印度不会是美国"印太战略"的坚定支柱

虽然美国将印度拔高到其亚洲战略的"支柱"地位。但是,**对印度而言,美国的"印太战略"却是"战略机遇"与"战略麻烦"并存**。印度一直期待美国在印太地区的权力平衡中发挥更大作用,保持地区的权力平衡,尤其是当下只有美国能有效地构成对中国的牵制。另一方面,印度一直对中美间的任何合作与冲突保持着高度关注。对于奥巴马执政初期曾盛传的中美之间的所谓G2,印度一直显示出某种程度上的忧虑。这也无形中导致印度对美国形成一定程度的战略提防。

奥巴马政府提出"亚太再平衡"时,印度并没有立即显示出完全支持美国的态度,也没有一味追随美国的战略。2012年美国防长帕内塔访问印度国防分析所(IDSA)时称,美国的新战略是寻求"扩大军事伙伴和美国在西太平洋到东亚深入印度洋和南亚的存在。与印度的防务合作是美国这一战略的关键(lynchpin)"。帕内塔的演讲当时引起了印度国内战略界的热烈讨论。2013年4月,印度退出了美日的多边演习,普遍认为是由于当时印度不想给地区国家(特别是中国)形成某种印象:印度与美日结成了军事同盟。

莫迪政府施政以来,印美关系有了实质性的飞跃。但是印度对美外交的基本维度仍旧存在。一方面印度要发展同美国更加紧密的战略伙伴关系,另一方面还要保持"战略自主性",不刺激中国引发印美正在遏制中国的担忧，同时也确保印度不会被美国拉下水。

更重要的是，印度对特朗普外交政策仍然充满着不确定感。蒂勒森的演讲发表后，印度媒体很多表达了谨慎的看法，尤其主张印度不宜立刻倒向美国。原因是：第一，美国对巴基斯坦政策存在着不确定性；第二，蒂勒森对美印关系定位很高，问题是蒂勒森与特朗普的关系如何呢？由于蒂勒森骂过特朗普"白痴"，普遍认为蒂勒森可能很快下台，因此印度要等待特朗普的对印政策更加明晰化。在这之前，印度仍需保持谨慎。第三，美国的外交是为美国利益服务的，印度需要谨防被美国利用。《印度快报》发表评论家 D. S. Hooda 的评论，认为美国批评中国对"以规则为基础的秩序"的破坏并没有道理，因为现在美国自己才是最不遵守国际规则的国家。因此他提醒，印度的外交要以印度的国家利益为考虑标准，在中美可能战略竞争上升的过程中，印度不能一味以亲美为自己外交的要求。

因此，在印度当前对美存在诸多不确定的情况下，印度仍然不会"毫不犹豫"地投入美国怀抱，尽管印美在防务合作上会取得进一步的明显发展。其部分原因在于，洞朗对峙部分地让印度看到了其大国外交的局限性，即印度没有一个铁杆的大国伙伴。俄罗斯和美国都没有鲜明地支持印度。日本私下支持，但是也没有做出任何公开表示。经历过洞朗对峙，有理由相信印度会进一步拉紧同其他大国的战略关系。

四 中国如何应对美国的"印太战略"

对中国而言，不论特朗普政府提出何种亚洲政策，首先，还是**要保持自己的战略定力**。仍需肯定的一点是，印度肯定不会毫无顾忌地同美国、日本搞"反华"色彩浓厚的战略举措，虽然他们在防务政策上针对中国的一面更加凸显。

其次，要对美日澳印四方"准同盟"形成保持警惕。日本一直极力游说印度同意澳大利亚加入马拉巴尔海上军事演习。澳大利亚至少从 2015 年就开始讨论要加入马拉巴尔军事演习。2017 年 5 月份，澳大利亚国防部长马里斯·佩恩（Marisa Payne）也公开表示很有兴趣加入马拉巴尔军事演习。只是在 2017 年 4 月 29 日第三次印度、日本、澳大利亚高官会（Japan-Australia-India Trilateral Dialogue Senior Officials Meeting）在澳大利亚堪培拉举行时，印度并没有同意澳大利亚加入马拉巴尔军事演习。通过洞朗对峙，加上日本的撮合，以及美国的"印太再平衡"战略，很有可能在 2018 年就正式形成四方的"准同盟"体系。中国要保持对这一动向的积极关注，适当采取措施影响这一"准同盟"体系形成的可能。

再者，美国的"印太战略"对东南亚国家造成了冲击，部分东南亚国家感觉可能被美国"抛弃"了。因此，不论特朗普的"印太战略"如何推进，中国利用特朗普在亚洲造成的不稳定，**着力加大经营东南亚**仍旧是最佳的选择。

（复旦大学国际问题研究院研究员、南亚研究中心副主任　林民旺）

理性应对特朗普的贸易保护主义

本文要点： 无视国际社会的反对和批评，特朗普执意要违逆美国长久以来奉行的自由贸易原则，用贸易保护主义来维护美国利益。尽管贸易保护主义政策有违经济学原理，无益而且危险，但政治家遵循的是政治逻辑——通过保护在市场经济中缺乏竞争力的产业和工人来赢得政治支持，并将国内矛盾转嫁到对贸易伙伴和移民的攻击上，树立一个共同敌人，用民族主义和民粹主义手段来实现政治动员。在应对特朗普的贸易保护主义政策时，中国应该避免贸易对抗，成为特朗普的政治牺牲品。在做适当和适时的利益让步的同时，要坚定维护自身的根本利益，联合国际社会，以多边合作原则来抗衡特朗普的双边交易逻辑。同时要学会与美国舆论打交道，通过改变美国舆论来影响特朗普的观点和政策。积极推进中国的市场改革则是应对的根本途径。

理性应对特朗普的贸易保护主义

贸易保护主义是特朗普政府的一个重要政策导向。"买美国货","雇美国人",反对自由贸易,反对跨国企业转移就业,反对接受移民,是特朗普竞选期间的重要政策要点,也是他上台后努力推动实施的政策内容。尽管国际社会的一直反对和批评,特朗普似乎执意要违逆美国长久以来奉行的自由贸易原则,不惜发动一场贸易战来改变现状。对很多中国人来讲,此事令人迷惑——很多人认为特朗普最近针对中国的各种政策(特别是启动所谓的301条款)来自于美国对中国的根深蒂固的敌意。但同时人们又很清楚地看到,特朗普对中国并无太多意识形态上的成见。

那么,在特朗普的贸易政策迷雾背后究竟是怎样的逻辑在起作用?不深入理解这个逻辑,中国的应对会很容易迷失方向,滑入危险的境地。

一 贸易保护主义的吸引力

尽管特朗普的贸易保护主义比大部分美国总统都要赤裸得多,但他绝非是唯一钟情于保护主义的政治家。相反,几乎所有的政治家都对保护主义青睐有加。

一个最近的先例几乎与特朗普政策如出一辙。在2009年上任伊始,奥巴马总统签署的第一项主要法案就是在8000亿美元经济刺激计划中加入"买美国货"条款,要求经济刺激计划所支持项目使用的钢铁和制成品应为美国生产。这项政策意在兑现奥巴马在竞选期间的一个重要竞选口号:"买美国货,选奥巴马!"众议院通过的方案把购买品限制在钢铁产品,但随后参议院走得更远,要求任何制造产品都必须来自国内制造商。

该法案在2009年2月初刚一通过就在全球引起轩然大波,被称为贸易保护主义的典型,备受抨击。美国国内的反对人士也担心,此条款恐使美国公共建设支出增加1/4,甚至可能引发全球贸易大战。在法案通过之前,欧盟和经合组织就已经表示强烈抗议,并扬言会共同抗击该条款甚至进行报复性行动。其他国家例如加拿大等也都表示强烈抗议。在这种内外压力下,对此法案欢欣鼓舞的奥巴马最终屈服,为法案附加了修改条款,将法案内容由原来的购买所有本土制造产品稀释为仅适用于购买美国制造的钢铁产品。

为什么是钢铁业独享保护?前述的特朗普与中国政府之间的矛盾也以钢铁业为主。钢铁业长期以来被称为美国经济的"脊梁",在美国政治家和民众当中享有独特的优越地位,但自20世纪70年代以来,美国钢铁业深受日本、德国、中国、韩国等国家的冲击,日益难以维持。

在奥巴马之前,小布什总统在2002年同样采取保护主义措施拯救美国钢铁业。当年3月,小布什签署行政命令,将进口钢铁产品的关税临时性增加30%。依照计划,该命令有效期持续到2005年。此行动明显违反WTO条款,因此招致国际社会的反对。WTO立即开始进行调查。2003年年底,小布什提前取消该命令,宣称政策获得成功。

二 贸易保护主义不符合经济学原理

虽然以钢铁业为代表的美国制造业不断受到政治家的保护,但每一次的政策出台都受到多方抨击。而经济学家的抨击尤其尖锐,指出这些政策不仅无益,而且危险。

以奥巴马的"买美国货"条款为例。美国彼得森国际经济研究所的一份报告为该条款的潜在后果做了如下估算:

如果该条款完全被落实(这本身是很困难的事情),美国钢铁制造业将成功保留1000个就业机会。如果该法案按照最初的设想,保护整个美国制造业,被保留的就业机会将会是9000个。这究竟是多大的一个成就？美国的制造业总体上有22万个岗位，而美国的总体劳动力数量是1.4亿。换句话说，从该法案获益的工人数量占比微乎其微。

而该法案的负面影响则宽泛得多。首先，因保护而价格升高的钢铁产品会冲击钢铁消费产业，例如汽车、建筑业、铁路、工具制造业等大量行业，引发这些产业的成本攀升，导致削减劳力。服务业也可能受到间接影响而削减雇员。美国的出口产业也会因成本上升受到打击。

此外，该法案还可能引发其他国家的报复政策而造成美国工人失业。长期来看，保护政策造成的价格上扬使公共部门需要负担额外财政支出，自然会相应削减它们在公共服务方面的支出，例如道路和学校的维护建设。美国出口业由于成本提升而丧失海外市场竞争力，长此以往导致不断缩减。

三　保护主义背后的政治逻辑

为什么美国政治家不在乎这些统计数字和经济理性？为什么美国民众，以及那些受伤害的国内产业，无力阻挠至少对经济学家而言，这些看起来自杀性的保护政策？

这不在于政治家们是否懂得经济学逻辑，而是政治家首先遵循的是政治逻辑。

以2002年钢铁关税为例，小布什要在2002年3月签署进口钢铁关税行政令，又在2003年年底提前两年取消，最主要原因是为了在2002年下半年的中期选举中为共和党争取选票。而钢铁产业集中在几个对选情至关重要的摇摆州——俄亥俄、宾夕法尼亚、西弗吉尼亚。其他州则不会因为这些政策改变而影响选情。一旦选举结束，小布什就不再有坚持这个政策的理由。因此在WTO于2003年11月11日宣布将对美国实施20亿美元的巨额惩罚后，小布什于 12 月 3 日宣布取消该政策，宣称他已经让美国钢铁业和依赖钢铁的其他行业都获得足够的时间来完成自我调整，因此圆满完成任务。既让美国避免了 WTO 的惩罚，又获得政治资本，此政策可谓一举两得。

而消费者和受到钢价上涨影响的行业则无力抗衡保守主义。政治经济学家称这个现象为"看得见的受害者"与"看不见的获益者"之间的较量。作为自由贸易"看得见的受害者"，钢铁业永远比自由贸易的"看不见的获益者"（也就是消费者的权益）更值得关注和同情。因此在政治家的任务表上，最为迫切的日程选项从来不是经济的长远发展和市场的健康，而是如何让那些正在被市场挤压的产业和企业脱困，让那些失业或面临失业的工人保住他们的饭碗。

四　国内观众 VS 国际敌人

即使凯恩斯也会承认，政府介入有众多选项，保护主义是最蠢的一种。但是对于政治家来说，贸易保护主义符合直觉，道义上无可指责，执行起来简单干脆，立竿见影。用更为符合市场原则的政策，例如针对特定产业而实施的产业转型补贴、转岗培训等方式耗时耗力，收效缓慢，而且带来的政治宣称效果有限。

换句话说，经济学上的不正确不等于政治上不正确。关键在于，这个政策的听众是谁。批评者总是从经济学的逻辑出发，自由贸易主义者甚至从维护国际经济秩序的逻辑出发来反驳贸易保护主义，显然误解了政治家的角色。

政治家做决策类似于演员的表演，认清并取悦观众至关重要。贸易保护主义政策的观众是国内大众，也就是民粹主义的受众。这些观众需要看到的是一个愿意挺身为普通大众利益出头的英雄。只要这种印象得到满足，其行为方式可以商榷甚至忽视。同时，这个表演还需要一个攻击对象，一个共同敌人。外国或外国人，或者和外国人有利益关联的本国人，往往是最好的选择，成为观众不满的发泄对象。

在国内形势恶化之时，政治家对国际贸易伙伴的攻击也变得激烈。越是贸易联系密切的国家越容易成为攻击目标。这也就部分解释了为什么特朗普不遗余力地攻击中国和德国却对俄罗斯情有独钟——因为俄罗斯与美国的贸易几乎可以被忽视，难以成为攻击目标。

五　中国的应对之策

保护主义政策遵循的不是经济逻辑而是政治逻辑。这是应对特朗普保护主义需要明白的一个重要前提。在此前提下，中国的应该遵循以下一些原则。

第一，**明确"贸易对抗不是选项"的原则**。

尽管针对特朗普这样的政治家进行符合经济学理性的解释和劝说几乎无用，但也不必把特朗普的攻击性言语完全视为对中国的敌意以及对中国进行遏制。必须认识到，在攻击这些贸易伙伴时，特朗普们是在面对着他的国内观众表白宣誓。如果中国政府对特朗普的攻击性言语和政策以同样的敌视态度去对应，结果只会让中国真的变成美国民众眼中的敌人，反而成为特朗普的政治牺牲品。

第二，**"以斗争求团结"，以原则抗衡交易**。

在国内层面，中国需要在国内统一思想，达成共识，明确中国的根本利益，确保在原则问题上不能妥协。因为根据特朗普的个性，他不会尊重妥协者，而是崇拜强势者。中国应以国内情况为考量依据，尊重国内的发展稳定需要，有节奏地进行调整，不可为姑息特朗普而引发国内矛盾，反而得不偿失。

在国际层面，中国需要在全球范围内积极扮演自由贸易的维护者的角色，同各国加强合作，巩固多边国际贸易体系的抗压能力，以多边合作原则来抗衡特朗普的双边交易逻辑。一个繁荣的国际市场对任何一方都有利，更有利于改善美国国内民众面临的压力，削弱特朗普赖以上台的民粹主义基础。因此帮助国际市场恢复繁荣是解决中美矛盾的重要手段。

第三，**在维护根本利益的前提下进行适当适时的利益让步。**

"逐利者，饵诱之"。既然特朗普执着于贸易赤字，中国可以在不触动国家根本利益的前提下，尽可能在经贸方面做出让步，特别是农产品、传统能源产业等。此次特朗普访华期间，双方在这些方面签署了大量协议，应视为扩大双边贸易市场、协助中国实现产业转型的必要之举，并不是损害国家利益的妥协之策。

第四，**学会与美国舆论打交道，通过改变美国舆论来影响特朗普的观点和政策。**

既然特朗普的言语和行为都以取悦或煽动国内舆论为根本指向，中国应该顺其道而为之，明白真正需要对付的并非是特朗普，而是他的国内观众。懂得如何让他的观众消除对中国的敌意，是一个棘手的任务，但并非不可能。

2017年4月，美国荣鼎集团（Rhodium Group）和美中关系全国委员会联合发布的报告显示，从2010年到2015年，中国对美外商直接投资年均增长32%；2016年同比飙升200%，达460亿美元，突破2015年创下的150亿美元的纪录。和2009年相比，2016年中资企业在美创造的就业数量增长超过9倍，目前已达14万个工作岗位。目前，中企赴美投资的足迹已遍布全美425个国会选区，仅剩10个选区未见中国投资者的身影。以上这些数据说明，中国已经不再是美国人习惯于认为的搭美国的便车，而是变成美国繁荣的重要推动力量；中国也不是导致美国跨国公司输出就业的罪魁祸首。正如美中关系全国委员会主席斯蒂芬·欧伦斯

(Stephen Orlins）在上述报告的前言中写道："这些数据充分表明，中国对美投资是对现任美国政府创造和保护就业政策的有益补充。"他还表示，若中美双方领导人能克服两国市场之间的监管和政治障碍，这些投资将有足够空间实现进一步增长。

如何将此类数据和事实用更有效的方式和技巧呈现给美国公众，让美国公众能用理性的视角看待中美经贸关系，需要中国政府和社会力量采用比目前更有效的公关策略。

第五，**积极推进中国的市场改革，是应对特朗普的最根本途径**。

需要认识到，目前美国人抱怨的不平衡和不公平，有很大原因是中国本身的问题。例如，市场准入问题源于对竞争的排斥；知识产权问题源于中国企业创新能力不足；不公平竞争手段与国有企业的管理模式和行为方式有关。因此市场改革是改变中国在美国形象的根本前提。增强国内市场活力，为中国企业进一步松绑，激发创新能力，一方面更容易接受国际挑战，吸纳美国企业，另一方面能充分挖掘美国的市场潜力，推动美国经济的复苏。同时鼓励中国企业改善企业经营管理模式，用更符合国际标准的方式赢得美国民众的认同，是应对的关键途径。

（清华大学国家战略研究院研究员　寿慧生）

资本主义当前困境与国际秩序未来走向

本文要点：资本主义在长期发展过程中深刻影响了国际秩序的发展变迁。2008年国际金融危机以来，国际贸易增速持续低于全球经济增速，传统发达国家社会思潮趋于内顾，一些国家政治生态呈现极端化趋势，国际关系的地缘政治色彩上升，资本主义国际秩序遭遇重大困局。这种困局产生的根源，一是世界经济新旧动能转换期的"阵痛"；二是欧美发达国家相对优势下降；三是国家内部贫富差距拉大；四是人员跨国流动带来利益分配、移民融入、文明融合等深层次难题。新形势下，我们应超越新自由主义的逻辑，科学把控全球化的方向和节奏，提供更多"具有自我造血功能的公共产品"，坚持以合作促发展、以发展促安全的理念，积极引领国际秩序发展走向。

一 资本主义发展阶段及其对国际秩序的塑造

16世纪至19世纪中后期,资本家主要在国家内部自由竞争,他们的生产力和财富积累还不足以大规模向外扩张,对国际秩序的塑造作用还相对有限。此后,资本主义对国际秩序的塑造过程大致可分为三个阶段:

第一阶段从19世纪末到第二次世界大战结束,地理范围包括欧洲主要资本主义国家及其殖民地。这一时期,英国新兴工业资产阶级将亚当·斯密和大卫·李嘉图的古典自由主义塑造为社会主流意识形态,强调市场可以带来自由、福利、秩序、安全,拒绝政治权力干预经济。与此同时,英国要求欧陆资本主义国家实行自由市场经济体制,推动建设自由开放的国际市场。这些安排帮助英国不断维护和强化自身优势,最终创造了其"日不落帝国神话"。

第二阶段从第二次世界大战结束到冷战后期,地理范围包括资本主义阵营及其辐射的发展中国家。这一时期,资本主义逐步由私人垄断进入国家垄断阶段。罗斯福遵循凯恩斯主义,把市场改造为有管理的市场。国际上,资本主义阵营的国际制度安排,既打破了经济民族主义的阻隔,也为国家防范外部市场冲击预留了制度回旋空间。比如,国家保留对资本流动的控制权,国际货币基金组织可发放救济借款,关贸总协定中列出一些例外保障条款等。

第三阶段从冷战后期至2008年国际金融危机,地理范围进一步向全球拓展。这一时期,资本主义进入跨国垄断阶段,资本在全球范围内按照比较优势进行生产要素配置。国家为吸引资本竞相放松管制,逐步放弃对资本的节制措施。新自由主义成为支撑这一新秩序的意识形态,其核心内涵就是保障自由,渲染国家干预对个人的危害，强调自由是恢复增长和效率的基础。这些逻辑反映到国际秩序上，就是世界贸易组织、国际货币基金组织以及欧盟、北美自由贸易区等朝着加大自由贸易力度、削减壁垒、放松管制的方向发展。

二 新自由主义国际秩序遭遇重大困局

2008年金融危机以来，新自由主义国际秩序遭遇重大困局。

第一，国际贸易增速持续低于全球经济增速。据世界贸易组织统计，2016年全球贸易增速连续第五年低于全球经济增速。从1989年柏林墙倒塌到2007年金融危机爆发前，国际流动资本占GDP比重从5%猛增至21%，国际贸易占全球GDP比重从39%上升到59%，生活居住在非出生国的人口增长了25%以上。而金融危机以来，除了人口跨国流动仍在继续之外，其他两项指标都黯然失色。2008年国际流动资本雪崩式下降到全球产出的4%，2015年更是降至2.6%。国际贸易也从占全球GDP的60%下降到58%。资本流和贸易流的规模和发展速度持续低于经济发展速度，从一个侧面反映了经济全球化遭遇了一股强劲"逆风"。

第二，与经济社会数据变化相伴随的，是人们思想观念的变化。美国和欧洲民众对跨太平洋伙伴关系协定（TPP）和跨大西洋贸易与投资伙伴关系协定（TTIP）的态度就是典型体现。英国舆观调查网（Yougov）的一项调查显示，2014年近55%的德国民众支持TTIP，但2016年下降到17%。美国情况很相似，早在2015年TPP宣布达成时，亚特兰大街头就出现游行示威，反对可能损害普通民众利益的TPP。"自由贸易"过去曾是美英等资本主义国家高举的大旗，TPP和TTIP遭受冷遇表明，这一理念似乎越来越成为一种"政治不正确"。

第三，上述两方面的变化已反映到发达国家政治局势之中。

在美国，特朗普靠安抚中下层白人难以言说的愤懑赢得大选，当选后即抛出"美国优先"等保护主义论调；在英国，公投使"脱欧"成为难以逆转的事实；在德国，主张恢复边境管制、脱离欧元区的"另择党"异军突起；在法国，玛丽娜·勒庞虽未赢得大选，但其领导的"国民阵线"对传统主流政党构成严重挑战；在意大利，持反移民、反欧盟立场的"五星运动"支持率持续高企；此外，荷兰极右翼势力、西班牙"我们可以"党、奥地利自由党等也都成为各自国内政治格局中的重要力量。

第四，**国际关系的地缘政治和现实主义色彩上升**。2008年以来，世界似乎正在重回现实主义政治时代。普京领导下的俄罗斯在乌克兰、叙利亚问题上频出实招，在与美欧博弈中屡得先手；特朗普看似不惜挑战西方传统价值观底线，实则始终坚持"美国利益优先"原则，充分暴露了西方价值观的脆弱性和虚伪性；埃尔多安继"转任"总统后又完成对土耳其政权体系的改造，长期执政几成定局；塞西领导下的埃及正努力走出新自由主义的空洞说辞，寻求更有实效的政治体制；莫迪和安倍也都显示了强烈的民族主义风格。《金融时报》对此表示，这些铁腕人物都是民族主义者而非国际主义者，世界正在重返权力政治时代。

三　新自由主义国际秩序遭遇困局的根源

第一，从大历史视野看，**当今世界经济正处于新旧动力转换期，经济下行压力增大，做大全球经济"蛋糕"的难度加大**。科技和产业革命是经济发展的根本动能，会带来经济大发展，但在科技和产业革命的初期，世界经济往往会经历一些阵痛。1929年爆发的大萧条是在第二次科技革命后发生的，2008年金融危机则是在新一轮工业革命浪潮之后发生的。重大技术革命不但改变着生产消费"函数"，而且对社会结构、地缘政治、国家力量对比产生深刻影响。如果这些物质层面的新趋势得不到制度理念层面的积极适应，经济社会的潜在风险就会加大。往往在这个时候，全球经济会出现动力不足等各类"不适应症"，全球化遇到一些问题有其必然性。

第二，**欧美等发达国家在全球产业链中的优势地位下降，并归咎于全球化进程**。随着广大新兴市场国家和发展中国家的快速发展，世界经济的"金字塔"结构正在向扁平化方向发展。布兰科·米拉诺维奇（Branko Milanovic）在其新书《全球不平等：全球化时代的一种新方法》中强调，在全球化深入推进过程中，全球范围内的收入不平等呈持续下降趋势，也就是说国家间的不平等程度在降低。这意味着传统发达国家在全球产业链中的优势在不断弱化。这一趋势从总体上正削弱着西方国家民众享受了几十年的高品质生活，传统低劳动强度、高收入、高社会保障的生活难以为继。为转移矛盾，这些国家将责任推到全球化身上，进而激起民众对全球化的反弹情绪。

第三，**在国家间不平等程度下降的同时，各国内部的不平等程度则在持续上升**。布兰科·米拉诺维奇（Branko Milanovic）、托马斯·皮凯蒂（Thomas Piketty）、诺贝尔经济学奖获得者约瑟夫·E. 斯蒂格利茨（Joseph E. Stiglitz）等人都发现，各国内部的贫富差距普遍在拉大。用斯蒂格利茨的话说，美国已经变成1%所有、1%所治、1%所享的国家，后90%的民众收入已停滞了30多年，全职男性工人的真实中位数收入比40多年前还要低。中产阶级严重萎缩，中下层民众"被剥夺感""被打扰感""失去感"持续上升。斯蒂格利茨在2001年《全球化及其不满》一书中指出，发展中国家对全球化变革抱有强烈反对情绪，但他在新近出版的《重构美国经济的规则》一书中则强调，新的不满情绪传导到了发达经济体身上。其实，他没有指出的另外一点是，在本轮反全球化浪潮中，发达国家民众的表现甚至比发展中国家民众更为强烈。

第四，**人员跨国流动带来利益分配、移民融入、文明融合等一系列深层次的难题**。一方面，人员跨国流动会挤占东道国的就业机会，"难移民"的大量涌入给当地带来经济社会负担，使"原住民"生活受到冲击和干扰；另一方面，人员跨国流动会冲击东道国的社会秩序，带来移民融入和民族融合的问题。美国有线电视新闻网（CNN）主持人法里德·扎卡里亚表示，"移民是全球化的最终表现形式……但必须认识到，如果脚步太快，社会就难以及时消化"。美欧民众在该问题上的怨气积蓄已久，近两年的难民问题更是导致"修墙"思维持续酝酿。

四 积极引领国际秩序发展走向

新自由主义国际秩序遇到问题，主要是因为人们对全球化进程的管理出了问题。新形势下，我们要继续推动全球化，同时不断"驯服全球化"，积极引领国际秩序发展走向。

第一，**积极倡导超越新自由主义思维局限，把控全球化的方向和节奏**。全球化之路不可能永远平坦笔直。在全球化进入崎岖曲折路段的今天，我们尤其要深刻理解全球化的本质及其可能派生的负面结果。忽视国家利益无助于地区合作和全球化进程。超越新自由主义窠臼，寻找国家利益、地区利益和全球利益的平衡点，会更有助于全球化的科学推进。

第二，**通过推动国内改革发展，进一步增强发展道路的吸引力**。"逆全球化"浪潮兴起，折射的是世界范围内贫富分化的加剧。我国对这一趋势发现的更早，采取的措施更务实前瞻。党的十八大以来，以习近平同志为核心的党中央通过出台八项规定、开展群众路线教育实践活动、深入推进党风廉政建设和反腐败斗争、实施精准扶贫等重大举措，切实关注广大人民群众利益，最大限度地推动实现社会公平正义，确保让老百姓更有参与感、获得感和幸福感。只要我们坚持中国特色社会主义道路，把自己的国家建设好，就一定会对其他国家产生重要示范意义。

第三，**准确判断全球化发展趋势，积极提供"具有自我造血功能的公共产品"**。"一带一路"就是这方面的重要创举。我们要超越国际合作旧路径，坚持以"互联互通"为核心，寻求制度建设与务实合作的"双轮驱动"。我们要超越重贸易、轻基础设施建设的国际经济合作模式，注重基础设施和产能合作，帮助亚欧大陆腹地国家提升自身经济发展能力。我们要坚持金融为实体经济服务的原则，防止虚拟经济与实体经济严重脱节。我们要坚持开放包容原则，推动全球化与地区一体化相互促进。

第四，**坚持以合作促发展、以发展促安全的思路**。一是坚持公平、开放、全面、创新的国际发展观，推动国际社会开展更深层次的合作，推动各国普遍发展经济、改善民生、减少贫困，努力消除恐怖主义和极端势力赖以滋生的土壤，积极促成发展与安全相互助力的良好态势。二是坚持共同、综合、合作、可持续的安全观，努力消解西方安全体系，与世界主要大国加强沟通，共同维护世界和平稳定。

（中联部当代世界研究中心副研究员　林永亮）

新科技革命形势下的大国博弈及对策

本文要点：新一轮科技革命正在孕育兴起。它将深刻地影响国家力量的消长兴衰，将有助于能积极抓住机遇的那些国家的科技发展、经济增长、军力增强及相对实力地位的提高，并使错失机遇的国家的相对实力地位下降。大国之间的实力对比更多地取决于科技实力而不是GDP。新科技革命背景下大国博弈空间将进一步扩展。世界各国、特别是大国之间的科技人才竞争日趋激烈。抓住用好科技革命的机遇，努力把我国建设成"人才磁铁"型国家，多建一些"人才磁铁"型城市和"人才磁铁"型企业，大力推进军事创新、军民融合的科技体制创新，武器装备不仅要追求"最先进"，同时也需要确保"最佳数量"，处理好探索宇宙空间与应对太空军事化的关系。

新一轮科技革命和产业革命正在孕育兴起，"正在对人类社会带来难以估量的作用和影响，将引发未来世界经济政治格局深刻调整，可能重塑国家竞争力在全球的位置，颠覆现有很多产业的形态、分工和组织方式。"新科技革命将深刻地影响国家力量的消长兴衰。历史证明，每一次大国的崛起都与当时科技革命与产业革命的兴起密不可分，例如英国的崛起与第一次产业革命兴起密不可分。当今，新一轮科技革命将有助于能积极抓住科技革命机遇的那些国家的科技发展、经济增长、军力增强及相对实力地位的提高，并使错失科技革命机遇的国家的相对实力地位下降，从而以"量变到质变"的渐进方式深刻影响国家力量的消长兴衰和实力对比。

一　新科技革命将深刻地影响国家力量的消长兴衰

世界各国、特别是大国之间的实力对比变化，其结果必将导致整个国际关系逐渐发生根本性变化，新科技革命日益成为推动国际关系发展演变的核心原动力。

历史和现实都告诉我们，不宜简单地把 GDP 对比等同为大国实力对比。正如习近平总书记所说："科技兴则民族兴，科技强则国家强。"①"十六世纪以来，世界发生了多次科技革命，每一次都深刻影响了世界力量格局。从某种意义上说，科技实力决定着世界政治经济力量对比的变化，也决定着各国各民族的前途命运。"②"近代以来，中国屡屡被经济总量远不如我们的国家打败，

---

① 习近平：《为建设世界科技强国而奋斗——在全国科技创新大会、两院院士大会、中国科协第九次全国代表大会上的讲话》，《人民日报》2016 年 6 月 1 日第 2 版。
② 习近平：《在中国科学院第十七次院士大会、中国工程院第十二次院士大会上的讲话》，《人民日报》2014 年 6 月 10 日第 2 版。

为什么？其实，不是输在经济规模上，而是输在科技落后上。"①依据历史经验和教训，应该认识到世界各国、特别是**大国之间的实力对比更多地取决于科技实力对比而不是**GDP**数字对比**。应该说，GDP作为一种经过多次改进和完善的国民经济核算体系的核心指标，依然是衡量一个国家（或地区）综合实力的重要指标，但我们至少应该将GDP比较与科技实力比较结合起来，相互比照，以科技实力比较来纠正"GDP比较"与"国力比较"之间的认识偏差，以便得出更加贴近实际的大国实力比较。这对防止陷入大国实力对比的"认识偏差"具有重要意义，因为这种"认识偏差"很可能导致对本国实力的过度自信或过度不自信，进而导致战略上的误判。

根据综合分析各国研发经费及其占GDP的比例、技术贸易顺差、专利总数、科研论文及其被引用情况和诺贝尔奖获奖人数、创新能力及创新企业数这五种数据，可以判断出相关各国**追赶新科技革命的"力度"和"紧迫感"的名次应该是：美国、日本、中国、德国、英国、法国、韩国、以色列、俄罗斯、印度**……随着新科技革命的孕育兴起，由于世界各国追赶新科技革命的"力度"和"紧迫感"的差别将影响未来20年世界各国特别是大国之间的国家实力对比，给各国实力对比变化带来很大的"不确定性"，比如俄罗斯GDP远不及美国，但其战略核武器实力堪与美国比肩，加之国土辽阔资源丰富，"战斗民族"富于尚武精神，目前在"Best Countries：Power"（最强大国家）排名顺序中高居第二位，但如果该国在新科技革命潮流中持续落伍，其国家竞争力乃至武器出口竞争力在全球的位置或有可能趋于下降。新科技革命将如何影响中国与美国、印度、日本等国之间的实力对比，中国

---

① 《在十八届中央政治局第九次集体学习时的讲话》（2013年9月30日），《人民日报》2013年10月2日。

在复杂激烈的大国博弈中能否抓住、用好和延长国际战略意义上的"战略机遇期"以便抓住用好新科技革命机遇，真正实现国家崛起和民族复兴等，这些都是可能影响今后世界经济政治格局调整、重塑国家竞争力在全球位置的重大问题。

二 新科技革命背景下大国博弈空间将进一步扩展

近年来，**大国博弈正日益向着太空、极地、深海海底乃至网络空间扩展。**

在太空，随着人类太空活动发展，没有国界的太空也日益成为大国博弈的新空间，例如围绕卫星导航，由于美国的 GPS 最初是为军事目的而开发的，至今 GPS 只是从军用领域"局部解放"出来为大众用户服务，加之 GPS 受美国国防部控制，致使包括欧洲、中国、俄罗斯在内，一些地区和国家出于自身安全的考虑，正在努力建设和完善本国的卫星定位系统，特别是中国的"北斗"导航卫星将在 2020 年前将多种类型的近 30 颗卫星送入轨道，向用户提供覆盖全球的高水准导航服务。此外，随着军事卫星及反卫星武器的发展，近年来日益呈现出"太空军事化"的危险倾向，特别是美国以"俄、中威胁"为借口，为所谓"太空战争"进行备战，今后如何真正防止爆发太空战争，成为中国等坚持和平开发和利用太空的大多数国家的重大战略课题。

在北极，全球变暖导致北极冰层融化速度加快，使北极日益成为世界各国新的战略角逐地。据俄罗斯等国的分析，北极地区原油储量约相当于目前被确认的世界原油储量的 1/4，天然气储量约相当于全球天然气储量的 45%。与此同时，随着气候变暖导致北冰洋每年可通航时间加长，相关国家围绕利用可使亚、欧、美之间的航线缩短 40%，海上运输成本节约 40% 的北冰洋航线的博弈也在悄然展开。还需指出，北极点与云集于北半球的几乎所有大国之间的距离最短，其军事战略价值也引起相关大国军方越来越多的关注。

在海底，无人机应用竞争正在转向海底，美国海军正研究在海底大规模部署能够连续工作几个月甚至几年的无人潜航器，形成"艾森豪威尔海底高速公路网"。

三　武器装备创新将可能改变未来战争的形态

在新科技革命背景下，机器人、人工智能、定向能武器、3D打印装备、太空武器等将可能改变未来战争形态的各种武器装备创新令人目不暇接。例如，现在越来越多的军事战略家们相信机器人将塑造未来战争的面貌，认为机器人将是战争的未来——而它的到来也许会比许多人预料得更快，在未来10—15年内，战斗机器人将迅速成为美国战斗部队固有的（内在的）组成部分，2025年美国军队在战场上拥有的机器人士兵将多于人类士兵，最先进的军事单位将包括人类士兵和机器人，目的是使未来战场的性能最佳化。美国已发出一项标价1100万美元的合同，以组建具有人类和机器人协同作战能力的"联合兵种班"，这样一个班将"把人类与无人操纵装备、无所不在的通信信息以及各领域的先进作战能力结合起来，以便在日益复杂的作战环境中最大限度提高一个班的战斗水平"，新系统可望在2019年年中之前完成。目前美军中正在服役的无人机约有7000架，包括能以每小时280公里速度不间断飞行约30个小时并配有导弹的"灰鹰"无人机；在三四年前号称"美空军乃至全世界最先进的、世界上飞行时间最长、距离最远、高度最高"、需要数十人的团队来操纵的"全球鹰"无人机。

为了适应军事对抗风险日益增长的形势，俄罗斯也在研制类似的战斗机器人。俄军方认为"未来战争将涉及操作者与机器人，而不是人类士兵在战场上互相射击"，无论是在地面、天空、海洋还是太空，士兵将逐渐变成一名操作员并离开实际战场。机器人在军事上可用于运输、搜索、救援乃至攻击等诸多方面。现在一些国家的军方特别看好"空中机器人"，即无人战斗机和无人轰炸机。目前某些国家的军方领导人存在着两种不同的意见（这种意见分歧关系到不同部门能获取多少资源和资金），一种意见主张将更多资源投入诸如无人机集群等可能改变未来战争形态的下一代武器装备；另一种目前占主流的意见则主张将资源集中用于发展大型、昂贵的隐身飞机、航母和大型军舰，对于让无人机成为本国军力构成中更大组成部分并以无人机替代一部分或越来越多的飞行员的做法仍存在较大顾虑，预计随着未来智能化无人机技术的不断进步，前一种主张的分量将可能不断提升，后一种主张的"顾虑"将可能逐渐得到克服。

无人机集群等无人武器装备具有很多引人关注的特色，这对我们抗衡美国的传统武器装备技术优势比较有利，因此也可以说是"优点"，比如：（1）有可能依靠人工智能等软件来运行以3D技术批量生产的廉价硬件，并通过运用集群智能战术打败以先进、昂贵、大型高精尖武器长期占据军事技术优势的对手；（2）无人机集群技术将可能带来的一种范式转变——数量再次成为战场上的决定性因素，擅长"人海战术"的国家可望实现无人机的"人海战术"，处于传统武器技术劣势的国家有可能打败占据传统武器技术优势的对手；（3）在平时，使用无人武器装备有利于精简武装部队人员，有利于加强"随时投入战斗"的军事斗争准备；（4）无人机等无人武器装备具有突出的军民融合优势，民用和军用之间的界限越来越模糊，特别是在无人机等领域，而我国恰恰在商用无人机市场占优势，甚至被称为"商业无人机市场的领袖"，因此有可能迅速转化为军用无人机技术强国；（5）无人机等无人武器装备与大型军舰、航母等"大舰巨炮"相比,无论是在制造过程中还是在使用过程中所消耗的能源和资源都要小得多,因而是节能型、低碳型、有利于可持续发展的新型武器装备;(6)有可能做到在避免引起激烈的擦枪走火甚至军事对抗的情况下,通过巧用无人武器装备制服对手,这是因为与传统的大型武器装备(例如战斗机或航母)相比,使用无人武器装备引起的"动静"较小(至少不会造成人员伤亡),例如在2016年12月中国海军在南海国际水域捕获一艘美国的无人水下航行器,几天后中国军队将其交还美方,如果这是一艘载人潜航器,或甚至造成了人员伤亡,则很有可能引发一场重大危机。

四 大国之间的科技人才竞争日趋激烈

新一轮科技革命正在带来更加激烈的科技人才竞争。美国认为知识经济时代教育目标之一是培养具有STEM(即科学Science、技术Technology、工程Engineering、数学Mathematics)素养的人才,并称其为全球竞争力的关键。2017年五角大楼的一份报告暗示有必要采取军事范畴外的措施,包括修改移民政策,让中国研究生在完成学业能留在美国,而非带着学到的知识回国。有关人士称,有必要把最好、最聪颖的学生留在美国,"一件最重要的事情就是,在他们文凭上钉上绿卡,让他们可以留下来,在这里发展技术,而不是回到他们的国家去发展,与我们竞争"。2017年6月美国总统特朗普发表关于"扩充美国职业训练制度"的总统令,显示美国的科技人才政策还包括加强职业训练,培养新一代技能工人。

为了探究哪些国家对优秀人才更具吸引力,德科集团(Adecco)等机构于2017年1月联合推出2017年全球人才竞争力指数,在被纳入统计的118个国家中,2017年人才竞争力指数排行榜的前十位依次是瑞士、新加坡、英国、美国、瑞典、澳大利亚、卢森堡、丹麦、芬兰、挪威。此外，还需提到：加拿大为13位、德国17位、日本22位。上述结果表明科技带来的改变往往最早出现在经济更发达的地区，因此发达国家的人才竞争力往往更强。更值得注意的是，作为最大发展中国家的中国仅仅排在第54位。

五 抓住并用好科技革命机遇的一些思考

（一）努力把我国建设成"人才磁铁"型国家，多建一些"人才磁铁"型城市和"人才磁铁"型企业

需要指出，虽然近年从美国等发达国家回国的中国年轻才俊和知名学者不断增加，但不得不说大部分优秀人才还是留在了国外，这就需要我们反思如何进一步提高我国吸引"海归"乃至吸引外国科技人才的软实力。从实际情况看，由于我国在科研管理方面仍存在着各种不尽如人意的问题：很多留学国外的科技人才不愿回国；大批大学毕业生、研究生（甚至有大批中学生）向往出国甚至移民，其原因既明确又具体，比如担心国内环境污染（特别是空气和水的污染）、食品安全问题及教育问题对自身、特别是对子女健康成长的影响；在科研工作的环境方面，人们发现在某些大城市，越是科研机构集中的地方，交通拥堵就越厉害。

此外，与中国很多城市提供给"创客"的所谓"孵化器"仅仅是办公大楼里的房间（这实际上是将"创客"局限于创造软件产品）相比，在美国一些地方的"孵化器"更像是大学里的实习工厂，装备有3D打印机以及数控机床等先进设备，鼓励"创客"创造各种闻所未闻的"新硬件"。还必须提到，瞬息万变的科研情报堪称是科研工作的"粮食"，能迅速从全世界查找所需资料成了科研人员急切的渴求，而我国网络的对外开放程度还有待提高，在采取必要的网络安全措施的前提下，如何避免将有价值的科技情报拦在国门之外,或者给科技人员开"科技情报特灶",这应该成为网络安全部门的一个课题和一种责任。

另一值得反思的问题是,在20世纪90年代中国提出"打造世界一流大学"的口号后,我国高等教育规模不断扩张,出现了学校教育过度向高等教育倾斜的现象。与之对照,职业学校的数量和品质逐渐下降,最好的初高中毕业生都升了高中和大学,职业学校(俗称"中专")遭到很多中学生特别是他们的家长的鄙视。在企业界,也极少有大型企业设立"企业内技校",或开展在职或脱产的职业训练,致使缺乏训练有素的工业劳动力成为中国产业技术发展的瓶颈。对于企业(特别是制造业企业)而言,造物之前必须先造人,我们要努力建设"人才磁铁"型城市和"人才磁铁"型企业,要让我们的城市和企业能够"吸引住"能力强、有技术和技能的员工,这样才能使企业舍得为培养员工的技术和技能投资(包括在岗培训和在"企业内技校"进行专门培训)。政府应对职业教育立法,对企业开展职业培训活动给予扶持,为企业职业教育提供财政支持和优惠政策。

(二)大力推进军事创新、军民融合的科技体制创新

早在20世纪90年代,阿尔文托夫勒在《战争与反战争》一书中就预言"信息技术改变了战争的本质",如今,深入运用信息技术依然是以新科技革命为背景的军事创新的核心所在。众所周知,信息技术等各种新科技成果大多具有"军民两用"性,即军用技术与民用技术之间不存在截然的分界,而是既具个性,又有共性;既互相区别,又可互相利用和转化。例如互联网和全球卫星定位系统就是军事技术转化为或部分转化为民用技术的典型案例。

在新技术革命背景下,拉大领先于竞争对手的差距成为竞争双方谋求取胜的主要手段。众所周知,长期以来正是"创新"成为美国维持强大军事力量的原动力,美国不仅依靠从全世界吸引优秀科技人才提高其军事科技水平,而且通过加强"盎格鲁—撒克逊五国同盟"的紧密军事技术合作和协同关系,通过加强与日本之间的军民两用技术的交流与合作,来增强其作为西方军事技术霸权国的地位。现在我们必须承认,在很多新科技领域,特别是人工智能、新材料、各种民生与军事装备的核心零部件技术等领域,我们与美国及其盟国整体之间依然存在着很大差距,这就是我们推进军事创新所必须面对的严峻挑战。我们既要勇敢坚决地迎接挑战,又要巧妙地防止陷入一场与霸权国及其同盟国和伙伴国之间的"以寡敌众"的军备竞赛。

(三)在武器装备的发展与生产中控制好"最佳数量"

恩格斯说过,"军事技术空前迅速地发展,在这种情况下每一种新发明的武器甚至还没有来得及在一支军队中使用,就被另外的新发明所超过",这种情况在当今世界越来越普遍。比如在20世纪八九十年代,在美国亚利桑那沙漠中的巨大空军基地里放置着3000余架一次也未参战过的旧式飞机,全成了废物,这些军机正是恩格斯所说"被另外的新发明所超过"的、过了"技术寿命"的武器。有鉴于此,我们在努力加强武器技术创新和武器概念创新的同时,特别需要注意减少宝贵资源被消耗在购置大量"几年不用就变成难以处理的垃圾"的二、三流水平的武器上(处理废旧武器所消耗的能源和所产生的污染往往比当初生产它们时还要多)。换句话说,就是要防止原本可以用来开发更先进武器的人力财力物力被浪费在生产大量的、不久就可能被淘汰的武器装备上,而防止出现这种情况正是为了将更多的优质资源集中用于真正有效的军事技术创新方面。

当然,重视军事技术创新,绝不是意味着不要"数量",作为一个走向世界的大国,**我们的武器装备不仅要追求"最先进",同时也需要确保"最佳数量"**,这个"最佳数量"应该是动态的和能及时调整的,即准确把握武器装备更新换代的速度和战争形态逐渐演变的进程，在武器装备发展与生产中尽量减少那种"还没有来得及在一支军队中使用，就被另外的新发明所超过"的武器装备的生产数量和过剩产能。

中国的资源和环境承载能力已经达到或者接近上限，生态环境特别是大气、水、土壤污染严重，全球气候变暖还将进一步加大极端天气、极端干旱等问题对脆弱的中国大陆环境的影响。环境安全已成为中国国家安全的"短板"。在今后大国竞争中，我们最可能输掉的是环境。为此我们必须警惕外部势力在环境问题上从内部"耗垮"中国的企图。在军事斗争的准备方面确保"最佳数量"和"最佳规模"显然也有利于保护我国脆弱的环境。

（四）处理好探索宇宙空间与应对太空军事化的关系

探索宇宙是人类共同的目标，是长期或超长期的任务，我国已经为此做出了巨大贡献，目前正在积极推进的宇宙探索任务包括发射嫦娥五号月球探测器，发射一个空间站核心舱和两个空间站实验舱，在2020年夏季发射我国的火星探测器，并计划在不远的将来探测太阳系的其他星球；在天文领域，位于贵州省的世界最大望远镜能接收137亿光年以外的电磁信号，对人类探索太阳系的形成、生命的起源乃至宇宙形成与演变的奥秘具有重要意义。但是，考虑到美国等少数西方国家正在提速推进太空军事化甚至备战所谓"太空战争"，我们不能不抓紧采取应对措施，大力研制捍卫太空和平的战略利器。为此，需要科学地处理好维护国家总体安全利益与书写太空探索辉煌篇章之间的平衡，作为一个发展中国家，在探索深度宇宙空间方面，不宜全面铺开，事事争先，设置过重任务，而应该将有限的财力、物力和科技力量更集中地投向近地空间，用于应对太空军事化、应对未来太空战争的潜在危险等方面。

（中国社会科学院荣誉学部委员、日本研究所研究员　冯昭奎）